中国社会科学院国情调研丛书
CASS Series of National Conditions Investigation & Research

本书为中国社会科学院国情调研
重大项目的最终成果

生态移民与精准扶贫

——宁夏的实践与经验

Ecological Migration and Precision Poverty Alleviation

—Practice and Experience of Ningxia

王晓毅 等 著

社会科学文献出版社

SSAP

SOCIAL SCIENCES ACADEMIC PRESS (CHINA)

中国社会科学院国情调研丛书
编选委员会

主　任　李培林

副主任　马　援

成　员（按姓氏笔画排序）

马　援　　王　岚　　王子豪　　王延中　　邓纯东　　李　平

李培林　　陆建德　　陈　甦　　陈光金　　张　平　　张车伟

张宇燕　　高培勇　　黄群慧　　潘家华　　魏后凯

本书作者（以章为序）

导言　　　　王晓毅　　　　　中国社会科学院社会学研究所
第一章　　　樊晔　陈昊　　　北方民族大学
第二章　　　范雷　　　　　　中国社会科学院社会学研究所
第三章　　　范雷　　　　　　中国社会科学院社会学研究所
第四章　　　范建荣　　　　　北方民族大学
第五章　　　束锡红　　　　　北方民族大学
第六章　　　束锡红　聂君　　北方民族大学
第七章　　　孔丽霞　聂君　　北方民族大学
案例研究1　聂君　任志军　　北方民族大学
第八章　　　荀丽丽　　　　　中国社会科学院社会学研究所
第九章　　　张劼颖　　　　　中国社会科学院社会学研究所
案例研究2　陈明翚　　　　　宁夏社会科学院
第十章　　　李保平　徐东海　宁夏社会科学院
第十一章　　李霞　　　　　　宁夏社会科学院
第十二章　　杨永芳　　　　　宁夏社会科学院
案例研究3　马妍　　　　　　宁夏社会科学院
案例研究4　徐东海　　　　　宁夏社会科学院

序　言

实施生态移民，实现精准扶贫

　　在国际上和我国国内，按照不同的标准，移民可以分为不同的种类。但不管是哪一种类型，大规模的移民都会带来一系列的社会问题，获得成功难度极大。移民群体本身的满意度以及移民的社会融入情况往往是衡量移民是否成功的重要标尺，而这一点又与移民迁移前后的生活状况对比以及对迁入地居民的生活影响有直接的关系。

　　中国已确定一个宏伟的目标，到2020年全面建成小康社会的时候，要实现现有标准下全部贫困人口脱贫。其基本路径被概括为"五个一批"，即发展生产脱贫一批、易地搬迁脱贫一批、生态补偿脱贫一批、发展教育脱贫一批、社会保障兜底一批。在2011～2015年的"十二五"期间，全国有1100多万生活在环境脆弱地区的贫困人口被搬迁到条件相对较好的地区。在2016～2020年的"十三五"期间，全国计划易地搬迁约1000万贫困人口。宁夏的生态移民，可以算是一个成功的范例。

　　宁夏回族自治区是我国贫困人口相对集中的西部欠发达地区之一，虽然贫困人口总数相比于西部人口大省并不算多，到2015年底有贫困人口58万，但农村贫困发生率仍高达14.5%，且有27万贫困人口集中在固原。宁夏的西海固和甘肃的定西、河西，合称为"三西"，曾是中国最贫穷的地区之一。从20世纪80年代开始，为解决贫困问题，就采取"吊庄"（村庄整

体搬迁）的方式，将南部生态脆弱地区的贫困人口搬迁到沿黄灌区。到
2015 年"十二五"规划结束的时候，宁夏在 30 多年中有 116 万人口被有组
织地搬迁，这占到宁夏农村人口的 1/3 以上。在完成如此艰巨任务的过程
中，宁夏积累了丰富的经验，他们采取多种安置方式，不断改进搬迁政策，
为移民提供越来越完善的基础设施和公共服务，增加移民就业机会，提高
贫困移民的收入。宁夏的实践，为易地搬迁扶贫提供了丰富的经验。

这种以扶贫为目的的移民，尽管在不同时期有不同的称呼，如"吊
庄"、"易地搬迁"和"生态移民"，但实质上都是通过移民改变人们的贫困
状况。2012 年，中国社会科学院社会学研究所联合宁夏社会科学院、北方
民族大学对宁夏的生态移民进行了系统的调查，出版了《生态移民与发展
转型——宁夏移民与扶贫研究》一书，并由国际知名的斯普林格（Spring-
er）出版社出了英文版。在这项研究中，我们指出，生态移民是达到生态保
护和扶贫双重目标的有效手段，易地搬迁为生态脆弱地区的贫困人群提供
了脱贫的途径，因此生态移民对山区的贫困人口有很大的吸引力。由于移
民区的基础设施不断改善、社会服务逐步完善，移民的满意度较高。我们
在研究中发现，生态移民也带来一些社会问题，需要引起注意，如移入区
的生态环境退化问题、移民村的社会治理问题以及一些特定人群在移民后
的就业问题等。

从 2012 年到 2016 年这几年，正是国家实施《中国农村扶贫开发纲要
（2011—2020 年）》的关键时期。在此期间，宁夏实施生态移民，共搬迁了
34.5 万人，这是宁夏历史上搬迁人口规模最大的时期。为了了解生态移民
最新进展情况、分析生态移民的社会经济效果、总结易地搬迁扶贫的经验，
中国社会科学院组织了对宁夏生态移民的第二次系统调查，调查仍然由中
国社会科学院社会学研究所、宁夏社会科学院和北方民族大学共同实施。
现在呈现在这里的研究报告，就是这次调查的成果。

这次调查发现，宁夏各级政府在移民的安置过程中不断创新，如引进
市场机制，推动企业参与移民村的经济发展；增加贫困人群的资产收入，
将扶贫资金转化成贫困人群的资产，从而使他们有稳定收入；千方百计增
加移民的就业机会，包括公益岗位向贫困移民开放、发展劳动密集型产业；
等等。通过多种扶贫策略，贫困人口在移民以后收入普遍增加。

　　这次调查还发现，宁夏各级政府高度重视生态保护和资源的可持续利用，包括在移民区推广节水灌溉技术、将迁出地的大部分土地资源转化成生态用地等。实施生态移民，既要实现贫困人口脱贫，又要保护生态，不仅要使原有生态脆弱地区的生态得以恢复，而且要避免移入地的生态环境被破坏。在生态移民中，许多移入地并非生态状况很好的地区，自然资源也并不丰富，经过改造以后作为移民安置区，要更加精心地维护才能避免因为移民而造成的生态破坏。宁夏各级政府已经开始采取行动，加大力度保护移民区的生态环境。

　　这次调查也发现，移民仍然是一个十分脆弱的群体，移民村庄仍然是贫困发生率比较高的地区。进入沿黄灌区以后的移民，尽管其农业生产条件比过去改善了很多，但是他们拥有的农业生产资源仍然匮乏，耕地面积较少且质量较差，农业增收的潜力很小。在非农就业领域，他们也面临许多困难，如他们多数都在就业不稳定的低端劳动力市场就业，年龄较大的劳动力很难进入非农就业市场。这些后续问题都需要进一步解决，才能保证脱贫人口不再陷入贫困。

　　中国到 2020 年要消除农村绝对贫困，这将是人类社会的一大壮举，生态移民也将是这一壮丽画卷的浓重一笔。希望这项生态移民的调查研究，能够不断跟进，真实记录下这个非凡过程的足迹和无数贫困个体改变命运的故事。

李培林

2017 年 1 月 5 日

目　录

第一编
生态移民社会经济实证研究

导　言
易地搬迁与精准扶贫
——宁夏生态移民再考察

王晓毅

在中国扶贫战略中，易地搬迁是一个重要的手段，用以解决生存在"一方水土不能养一方人"地区贫困人口脱贫的问题。"2012 年以来，国家累计安排中央预算内投资 404 亿元，撬动各类投资近 1412 亿元，搬迁贫困人口 591 万人，地方各级统筹中央和省级财政专项扶贫资金 380 亿元，搬迁580 多万贫困人口，有效拓展贫困地区发展空间。"[①] 在"十三五"期间，中国还有 5600 多万贫困人口脱贫的任务，其中有近 1000 万的贫困人口需要通过易地搬迁来实现脱贫。国家发展和改革委员会批准的《全国"十三五"易地扶贫搬迁规划》中，计划用 5 年时间完成搬迁 981 万人的任务，并采取多种手段，保证搬迁贫困人群脱贫。

从 20 世纪 80 年代起，宁夏回族自治区就开始了易地扶贫搬迁的工作，到2015 年底，共有约 116 万生活在南部山区生态脆弱地区的人口实现易地搬迁，其中大部分人口搬迁到北部黄河灌区和中部干旱带的引黄灌区，少量人口在南部山区县内迁移。在"十三五"易地扶贫搬迁规划中，宁夏仅涉及 8 万人

---

① 中华人民共和国国务院新闻办公室：《中国的减贫行动与人权进步》，2016。

的劳务移民。可以说作为一项历史任务，宁夏的易地扶贫搬迁任务基本完成。因此宁夏易地搬迁的经验对全国的精准扶贫具有重要的借鉴意义。

通过易地搬迁，移民得到了更好的公共服务，收入增加，就业结构多元化，而且无论是移出区还是移入区，生态环境得到明显改善。但是搬迁并不意味着脱贫，新的移民区仍然是贫困高发地区，且随着搬迁，出现了一些新的致贫因素，对精准扶贫提出了新的挑战。本部分结合在宁夏中部和北部的实地调查，分析移民区所面临的反贫困治理问题，以及相应的政策调整思路。

一 易地搬迁的扶贫政策

中国的专项扶贫开始于 20 世纪 80 年代的"三西"扶贫，宁夏南部山区和中部干旱带是贫困比较集中且生态环境脆弱、人口与资源之间关系高度紧张的地区。为了有效地减轻环境压力、解决贫困问题，宁夏回族自治区先后实施了五个移民工程（见表 0 - 1），将约 116 万贫困人口搬迁到北部和中部的引黄灌区。宁夏易地搬迁扶贫时间长、规模大，采取多种方式解决移民的安置和生产生活问题，形成了扶贫搬迁中的宁夏模式。

表 0 - 1　宁夏五大易地扶贫搬迁项目

项目	时间	搬迁人口（万人）	人均投入（元）	搬迁前人均收入（元）	2013 年人均收入（元）
吊庄	1983～2000 年	19.8	931	60	7359
扶贫扬黄灌溉工程	1998～2015 年	30.8	9059	948	5600
易地搬迁扶贫工程	2001～2007 年	15.3	9036	1659	5443
"十一五"中部干旱带县内生态移民	2008～2012 年	15.36	18000	2235	6272
"十二五"中南部地区生态移民	2011～2015 年	34.6	28800	缺数据	缺数据
合计		115.86			

资料来源：宁夏社会科学院的李耀松等提供了不同的数据，吊庄移民 34.5 万人，扶贫扬黄灌溉工程仅红寺堡就有 19.4 万人（参见李耀松等《宁夏生态移民可持续发展研究》，《宁夏社会科学》2012年第 1 期）。

　　宁夏的易地搬迁开始得比较早，持续时间长。从 20 世纪的 80 年代宁夏开始实施吊庄项目，移民持续到"十二五"时期，前后进行了 30 多年，到"十三五"期间，除了少量劳务移民以外，宁夏的易地搬迁基本完成。在移民过程中，政府投入不断增加。早期的吊庄是两头有家、来去自由的搬迁政策，移入区与移出区保持了密切联系，移民区相当于原有村庄的易地扩张。① 在早期吊庄项目中，政府投入主要集中在基础设施，如水利设施和基本道路方面，大部分土地需要移民自己开垦，房屋自己建设，移民的流动性较大，② 人均财政投入不足 1000 元。后期的易地搬迁项目投入逐渐提高，各项基础设施的配套也愈加完善。在"十二五"生态移民项目中，人均投入已经达到近 3 万元，不仅建设了标准的住房，而且道路、学校、村委会等公用设施也都配套完成，灌溉设施采取了水资源利用率较高的节水灌溉设施。

　　相对于全区的总人口，宁夏移民的规模较大。宁夏全区 2015 年人口总数是 668 万，其中农村人口 300 万，易地搬迁人口 116 万，占农村总人口的 38%。2010 年国家重点扶贫区域的中部干旱带和南部山区共有人口 140 万，其中贫困人口有 100 万，仅"十二五"生态移民就占贫困人口的 35%。大规模的移民对宁夏的社会经济发展产生了重要的影响。移民改变了宁夏的人口布局，根据宁夏统计局的统计，到"十二五"末期，南部山区 9 县区的人口占 34.3%，接近 2/3 的人口分布在北部川区。仅在"十二五"期间，北部川区人口就增加了 1.48 个百分点。③

　　在易地搬迁过程中，宁夏以新建移民村集中安置为主，多种安置方式为辅。移民村主要分布在中部干旱带和北部的毛乌素沙地边缘，这些地区在易地搬迁以前基本是荒地，在建设了灌溉系统和房屋以后被开发出来用以安置移民。集中安置的移民村往往人口众多，村庄规模较大，一些村庄甚至达到千户人家。除了集中安置以外，宁夏还在部分地区采取了插花式

---

①　束锡红等：《宁夏生态移民开发历程回顾与展望》，《宁夏党校学报》2015 年第 2 期。

②　在访问中，早期移民对移民之初的艰苦条件记忆犹新，他们说那个时候风沙很大，吃饭时饭碗里都是沙子，许多移民在搬迁以后又都返回了老家。随着土地开垦、植树和村庄建设，移民区的生态条件明显改善。

③　宁夏回族自治区统计局：《"十二五"时期全区经济社会发展报告（十五）》，2016 年 4 月。

的分散安置，包括允许一些移民投亲靠友，少数移民被安置在自然条件较好的村庄中，与村庄原居民插花居住。与有土安置不同，还有一部分被称为劳务搬迁的移民主要被安置在北部城镇周边，以便于从事非农就业。劳务移民享受城市居民的社会保障，但是不分配土地。在政府有组织的易地搬迁之外，还有大量自发的移民，他们不在政府安置计划之内，而是通过购买移民的房屋和土地使用权参与了易地搬迁。

易地搬迁以后，移民收入迅速增加，根据宁夏扶贫局的调查，移民的平均收入已经超过了5000元，而搬迁比较早的吊庄移民的收入更达到7000元。尽管移民项目投入大量资金用于土地开发，但是移民收入的增加主要依靠外出务工。2016年的10个移民村的804户调查①显示，在易地搬迁之前，他们的收入以种植业和养殖业为主，只有不到10%的被访问户的收入主要依靠外出务工；而在搬迁以后，主要收入来源发生了变化，超过60%的被访问户主要依靠务工收入。地理距离缩短和交通条件改善有利于移民进入宁夏北部城市和周边其他省市从事非农就业，同时，在移民安置区周边短期的农业和非农业就业机会也逐步增多，特别是移民区的妇女和中老年农民的非农就业主要依靠村庄周边的农业企业，如采集枸杞、种植葡萄等经济作物。

随着基础设施和社会服务逐渐完善，以及收入增加，易地搬迁对南部山区贫困人口的吸引力越来越强。在804份问卷中，有近50%的移民并不是由政府组织的，而是自发移民。我们访问的一些搬迁时间比较长的移民都表示，现在移民村的条件比他们的老家条件好很多，首先是交通方便了，不像老家，出门都是山；其次移入区的土地条件明显改善，有灌溉设施。移民村越来越完善的公共服务是吸引移民的首要因素，几乎所有的移民都认为移民村比老家更方便，特别是在移民区，教育条件的改善是吸引移民的主要动力之一。此外，移民也被纳入农村人口城镇化的大潮中。不管是否有生态移民的项目，农民外流都已经成为一个历史趋势，在这个趋势下，移民村成为一个跳板，助推了南部山区的人口外流。在一些移民村，南部山区的农民进入以后，先近距离外出打工，在获得更多城市生活经验以后，

① 本项调查由中国社会科学院社会学研究所和北方民族大学在2016年联合实施。

就离开移民村，进入城镇。在劳务移民村，移民尽管就业不稳定，多数移民还不肯放弃原有的土地而变为城镇户口，但是访谈对象都表示要在城镇就业，并没有因为近年来城市用工的减少而萌生回到南部山区的想法。农民也很难回到他们原有的村庄。在"十二五"的生态移民规划中被列入移民区的村庄，公共设施的建设基本停止，而且一些村庄的房屋在移民以后也被拆除，缺少公共服务的村庄已不再具有吸引力。

在就业机会和公共服务不均衡的背景下，农民的移动已经成为一个潮流，不论是否有易地搬迁项目的推动，山区的农民向平原地区和城镇的流动都不可避免。易地搬迁的成功也正是顺应了这种潮流。易地搬迁项目提供了基础设施建设和公共服务，减少了农民流动的成本。此外，在地理条件相对较好的地方建立新的家园，移民还可以从事农业生产，这也减少了移民的风险。但是在搬迁过程中，移民必须放弃原有的家乡，这对于不同群体的影响是不同的。对于劳动力丰富的家庭，搬迁提供了更多的机会，但对于劳动力不足的贫困户来说，尽管搬迁带来了更多的机会，但是他们所能利用的机会很有限。

二 易地搬迁与贫困

易地搬迁并不会自然解决贫困问题，在易地搬迁以后，贫困仍然是许多移民村的重要问题，特别是在"十二五"生态移民村中，贫困的发生率还比较高。在中国社会科学院社会学研究所与北方民族大学联合调查的 10 个移民村中，有 8 个村被列为贫困村，共有农户 10436 户，其中贫困户 1860 户，以户为单位，贫困发生率达到 18%，其中有四个村庄的建档立卡贫困户占农户总数的 35% 以上（见表 0-2）。而"十二五"生态移民村的贫困发生率更高。在被调查的 10 个村庄中，有 3 个村庄是"十二五"生态移民村，其中有两个村庄的贫困户所占比例接近 50%。银川市的月牙湖镇是一个典型的移民社区，在实施精准扶贫中，7 个老移民村都不是贫困村，而 5 个新的移民村都是贫困村，且多数村庄的贫困户比例超过 50%。从概念上说，易地搬迁扶贫是使人们从生态环境极端脆弱地区搬迁到环境相对较好的地区，这意味着他们有更好的资源可以利用，但在实践中问题往往并不是如此简单，在许多移民村，移民可以利用的农业资源不仅没有因为搬迁而增加，甚至可能减少，比如可利用耕地面积减少、没有了可以利用的草地和荒地，甚至一些灌溉农田也不能被有效利用。因此在宁夏大规模易地搬迁扶贫以后，完全由移民构成的红寺堡区因为贫困问题比较普遍，也被自治区列入扶贫的重点区域，从而使宁夏的 8 个贫困县市增为 9 个贫困县市。[①]

表 0 - 2　调查村的贫困状况

单位：户，%

村名	搬迁时间	全村户数	建档立卡户	建档立卡比
杞海	2012 年	887	429	48
兴海	2012 年	612	312	51
原隆	2012 年	1983	73	4
红崖	2003 年	554	206	37
梨花	2000 年	721	55	8
朝阳	1999 年	1420	653	46
大河	1998 年	1296	110	8
团结	1996 年	658	10	2
新华	1996 年	1502	12	1
木兰	1994 年	803	0	0

注：表中的数据来自村级调查，在同一项调查的户调查中，建档立卡比例低于村级问卷，建档立卡农户占被调查户的 14%，其原因可能是抽样带来的偏差。

资料来源：中国社会科学院社会学研究所与北方民族大学联合调查（2016）。

"十二五"生态移民村之所以有如此高的贫困发生率，首先是因为他们搬迁的时间还比较短，大多数是 2012 年以后搬迁的，尽管许多移民村在 2012 年已经建成，但移民是陆续完成的，有些甚至到 2016 年还没有完成搬迁。进入一个新的地区需要适应的过程，比如需要逐渐熟悉当地的劳务市场、培养人际关系，以及学习新的技术，而新移民不具备这些条件，因此在劳动力市场上缺少竞争力。其次，新的安置方式增加了通过易地搬迁实

---

① 吴占东：《关于实施宁夏"十二五"中南部地区生态移民规划情况的报告》，2011 年 12 月。

现脱贫目标的困难。随着水资源日趋紧张，以及可开发的土地资源减少，"十二五"生态移民每人只有一亩水浇地，但是这一亩水浇地并没有实际分配到农户，而是集中由村级的合作组织流转给企业经营。尽管公司向农民支付土地流转费用，但是对于移民来说，300～500元的土地流转费无异于杯水车薪，基本上解决不了什么问题。① 早期的移民往往获得的土地面积较大，当时政府统一开垦和分配给移民的土地一般在人均2亩以上，多数家庭在种植过程中还私下扩大了土地面积。比如海陶北村是最早的移民村之一，村民来了以后依靠自己的力量开垦荒地，每户的土地面积差不多在30亩左右，且每户的庭院面积较大。我们访问的一个养殖户的庭院面积达到4亩左右，种植了葡萄、果树等，发展了庭院经济。大河村的村民也通过不断蚕食地边，逐渐扩大了耕地面积。因此老移民多是兼营农业、畜牧业和外出务工，收入的多元化使移民的收入增加。但是对于新移民来说，没有农业经营以后，收入完全依靠外出务工和政府补贴，不仅收入水平较低，而且抗风险能力较弱。

较高的贫困发生率不仅发生在新移民区，一些老移民区也因为土地荒漠化、盐渍化的影响而陷入贫困，比如表0-2中的红崖村和朝阳村都是老移民区，贫困发生率都超过了1/3。易地搬迁要改变生态脆弱地区贫困人口的生存环境，但是可供选择的空间往往条件并不好且需要投入巨大的人力和物力进行改造。宁夏易地搬迁的移入区也是生态环境非常脆弱的地区，因此移民在缓解了南部地区环境压力的同时，却给移入地区带来了环境压力，表现为水资源的不足和土地的荒漠化。② 由于移民区的降雨量小且蒸发量大，许多地方都存在缺水问题，特别是中部干旱带。③ 移民集中的红寺堡区灌溉用水缺乏、土地荒漠化和盐渍化同时出现。比如红崖村的缺水问题已经严重影响了农业生产，过去每个玉米种植季节可以灌溉4～5次，现在减少到1～2次，因为缺水，玉米的产量减少2/5，有些地块甚至绝收。按

---

① 土地流转的理由首先是新开垦的土地土质较差且配套设施不完善，农户耕作困难；其次是产业化需要土地的集中连片和公司经营。事实上如此少的土地是无法维持移民生活的。

② 杜慧莹等：《宁夏生态移民可持续发展问题研究》，《安徽农业科学》2012年第40期。

③ 李东洲：《宁夏中南部生态移民安置区存在的问题及对策》，《中共银川市委党校学报》2015年第1期。

照农民的判断，缺水的原因主要是土地开垦的增加，既包括农民自发地扩大耕地面积，也包括一些农业企业进入以后，与移民争夺水资源。在宁夏38个移民安置区中，有25个涉及水资源短缺问题。① 在灌溉用水总量不增加的条件下，要扩大种植只有采取节水措施，但是节水灌溉尽管可以节约灌溉用水，可减少灌溉用水以后，移民区的生态环境会受到什么影响，目前尚不清楚。

一些地区灌溉不足，而另外一些地区因为土质条件不佳导致排水不畅，这造成荒漠化和盐渍化并存，特别是在中部干旱地区，尽管采取了一些措施控制土地的荒漠化和盐渍化，但是这些措施往往效果不明显，且改造成本很高，很难得到移民的支持。比如大河村30%以上的土地已经盐渍化，无法种植粮食作物，通过开沟和埋管等方式排除盐碱可以减轻土地盐渍化，但是村民反映效果不明显。目前在盐渍化不太严重的土地上可以种植枸杞，但是如果盐渍化不能得到有效控制，严重盐渍化的土地只能抛荒。

宁夏有大量可以开垦的荒地，有黄河水可以灌溉，以此为基础开发了大量农田，但是我们看到，与全国多数地区的移民一样，此处的大多数移民并未获得足够的农业资源，不仅每户可耕种土地面积小、质量差，不足以维持移民的生计，而且改变种植结构也困难重重。红崖村的村民说，本村已经调整了8次产业结构，但是每次效果都不理想。尽管枸杞、葡萄等经济作物发展很快，但是在红寺堡的调查发现，移民多数仍然种植传统作物玉米，尽管政府减少了对玉米的补贴，但是因为种植成本、技术以及市场等多方面原因，农民仍然固守着那些低效益的大宗粮食作物。理论上农民合作社可以解决经济作物种植中的成本、技术和市场问题，但是从我们的调查来看，大多数合作社都没有真正运行。在新移民区，合作社的职能只是作为农民的代表，签约将农民的耕地流转给公司。

对大部分移民来说，依靠经营农业实现脱贫难度很大。在804份问卷调查中，农业收入所占比例不足家庭总收入的25%，大部分收入来自务工收入。问卷调查中，家庭总收入平均超过3.2万元，但是农业收入仅有8000

---

① 李东洲：《宁夏中南部生态移民安置区存在的问题及对策》，《中共银川市委党校学报》2015年第1期。

元，而且分布很不均衡。在 804 份问卷中，有 409 户回答有农业收入，其中将近 60% 的农户的农业毛收入在 10000 元以下，这也就意味着，农业收入超过 10000 元的移民占移民户总数的 20%。

按照国家"十三五"易地搬迁的规划，易地搬迁主要涉及四种地区，即深山石山等不具备基本发展条件的地区、国家规划的禁止和限制开发地区、基础设施薄弱且建设和运行成本高的地区，以及地方病和地质灾害高发地区。在搬迁以后，移民的生产条件可以得到很大改善，但是现实的问题在于，移入地区也往往生态脆弱、缺少基本农业生产条件，在搬迁以后，大多数移民获得的农业生产资源并不足以维持其生计。因此，外出务工就成为移民首选的增加收入的手段。在 426 户回答有务工收入的问卷中，有 50% 以上的务工收入已经占到家庭收入的 75% 以上。然而在调查中发现，对于移民来说，尽管搬迁缩短了其与非农就业的空间距离，但是打工收入仍然不稳定。由于缺少技术和专业训练，移民大部分从事低端的工作，如建筑工地的小工、修路和城市建设中的建筑工人，或者是到内蒙古从事采矿业。一些移民则主要依靠在周边地区或远赴青海采摘枸杞、葡萄等为生。

对多数移民来说，非农就业不稳定，比如采集枸杞带有很强的季节性，每年到青海采摘枸杞的时间也就 3 个月左右，在周边地区，采摘时间会长一些，但即便如此，采摘枸杞的工作都是一项季节性的工作。建筑工地的低端务工也不稳定，因为这些工作不需要技术，人员替代比较容易，有活了，一些中介便将大家召集在一起，没活了，人们就需要另寻门路。在庙庙湖村，一般外出打工的时间只能维持 5 个月左右。此外，低端工作受到外部经济发展的影响也很大。近年来，随着房地产和基础设施建设投资减少，移民越来越感受到工作难找且工资降低。一些建筑行业的小工反映，他们的日工资大约降低了 1/3，工作时间也减少了 1/3，甚至 1/2。①

低端非农就业对中老年移民和妇女形成排斥，使中老年移民和妇女成为生计脆弱的群体。在对移民的访问中，超过 45 岁的男性移民就很难找到工作。如果说在传统的农村，50 岁以上的壮年和老年人口无法在城市就业

---

① 访问中有些移民反映，过去的工资可以达到 120～150 元/天，但是现在降低到 80～100 元/天，而且过去每个月有 20 多天有活干，现在能有 15 天已经很不错了。

以后可以选择回到农村继续从事农业，但是对多数移民来说，这种可能性很小。早期移民尽管土地面积较大，但是因为水资源匮乏和土地瘠薄，农业收入很低，后期的移民则土地面积很小。对所有移民来说，他们缺少农田之外的农业资源，比如放牧的草原和山地、种植林果的山坡。同时失去农业经营和打工的可能，致使许多50岁以上的移民生活陷入窘境。妇女的情况有些类似，尽管劳动密集型企业的进入给妇女提供了一些就业机会，但多数妇女就业还是依靠一些季节性的劳动。就业的不稳定造成了移民收入波动，缺少青壮年劳动力的家庭特别容易陷入贫困。

易地搬迁给许多移民提供了机会，但是并未改变农村贫困发生的逻辑，那些缺少劳动力的家庭仍很容易陷入贫困。不同的是，由于移民的农业收入机会减少，因此在受到非农就业排斥的时候，他们也很难依靠农业维持生计，从这个意义上说，易地搬迁加剧了其脆弱性。

易地搬迁同时带有自愿移民和非自愿移民的双重特点，易地搬迁与生态移民强调的是一个移民过程的两个方面：前者强调在生态极度脆弱的地区，只有移民才能帮扶他们实现脱贫致富；后者强调只有将生态脆弱地区的人口迁移出去，才可以恢复生态环境。尽管两个概念在目标的优先序上有区别，但在实际的搬迁过程中，二者是同时进行的，正像宁夏"十二五"生态移民所做的：一方面为了保护生态脆弱地区的生态环境，生态脆弱地区的人口必须搬迁出去；另一方面在搬迁的过程中，要让移民的生产生活条件改善。但是双重目标的叠加也造成了搬迁中的困境，易地搬迁带有非自愿搬迁的因素，因为在生态脆弱地区的人口，不管是否自愿或贫富，都需要搬迁以恢复生态，尽管搬迁方式上有一些选择的空间，但是在恢复生态中，移民并非按照生态服务价值得到补偿，而是通过开发式扶贫解决其发展问题。在这种格局下，对于扶贫移民，安置多采取非自愿的方式，移民只能在有限的空间中进行选择。对于生态移民，他们的资产并没有得到有效的补偿，因此，那些具有较高经济、社会和人力资本的移民迅速适应新的环境，成为搬迁的受益者，而那些缺少相应资本的贫困户则仍然陷入贫困之中，并成为精准扶贫的对象。

从农业、非农业和补偿三个方面来看，贫困户在搬迁的过程中，受益有限，这是易地搬迁区域，特别是移民时间较短的区域存在较高贫困发生率的原因。贫困户多为缺少劳动力的家庭。

三 易地搬迁地区的精准扶贫

宁夏回族自治区充分认识到移民搬迁中的贫困问题，在实施精准扶贫中采取了许多有效的措施。在"十二五"生态移民村中建档立卡户的高比例也反映出自治区政府对移民村扶贫问题的关注。政府出台了一系列的政策和措施，包括增加在易地搬迁工程中的投入、促进非农就业、提高资产收入、改善移民区的生态环境。但是移民村的自组织能力弱和频繁的人口流动也增加了精准扶贫的难度，使移民区域的扶贫更加困难。

为了减少易地搬迁后移民的困难，使其更迅速适应搬迁以后的环境，宁夏回族自治区政府出台了一系列的政策。这些政策主要涵盖三个方面。一是保留搬迁之前的优惠政策，不使移民因搬迁而受损失，如移民在搬迁之前享受的退耕还林、种粮直补等优惠政策在政策到期之前仍能享受，并不会因为搬迁和土地收回而被取消。二是完善移民区的基础设施建设，包括公用设施、道路及农民住房等。三是完成土地开垦及配套的水利设施建设，提供资金支持农民发展经济作物。这些政策方便了移民迅速适应新的移民生活，并发展农业产业。但是我们也发现，这些一般性的措施对大多数移民的发展有较好的促进作用，而对于移民中的贫困群体，作用有限。

非农就业是移民发展的主要途径，2012 年我们的调查发现，在西部劳动密集型产业发展不足的情况下，非农产业发展所能提供的非农就业机会有限。在宁夏，每万元工业产值所提供的就业岗位比东部发达地区，如广东和浙江要少。[1] 现在我们看到一些劳动密集型产业开始进入宁夏，如在大武口新建的纺纱厂对增加移民的就业发挥了重要作用，现在年轻移民进入企业稳定就业的机会增加，这与中老年移民只能在建筑工地上从事季节性工作有差别，在大武口的劳务移民社区，通过培训，一些移民开始从事有一定技术含量的工作，如运输行业。公益性岗位优先向贫困户开放，这也增加了贫困人口就业的机会，比如银川滨河新区的保洁等公益岗位往往会

---

[1] 李培林、王晓毅：《移民、扶贫与生态文明建设——宁夏生态移民调研报告》，《宁夏社会科学》2013 年第 3 期。

向贫困移民倾斜。此外，随着宁夏农业产业化发展，农业公司也给移民提供了许多就业机会。"十二五"移民的土地集体流转给农业公司以后，这些农业公司往往在签署土地流转合同的时候就承诺要优先雇用本村村民。

除了直接扶持移民发展产业之外，合作化的运作，也提高了农民的资产收益。"十二五"生态移民的土地流转可以看作一种资产收益，农民不再直接经营土地，而将土地流转给农业公司，农民获取土地流转费。肉牛和奶牛托管也是资产收益的一种方式，政府将扶贫资金转化成农民的购牛款，这些牛由公司统一管理，移民则每年分红。托管保障了肉牛和奶牛养殖的标准化与规范化，可以生产高质量的牛肉和牛奶，同时这些公司提供固定分红，增加了移民收入、减少了农民的生产风险。一些移民村还引进了光伏项目，光伏公司利用移民的庭院、屋顶安置光伏板，农民以扶贫资金入股光伏公司享受每年固定分红。① 宁夏资产扶贫的经验表明，将扶贫资金转化成贫困户的资产，从而实现可持续的收入需要完善的政策支持，比如肉牛和奶牛公司在从事奶牛托管过程中，得到了地方政府在银行贷款、土地使用等多方面的政策支持，而光伏扶贫则得到光伏发电项目审批、用地等多方面支持。资产脱贫需要政府多方面的协调，并非简单的贫困户入股。

此外，政府加大投入改善移民区的土地生产条件，防止土地荒漠化和盐渍化。政府相关部门在易地搬迁区开展治理盐渍化土地的项目，且投入资金不断增加。2014 年自治区发改委投入 1.09 亿元治理移民区的荒漠化和盐渍化的土地，水利厅投入 0.45 亿元治理沙化和盐渍化土地 3 万亩。这些投入在一定区域内改善了移民区农业生产条件，比如在大河村，经过挖沟和埋管，部分土地的盐渍化情况得以改善。② 然而上述措施的实施虽然缓解了部分移民的困难，但并未从根本上解决移民的贫困问题，这不仅因为投入尚不足以覆盖所有的移民区域，而且因为移民区域实施精准扶贫遇到了一些

---

① 原隆村的牛托管是由公司统一养殖牛，农民以每头牛 2000 元入股，享受每年 2000 元的分红，贫困户投入的资金来自财政扶贫资金。此外村民贷款 10 万元入股光伏公司，贷款利息由政府财政贴息，每年村民从光伏公司得到的固定分红有 1.5 万元，其中 0.5 万元用于还款，1 万元作为农民收入。(闽宁镇苏志军访谈)

② 调查中发现，村民认为开沟排水是解决盐渍化的有效方法，但是因为村民多不愿意出让自己的土地开沟，所以只好采取埋管的方法，而埋管的效果明显不如开沟。

特殊的社会治理问题。

精准扶贫不仅要加大扶贫投入，而且要实现"在扶贫的路上，不能落下一个贫困家庭，丢下一个贫困群众"。也就是要将所有的贫困人口纳入帮扶对象中，而在移民区域，精准识别恰恰遇到了移民高流动性的困难。尽管政府出台了政策，希望移民能够稳定，[①] 但是移民的流动性仍然很高。北方民族大学课题组对宁夏生态移民"定居率低"做了专门研究。[②] 在这个研究中，定居率低包括四种现象：应搬未搬，也就是说按照规划应该搬迁的却仍然滞留原村庄；搬迁后迁移，即已经在移民村安置下来，但是因为其他原因离开了；家在移民村，但是全家外出打工；自愿移民，也就是并非政府规划的移民，他们通过购买或租用移民房屋实现搬迁。

人口流动在移民村中很普遍，比如大河村是搬迁比较早的村，全村 800 多户人家，其中有 50% 是后来搬迁来的，特别是 2005 年严格户籍管理制度以后搬来的自发移民很多，他们在大河村没有户口，因此也无法享受各种扶贫的优惠措施。这个村的第四组有 120 户人家，据组长反映，其中 50 户没有户口，而有户口的 70 户中，有大约 50 户常年有人居住，另外 20 户则处于流动中。按照组长的说法，收入高了，在城里买房搬走的人是少数，多数可能是在四处流动。红崖村的情况也类似，按照红崖村干部的说法，移民村的人口流动就一直没有停止，红崖村最初搬迁的有 470 多户，但是到现在只有 130 多户留在移民村，更多的或者回了老家，或者搬迁去了其他地方。现在村庄中居住的农户多数是后来陆续搬迁来的。由于移民村中出售和购买房屋土地的现象比较普遍，所以房屋和土地的售卖已经形成了相对稳定的价格机制，比如在红寺堡，一套移民的住房加上 10 亩左右的土地大约在 15 万元。

老移民村已经形成了人口进出的流动机制，而新的移民村经常存在应搬未搬的现象。在红寺堡的马渠安置区，计划搬迁 2800 户，但是实际居住

---

① 比如政策规定，严禁移民非法转让土地和房屋，对擅自转让土地和住房的，要严肃查处，坚决纠正。凡已提供的生态移民住房和劳务移民周转房，一年内没有使用或私自转租的，当地政府要及时收回并予以处罚。

② 北方民族大学：《宁夏生态移民社区"定居率低"问题的调研和思考》，打印稿，2016 年 6 月。

的只有 800 多户，常住人口只占应搬迁人口的 28%，其他近 2000 户中，有一半是尚未搬迁，另一半则是搬来以后又离开。各个移民点都有尚未搬迁进入的移民，只是因为各个移民点的条件不同，应搬未搬的比例也有所不同，比如月牙湖因为靠近银川，地理位置相对较好，应搬未搬的农户数量较少。

摆动是移民社会适应的一个过程，早年宁夏的吊庄就带有明显的摆动特点，摆动不仅给移民提供了适应的空间选择，也提供了时间选择，在摆动中移民可以选择更适合自己定居的地点和时间。随着非农就业和农村城镇化，摆动进一步发展为流动性，即不仅在迁出地和迁入地之间摆动，而且可能会进入新的地区，如城镇或其他地区。[①] 但由于现在的精准扶贫是以较固定的居民为对象的，因此摆动给精准扶贫带来了困难。从 2005 年开始严格管理移民的户籍，自发移民很难在移民区获得当地户籍，这样造成了移民村庄中户籍与人口的分离。2005 年以后的自发移民在居住地没有户口，而外迁人口户籍在村庄但是人不在，应搬未搬的人口在村中没有户籍也没有人口，只有那些常住的移民户籍和人口同时在村内，但是这些人口只占村庄居民的一部分。从精准扶贫的角度看，人户分离的人口大多不能进入精准扶贫的对象中。大河村和红崖村的村干部都提到，扶贫政策的对象是户籍人口，村中那些没有户口的人不能享受低保政策，也不能被纳入建档立卡对象中，而那些有户口但是没有人的家庭，尽管理论上户籍人口可以享受精准扶贫的相关政策，但是因为他们长期离开村庄，现状不明，因此也很难被纳入扶贫的对象中。大河村的村干部表示，对于那些没有户籍的贫困人口，只能从其他渠道给他们一些支持，但是低保和建档立卡要严格按照户籍所在地实施。精准扶贫的政策是建立在村庄基础上的，很难适应易地搬迁以后高流动性的移民特点，从而造成部分贫困人口在政策覆盖范围之外。

在移民村，精准识别同样十分困难，特别是在新的移民村。首先，原有的一些比较有效的瞄准手段在易地搬迁村庄中效果减弱。比如农民贫困与否往往首先表现在房屋质量上，所以在精准识别中发挥重要作用的"四

---

① 王晓毅：《从摆动到流动：人口迁移过程中的适应》，《江苏行政学院学报》2011 年第 6 期。

看法"首先是看村民的住房状况。但是在新的移民村，房屋是由政府统一建设的，所有房屋的规格都是一致的，房屋就不能发挥识别的作用。其次，由于移民村庄中的村民往往彼此不熟悉，道德压力减轻，多数人都会倾向于将自己申报为建档立卡户，而且因为彼此之间不熟悉，所以比一般村庄更难获得准确信息。村民参与本是精准识别的主要手段之一，但是因为村民彼此不熟悉，这种手段就不够有效。移民村的精准识别不得不更多地依靠干部深入各户摸清详细情况。①

在易地搬迁中，由于贫困发生率比较高，而且人口流动性较大且精准识别存在困难，在实践中就往往会出现三种倾向。第一种是高度发挥地方政府的作用，对发挥农民自身积极性重视不足。由于移民尚未被组织起来，而扶贫的任务很重，所以我们看到在移民区，地方政府在扶贫中的作用十分重要。原隆村的书记是由闽宁镇政府派出的，而在马渠移民安置区，许多经营农业的企业都是地方政府直接洽谈的。与此相联系就可能出现第二种现象，就是政府对扶贫大包大揽，用变相的救济代替开发式扶贫，特别是有些资产扶贫项目，由政府统一组织和实施，贫困户缺少参与，仅仅是享受分红，资产扶贫变成变相的救济。第三种就是扩大扶贫面与排斥贫困户并存。由于扶贫覆盖面较大，那些有户口且在村庄中居住的移民更容易被纳入扶贫对象中，而那些没有户籍或长期外出的人则无法被纳入扶贫对象中，从而造成精准扶贫的遗漏。

四　精准扶贫与流动性的适应

易地搬迁包含扶贫和生态保护双重目标，定点安置与移民的高流动性并存，在增加非农就业的同时又将部分移民排斥在就业之外，这构成了易地搬迁扶贫中的几个主要矛盾。易地搬迁扶贫要重视农民的资产建设、建立与高流动性相适应的精准扶贫机制，并增加对被排斥人群的社会支持，发展一种基于流动性的扶贫体制替代现有的以新建移民村为主要安置方式

---

① 在原隆村，刚搬迁，情况不掌握。三番五次去他们家。之前识别了一个，是个老头，领着几个孙子，看家庭状况、穿着，又问有没有收入，他说没有。后来调社保，是退休老师，一个月 5000 多元工资。亲自去一次不行去两次，周围打听问清楚。问题是互相之间不知道，就得三番五次下去。（闽宁镇访谈）

的易地搬迁。

基于流动的扶贫体制可以打破移入和移出的二元结构，在不改变生态脆弱地区自然资源所有权的前提下，通过生态补偿实现农民增收和环境保护的共赢；在不割断移民与原有村庄联系的基础上，促进移民参与环境保护并实现就业多元化；大幅度减少移民村的建设，通过城乡一体化建设支持移民融入非农就业和城镇化。

第一，要区别生态移民和扶贫搬迁。尽管扶贫搬迁与生态移民同时发生，但是要从生态移民和扶贫搬迁两个方面完善搬迁政策，其中生态移民的政策要侧重补偿，面向所有移民，在充分肯定生态移民对生态保护所做出贡献的基础上，基于生态服务价值，对移民进行生态补偿。比如宁夏"十二五"生态移民以后，他们退出的房屋和土地被政府收回，用于生态恢复，但是这些生态资产的价值并没有得到相应的评估和补偿，需要参照退耕还林和公益林补贴及草原奖补政策等生态补偿政策，对移民的生态服务价值进行补偿。扶贫搬迁应只针对生态移民中的贫困户，也就是在获得生态补偿以后仍然陷入贫困的农户，进行有针对性的扶贫。避免将生态移民补偿和易地搬迁扶贫混在一起，避免出现因补偿不足而引发贫困和扶贫对象的扩大化。

第二，适应移民高流动性的特点，建立具有流动性的扶贫机制。人口流动已经成为中国农村发展的一个主流趋势，在这种背景下，通过移民点的建设来重新安置移民已经不能满足移民的需求，而且会进一步带来环境和社会问题。移民本身是在流动中寻找适合自己的生存方式，因此扶贫政策不能以减少流动性为前提，而是要适应移民流动性的需求，在城乡一体化的背景下不断完善扶贫机制，使城镇化的公共服务惠及贫困移民。

第三，针对劳动力市场对中老年劳动力的排斥，需要逐渐发展多样性的非正规就业并完善社会保障制度。生态保护可以发挥增加中老年农民收入的作用，允许和鼓励部分移民以及就业困难的中老年农民参与南部山区的生态环境保护，并在生态保护中增加收入；改善移民区的农业生产条件，支持农民发展家庭小型养殖业，使中老年移民可以从事农业生产；出台相应政策，鼓励相关企业雇用中年农民。

经过多年的易地搬迁，仍然生活在不适宜人类生存区域的人口在大幅减少，易地搬迁的目的不仅仅在于将那些一方水土不能养活的一方人口搬迁出来，更在于减轻生态脆弱地区的人口压力、改善生态脆弱地区人口的生存环境。因此，过去那种一刀切的易地搬迁模式应逐渐停止，而代之以能推动生态脆弱地区发展的人口流动模式。

第一编

生态移民社会经济实证研究

第一章
宁夏生态移民社会经济状况概述

樊　晔　陈　昊

20 世纪 80 年代初，宁夏回族自治区政府开始有组织地实施大规模移民工程，帮助宁夏集中连片特困地区群众解决温饱问题。自 1983 年至今，宁夏先后实施了吊庄移民、"1236"扬黄工程移民和生态移民三大工程，它们都兼具扶贫开发和生态恢复的功能，从广泛意义上说，都属于生态移民的范畴。生态移民一方面帮助大部分移民群众解决了温饱问题，并实现致富增收；另一方面极大地减轻了移民迁出区的人口压力，收回的土地全部用于生态建设，有效遏制了生态环境恶化。通过生态移民工程，宁夏实现了经济开发与环境保护并举。

第一节　生态移民的生活条件

本节基于 2016 年对移民区 10 个村庄的调查，从自然条件、交通/水源/生活能源、社区服务设施等方面描述和分析移民当前的生活条件。

一　自然条件

调查的 10 个生态移民村中，90% 位于农村，10% 位于郊区。从近五年遭遇过的自然灾害情况来看，移民村大多干旱少雨，旱灾和沙尘暴比较常见。40%的移民村遭遇过旱灾，20%的移民村遭遇过植物病虫害，10%的移民村遭遇过动物疫情，30%的移民村遭遇过地震，40%的移民村遭遇过沙尘暴（见表1-1）。

表1-1　移民村受灾情况

单位：%

灾害种类	占比
旱灾	40
植物病虫害	20
动物疫情	10
地震	30
沙尘暴	40
水灾	0
冻雨/雪灾	0
干热风	0
泥石流和山体滑坡	0
有效样本	10

二　交通/水源/生活能源

移民为迁移之前居住在山区的居民在生活上提供了很多便利条件。

移民村交通更加便利，"行路难"问题得到解决。移民村内七成的主要道路为水泥路面，三成是平坦干净的柏油路。

移民村居民生活用水质量得到改善。以前许多村民主要以雨水为生活用水，还有的需要买水吃，迁移后所有村子都喝上了干净卫生的自来水，自来水成为10个村的主要饮用水源。

家庭做饭的主要燃料发生较大变化。以前居民做饭大多使用柴草，迁移后五成移民村开始以电为主要燃料，两成既使用煤又使用电，一成使用煤，只有两成仍主要使用柴草（见图1-1）。清洁高效的新能源逐渐普及。五成移民村开始使用太阳能，四成移民村开始使用沼气。

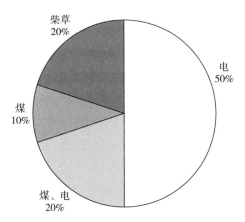

图1-1 移民家庭做饭主要燃料使用状况

三 社区服务设施

移民后村内基础设施更加健全,居民休闲生活日益丰富。10个村都有必要的基础设施——卫生室/诊所和便利店(小商店/小卖部),方便了居民的医疗、满足了居民的日常需要。90%的移民村设有文化活动中心/室,居民的文化生活更加充实。70%的移民村设有体育运动场所/设施,加强了居民的体育锻炼。60%的移民村有垃圾站/公用垃圾箱,改善了村内卫生状况、减轻了污染。50%的移民村建立了幼儿园/中小学,提高了移民村的教育水平和居民的文化程度。30%的移民村设有银行(柜员机),方便了居民的日常交易。30%的移民村设有公交车站,交通更加便利,方便居民出行。20%的移民村有农贸市场/集市,使居民能够购买到更多种类的商品。10%的移民村有百货商店。10个移民村都还没有儿童游乐场所/设施(见表1-2)。

表1-2 移民村服务设施情况

单位:%

社区服务设施	
卫生室/诊所	100
便利店(小商店/小卖部)	100
百货商店	10
农贸市场/集市	20

社区服务设施	
文化活动中心/室	90
体育运动场所/设施	70
儿童游乐场所/设施	0
公交车站	30
垃圾站/公用垃圾箱	60
银行（柜员机）	30
幼儿园/中小学	50
有效样本	10

第二节 生态移民的经济状况

本节将从移民家庭收支盈余、移民家庭收支情况、移民个人收入情况等方面描述生态移民的经济状况。

一 收支盈余

2015 年移民家庭收支盈余平均为 - 20448 元，生态移民的家庭收支处于入不敷出状态。移民家庭收入无法抵消家庭支出，导致家庭的盈余状态为负值。表 1 - 3 是 2011 年和 2015 年移民家庭收支盈余状况。2015 年，高达 67.54% 的移民家庭收支处于入不敷出的境况，1.49% 的移民家庭处于收支平衡的状态，移民家庭收支有盈余的只有三成。而 2011 年移民家庭收支盈余平均为 1631.62 元，接近六成的移民家庭的收支处于盈余状态（参见表 1 - 3）。相比 2011 年，2015 年移民的家庭经济状况堪忧。

表 1 - 3 移民家庭收支盈余状况

单位：%

家庭收支盈余	2015 年	2011 年
10001 元及以上	17.91	29.8

续表

家庭收支盈余	2015 年	2011 年
5001～10000 元	5.22	11.9
1～5000 元	7.84	15.8
0 元	1.49	5.7
−1～−5000 元	7.46	11.2
−5001～−10000 元	8.96	7.8
−10001 元及以上	51.12	16.0
有效样本（百分比合计）	804（100.0）	769（98.2）

注：2011 年有缺失值，合计不等于 100%。

二　收入状况

数据显示，2015 年移民家庭平均收入为 32137 元。有 15.4% 的移民家庭的总收入在 10000 元以下，22.6% 的移民家庭的总收入在 10000 元至 19999 元，19.9% 的移民家庭的总收入在 20000 元至 29999 元，42.0% 的移民家庭的总收入在 30000 元以上。2011 年，只有 11.4% 的家庭的总收入在 10000 元以下，30.9% 的家庭的总收入在 10000 元至 19999 元，23.5% 的家庭的总收入在 20000 元至 29999 元，34.2% 的家庭的总收入在 30000 元以上。整体来看，近年来移民家庭收入有所增加。在个人年收入方面，2015 年年收入在 1000 元以下、1001～5000 元、5001～9000 元、9000 元以上的移民分别占被访移民的 22.01%、20.02%、12.20%、45.77%。2015 年宁夏农村常住居民人均可支配收入为 9119 元，[①] 54.23% 的被访移民年收入低于宁夏全区平均水平，且存在较大差距。2015 年，29.35% 的移民个人年收入低于 2980 元，属于精准扶贫的对象。

三　支出状况

2015 年，移民家庭平均支出为 52585 元，2011 年迁移人群的家庭总支

---

① 宁夏回族自治区统计局：《宁夏回族自治区 2015 年国民经济和社会发展统计公报》，中国统计信息网，2015 年 5 月 25 日。

出为 24714.4 元。由于生活成本的增加，近年来移民家庭支出增幅较大。有 5.1% 的家庭的总支出在 10000 元以下，16.6% 的家庭的总支出在 10000 元 至 19999 元，17.5% 的家庭的总支出在 20000 元至 29999 元，60.8% 的家庭 的总支出在 30000 元以上。移民家庭收支不均衡，多数移民家庭支出大于 收入。

第三节　生态移民的社会地位

户籍身份、教育水平、政治面貌、搬迁安置情况、职业身份等都可以 反映一个人及其家庭的社会地位，本节从以上几个方面分析宁夏生态移民 社会地位的现状。

一　户籍身份

生态移民中，有 96.5% 是农业户口，3.1% 是非农业户口，为居民户 口[①]的仅有 0.4%。相比 2011 年，生态移民中农业户口的比例由 95.6% 增加 到 96.5%，非农业户口比例降低（见表 1－4）。2015 年，宁夏城镇化率达 到 55.23%。近年来，随着新型城镇化的深入推进，宁夏城镇化率不断提 高。新型城镇化的重要标志之一就是人的城镇化，但对比发现，生态移民区 移民的户口类型变化不大，这说明生态移民区新型城镇化的进程比较滞后。

表 1－4　生态移民的户口类型

单位：%

指标	取值	迁移年份	
		2011 年	2015 年
户口类型	农业户口	95.6	96.5
	非农业户口	4.2	3.1

---

① 根据我国的户籍政策，我国实行的是"二元制"户籍登记制度，即把户口统一登记为农业 户口和非农业户口两种，但随着新时期的国家政策变化，原有的户籍制度已经不能适应要 求，亟待改革，因此，国家已在部分城市进行试点，即把所在户口统一登记为居民户口， 取消非农业户口和农业户口之分。

指标	取值	迁移年份	
		2011 年	2015 年
户口类型	居民户口	0.1	0.4
	有效样本（百分比合计）	800（100.0）	804（100.0）

二 教育水平

教育水平对一个地区的生产力及经济发展水平有着重大影响。这些生态移民之所以总体收入水平偏低、生活贫困，和其整体教育水平低的现状密不可分。小学以下水平占 42.3%，小学水平占 22.3%，初中水平占 23.4%，仅有 8.4% 的生态移民上过职业高中/普通高中/中专/技校，3.6% 接受过大学专科及以上水平的教育。仅接受过小学以下教育的低教育水平人群和文盲达到了四成之多；接受过职业高中/普通高中/中专/技校教育的专业性人员不到一成，技术性人才严重缺乏；接受过大学专科及以上高等教育的移民群众更是少之又少。虽然这些移民群众现今仍然处于总体过低的教育水平，但和四年前相比，教育结构在不断改善。由表 1－5 可以看出，2015 年接受过专业性教育和高等教育的人数明显增加，可见移民村开始重视移民的教育问题，希望通过教育水平的提高实现移民的脱贫致富。

表 1－5 生态移民的教育水平

单位：%

指标	取值	迁移年份	
		2011 年	2015 年
教育水平	小学以下水平	42.4	42.3
	小学水平	26.8	22.3
	初中水平	21.7	23.4
	职业高中/普通高中/中专/技校	7.4	8.4
	大学专科及以上水平	1.7	3.6
	有效样本（百分比合计）	799（100.0）	804（100.0）

三 政治面貌

移民搬迁后，政治面貌并没有发生较大变化，多数生态移民是群众，占 92.3%，仅有 4% 的移民是共产党员，还有 3.7% 的移民是共青团员。2011 年的调查数据显示，90.1% 的移民是群众，4.9% 的移民是共产党员，4.9% 的移民是共青团员，还有 0.1% 的移民是民主党派（见表 1-6）。相比之下，四年来生态移民的政治面貌并没有发生明显变化，这在一定程度上说明，移民村的基层组织建设力度还比较薄弱，有待加强。

表 1-6 移民政治面貌对比

单位：%

政治面貌	2011 年	2015 年
群众	90.1	92.3
共青团员	4.9	3.7
共产党员	4.9	4
民主党派	0.1	0

四 搬迁安置情况

被访生态移民搬迁时间普遍较早。搬迁年数不到 5 年的有 32.6%，搬迁年数在 5~10 年的有 15.2%，52.2% 的移民搬迁已有 10 年以上（见图 1-2）。

移民的搬迁安置方式也比较多样。生态移民工程初期，多采取"自愿搬迁，混杂安置"的搬迁安置方式，这种搬迁方式的计划性不强，安置过程中往往存在一些问题。生态移民工程后期，移民搬迁的计划性逐渐增强。一般是选择一个完整的自然村进行搬迁，然后将几个自然村合并安置成为一个行政村，这种搬迁安置方式不仅有利于移民社会关系的保留，在移民村规划建设、后续产业发展等方面也发挥着积极作用。数据显示，"整村搬迁，整村安置"的家庭占 46.1%，"整村搬迁，混杂安置"的家庭占 5.2%，"自发搬迁，自主安置"的家庭占 42.3%，"自愿搬迁，混杂安置"的家庭占 5.9%，其他安置方式占 0.5%（见图 1-3）。从以上数据可见，"自发搬迁，自主安置"也是生态移民主要的搬迁安置方式之一。自发移民始终伴随着

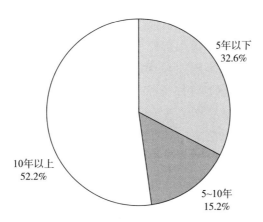

图 1 - 2　移民搬迁时间分布

生态移民的整个进程，生态移民的巨大成效吸引了众多的贫困群众自发搬迁出来，通过投亲靠友等方式进入移民安置区。虽然自发移民给移民安置区的社会治理带来一些问题，但他们也为移民安置区的经济社会发展做出了一定贡献，他们自身的生活状况也得到了一定程度的改善。

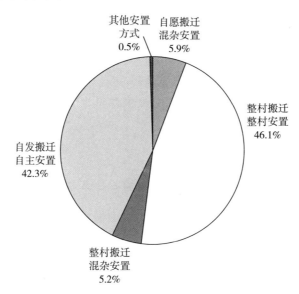

图 1 - 3　移民安置方式

从移民搬迁时的情况来看，大多数移民都是自愿搬迁，这部分人占84.7%，还有13.8%的移民表示是被强制搬迁的，另外，还有1.5%的人对搬迁情况说不清楚。移民搬迁前，多数生活在自然条件比较恶劣的山区，移民搬迁不仅可以改善迁出地的生态环境，还可以改善移民的生活质量，所以多数移民在政府号召下选择主动搬迁。此外，数据显示，47.9%的移民属于自发移民，52.1%的移民是政策性移民。政策性移民在教育、社保、住房、土地等方面可以享受移民安置地政府给予的诸多优惠政策，而自发移民却不能享受这些优惠政策。因自发移民规模较大，近年来，移民安置地政府也逐步将自发移民纳入管理范畴，在某些方面给予优惠政策，尤其是在移民子女教育、社保等方面给予与政策性移民相同或相似的待遇，移民安置地社会治理情况也因此大有改善。

五　职业身份

生态移民的职业呈多样化发展趋势，纯务农移民的比例不大，37.4%的移民在家务农，34.2%的移民外出打工，3.8%的移民一边务农一边从事其他职业，13.5%的移民无业，0.7%的移民退休，有4.1%的移民从事金融类行业，有0.9%的移民是教师，2.4%的移民是学生，还有3%的移民从事其他各类职业（见图1-4）。

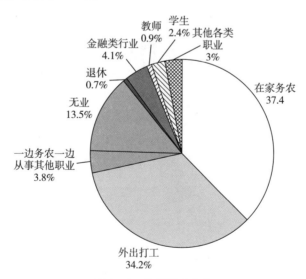

图1-4　移民职业身份

第四节　生态移民村的贫困状况及脱贫计划

2013 年，习近平到湖南湘西考察时首次提出了"精准扶贫"的重要思想，在这一贫困治理思想指导下，近年来宁夏回族自治区政府通过派干部"驻村造血"、创新脱贫产业平台、创新金融扶贫模式等措施，变"大水漫灌式"扶贫为"滴灌式"扶贫，使宁夏贫困群众的生产生活发生了巨大变化。本节将深入分析宁夏生态移民精准扶贫中存在的突出问题，为进一步深化生态移民精准扶贫工作奠定基础。

截至 2015 年，宁夏还有约 58 万贫困人口，其中生态移民占相当比重。相比普通群众，生态移民具有经济基础差、家庭底子薄、发展起步晚等特点，决定了其经济发展水平仍相对落后。2015 年，宁夏生态移民人均可支配收入达 5830 元，但同年宁夏农村常住居民人均可支配收入为 9119 元，生态移民人均可支配收入水平远低于宁夏农村常住居民人均可支配收入水平。可见，生态移民群体仍是富裕宁夏建设过程中的一块短板。

调查的 10 个移民村中，有 8 个移民村至今仍是贫困村，分别是朝阳村、大河村、红崖村、梨花村、杞海村、团结村、兴海村、原隆村，除原隆村、杞海村、兴海村外，其他移民村搬迁已超过五年。近年来，随着扶贫工作力度的加大，每个移民村都派驻了扶贫工作队，一般是移民村所在地县级或市级政府有关单位，也有少数移民村由宁夏回族自治区政府相关单位进行对口帮扶。随着精准扶贫工作的深入推进，各个移民村均制订了符合本村实际的脱贫计划。其中，计划在 2015 年实现脱贫的移民村有原隆村、木兰村、红崖村、梨花村、团结村和新华村，计划在 2017 年实现脱贫的移民村有朝阳村，计划在 2018 年实现脱贫的有兴海村、大河村和杞海村。但 80% 的移民村村干部表示按期脱贫的难度很大，不能按时完成脱贫计划，仅有木兰村和新华村村干部认为按期脱贫比较容易，能按时完成脱贫计划。整体来看，多数移民村的脱贫任务比较繁重，很难保证按期脱贫。村干部认为难以按期实现脱贫的主要原因有产业结构不合理、打工困难、水泵老化导致供水不足和水资源匮乏、缺乏好的发展项目、缺乏发展资金、残病劳动力较多、移民劳动技能差等。各个移民村脱贫致富难的主要原因如表 1–7 所示。

表 1 – 7　生态移民村脱贫致富困难的主要原因

村名	主要原因
朝阳	产业结构不合理
原隆	没有土地，因病、因残丧失劳动力，打工困难
兴海	没有土地，缺乏生产资金，移民劳务技能差
木兰	缺乏发展资金
大河	缺乏好的发展项目、打工困难
红崖	水泵老化导致供水不足，农业无法发展
梨花	缺乏好的发展项目
杞海	缺乏发展资金和土地
团结	因病丧失劳动力
新华	因病、因残丧失劳动力

　　关于移民村的贫困群体状况，从各村低保户和精准扶贫户数量两个方面进行考察，具体情况如表 1 – 8 所示。

表 1 – 8　移民村低保户和精准扶贫户情况

村名	低保户	精准扶贫户	扶贫措施及规模
朝阳	441 户 640 人	653 户 2910 人	产业扶贫 198 户 891 人，金融扶贫 158 户 679 人，教育扶贫 40 户 208 人，技能培训和劳务输出扶贫 127 户 536 人，社会兜底扶贫 130 户 596 人
原隆	35 户 43 人	73 户 351 人	产业扶贫 48 户，教育扶贫 13 户，社会兜底扶贫 12 户
兴海	265 户 487 人	312 户 789 人	教育扶贫 74 户 152 人，产业扶贫 181 户 524 人，社会兜底扶贫 57 户 113 人
木兰	67 户	1 户 6 人	社会兜底扶贫 1 户 6 人
大河	67 户	110 户	产业扶贫 78 户，社会兜底扶贫 15 户，教育扶贫 17 户
红崖	387 人	206 户	产业扶贫 160 户，教育脱贫 25 户，社会兜底扶贫 21 户
梨花	345 人	55 户	教育扶贫 9 户，社会兜底扶贫 17 户，产业扶贫 29 户
杞海	396 户 571 人	492 户 2591 人	产业扶贫 274 人，劳务输出扶贫 1289 人，教育扶贫 610 人，社会兜底扶贫 418 人

续表

村名	低保户	精准扶贫户	扶贫措施及规模
团结	122 人	10 户	社会兜底扶贫 8 户，教育扶贫 2 户
新华	55 户 97 人	12 户	社会兜底扶贫 12 户

　　宁夏生态移民精准扶贫措施主要有产业扶贫、教育扶贫、社会兜底扶贫等几种形式。由表 1-8 可见，在中部地区，吴忠市的朝阳村、大河村、红崖村、梨花村，以及中卫市兴海村、杞海村是生态移民精准扶贫的主要区域，需要精准扶贫的生态移民数量较多。2015 年，朝阳村有 1420 户 6397 人，需要精准扶贫的有 653 户 2910 人，精准扶贫户占全村总户数的45.99%，精准扶贫人口占全村总人口的 45.49%。杞海村有 887 户 4349 人，需要精准扶贫的有 492 户 2591 人，精准扶贫户占全村总户数的 55.47%，精准扶贫人口占全村总人口的 59.58%。兴海村有 612 户 2962 人，需要精准扶贫的有 312 户 789 人，精准扶贫户占全村总户数的 50.98%，精准扶贫人口占全村总人口的 26.64%。可见，某些移民村，尤其是"十二五"期间搬迁的移民村，精准扶贫工作任务仍十分繁重。银川市周边生态移民村的精准扶贫任务相对容易完成，木兰村仅有 1 户 6 人是精准扶贫对象，团结村和新华村精准扶贫对象仅为 10 户左右。

　　精准扶贫是实现共同富裕的又一重要思想，是直接关系到 2018 年宁夏能否全面建成小康社会的根本性问题。生态移民想要更好地融入当地社会，实现脱贫致富，必须以精准扶贫为发展契机，不断发展生产，提升自身经济地位。

第五节　生态移民经济社会发展面临的突出问题

一　部分移民区水土资源紧张

　　截至 2015 年，宁夏"累计移民 116 万人，相当于宁夏总人口的六分之一"。[1]

---

① 参见杨光《宁夏：精准扶贫责任到人——生态移民"挪穷窝"社会扶贫"聚合力"》，《经济日报》2015 年 12 月 22 日。

由于部分移民私下开垦土地、干旱区农业灌溉用水量大和经济作物不断发展，在一些移民区开始出现水资源的不足。比如红寺堡区大河乡红崖村村支书张占国说："我们村最大的问题就是缺水。红寺堡这边主要靠扬黄水灌溉粮食，起初设计供水量是满足十几万人用，现在全区已经有二十万人了，现在大家能用的水只是以前的一半，粮食没有足够的水根本没法活。扬黄的水泵还是 1998 年那时候装的，容量小，泵力也不够了。这个问题再不解决，农民就都搬走了。"

人口的大量迁入导致生态移民安置区的水土资源越来越匮乏，黄河又进入周期性枯水期，宁夏水量早已入不敷出，每年平均缺口为 10%，2015年达到 23%，到 2020 年，全区缺水量将达到 13 亿立方米，[①] 扬黄灌区人口却急剧增加。现有移民所需生产生活用水已远超移民初期设计的水量。另外，随着迁入人口的不断增加，部分移民安置区的土地资源也变得十分紧张。以 1998 年搬迁的大河村为例，当时三口之家分配的耕地约有八亩，但"十二五"期间搬迁的兴海村、杞海村等移民村，人均耕地不足一亩，土地资源的紧缺非常不利于发展农业生产。

二　老年移民贫困问题严重

中宁县大战场镇杞海村的一位马姓回民老人说："我每月有 457 元收入，其中低保 262 元，农村基本养老金 145 元，土地流转收入 50 元，这些钱吃饭都比较紧张。平时儿子儿媳都出去打工了，孙子留给我们看，孩子打工也挣钱不多，没钱给我。平时就怕生病，感冒一次就得好几百元。搬下山前，自己种的粮食够吃，还有富余，每年养几头牛、十几只羊，还可以收入一两万元。现在不行，连吃的都是山上搬下来的。"

永宁县闽宁镇原隆村村委会副主任 WXF 十分担心村内鳏寡孤独老人的生存境况，他说："我们村上有不少鳏寡孤独老人，没有人照料，吃饭问题都无法解决。村委会组织一些村里人专门给他们送饭，但主要困难是缺钱，为了照顾这些老人，村里已经欠了十几万元。我们正在申请民政部门的资

---

① 裴云云：《拮据的黄河来水　严峻的缺水困局　宁夏如何出手》，《宁夏日报》2015 年 3 月 3 日。

金，也很困难。"

马姓老人如今的窘境是部分老年移民贫困生活的缩影。现阶段，老年移民陷入四重困境。一是移民迁入区的土地条件严重制约老年移民发展种养殖业，创收困难。二是部分老年移民丧失劳动能力，无法获得经济收入，只能依靠政府提供的低保或基本养老金为生，维持较低生活水平。三是传统"孝悌"观念的弱化和家庭责任的转移使家庭传统养老的"反馈模式"向"逆反哺模式"转变，子女不仅不为老人提供应有的经济、生活支持，还将抚育子孙、照顾家庭的责任转移给老人。四是移民"子女养老"的观念根深蒂固，家庭养老仍是移民养老的主流模式。丧失自理能力的鳏寡孤独老年群体只能依靠村委会救助，但村级财政困难导致救助行为难以为继，社区养老和社会养老模式很难在移民安置区推行。

三　后续产业发展动力不足

在农业方面，随着我国粮食作物的连年丰收，农产品价格持续走低，以种粮为主的移民家庭收入有所减少，农资成本投入的增加则进一步挤压了粮食收益，枸杞、葡萄等经济作物收益也有所下降。

吴忠市红寺堡区大河村村支书SXC说："大型枸杞生产加工企业的大规模经营，使村上枸杞散户挣不上钱。2013年我们村枸杞种了2100亩，2015年就剩下310亩，大部分人都改种了玉米、苜蓿，或者宁可到企业去打工。"

"十二五"期间搬迁的移民，所获土地面积少且土地质量较差，部分安置区农业用地是沙化地或盐渍地，根本不适合农业生产。

中卫市宣和镇兴海村村支书MJP说："我们村2011年搬迁过来，但2015年才分上土地，人均耕地只有一亩，沙地比较多，什么东西都种不活，而且成本太高。有个企业愿意流转我们的土地，就签订了流转合同，按每年每亩400元流转出去，靠土地根本挣不上钱。"

在畜牧业方面，移民普遍有发展养殖的想法，而且倾向于传统庭院养殖模式，但每户移民分配的庭院面积较小，根本不能满足庭院养殖的需要。此外，"十二五"期间搬迁形成的多数移民村尚未引进"政府＋公司＋农户"的养殖模式，政府、企业和农户的利益无法得到兼顾。

在劳务产业方面，随着建筑业等劳动密集型产业的衰退，移民劳务收入降幅较大，且移民村周边各类园区较少，打工收入非常不稳定。特别是50~60岁移民体能下降、疾病缠身、劳动技能低下，相比年轻移民缺乏市场竞争力，收入状况不容乐观。

杞海村一位李姓移民说："头两年我干泥瓦匠，一天能挣200块钱左右，活也比较多。今年就不行了，很难找到活，而且工资也很低，一天只有七八十块钱。"

产业发展直接关乎移民收入。目前移民产业发展仍处于低端、粗放发展阶段，且产业结构比较单一，导致移民产业收入的稳定性和可持续性较差。尤其是"十二五"期间的移民，受资源禀赋的限制，种养殖业发展十分困难，劳务产业就成为众多移民村的支柱产业，但实体经济的衰退使劳务产业这一"铁杆庄稼"不再旱涝保收，部分移民家庭收入大幅下降。同时，移民搬迁后支出较多，尤其是生活消费支出明显增加，移民家庭因入不敷出致贫的情况不在少数。生产资金匮乏也是制约移民后续产业发展的一个突出因素，移民自有资金极其有限，多靠亲朋好友借款发展生产。移民贷款意愿较强，但贷款门槛相对较高。整体上，移民生产资金来源渠道单一，无法有效支撑生产或创业项目，移民增收效果不明显，脱贫致富步伐放缓。

四 部分被调查村的扶贫对象识别还存在不足

精准扶贫贵在精准，而精准识别贫困对象则是一切扶贫工作开展的前提。目前，宁夏是按县、按乡下指标，计划分配识别贫困人口，而非以村为单元来识别贫困人口，各村在贫困人口识别标准上差别较大。精确的扶贫对象识别需要做到"五步两公示一公告"，即农户自愿申请、民主评议确定、村级初审公示、乡镇审核公示、市县区级审定公告。但实际情况是，多数贫困移民户对精准扶贫政策并不了解，自愿申请情况较少，民主评议过程不够民主，各级审核公示也存在一定问题。扶贫对象基本由村委会、乡镇政府干部选定，有些扶贫对象评定后不公示或公示时间不够就上报上一级政府，导致部分移民对扶贫对象评定产生异议，甚至不满。另外，宁夏精准扶贫对象评定标准是年人均可支配收入在2980元以下，只看收入不看支出，也很少根据移民生产生活条件、发展能力、家庭人力资源和收入稳定性等多方面因素进行综合考量，部分移民家庭因病、因学导致家庭支出急剧增加，但因家庭人均可支配收入高于精准扶贫评定标准，不能被纳入精准扶贫范围。

红寺堡区红寺堡镇朝阳村王姓村民说："我长期在外打工，村上精准扶贫的事我根本没听说过，最后评出来了我才知道。家里有一个病人，经常要看病拿药，平常看病支出很多，欠了很多债，生活困难得很，但我们家还够不上扶贫标准，没有成为精准扶贫户。我觉得不太公平。"

第六节　总结和对策

调查发现，宁夏生态移民取得的成就有目共睹，在帮助移民群众脱贫致富、改善生态环境方面发挥了巨大作用，但不可否认的是，生态移民脱贫致富仍面临一些突出问题，如水土资源匮乏问题、生态环境破坏问题、老年移民贫困问题、后续产业发展动力不足问题、精准扶贫存在困难问题等。为了使生态移民尽快实现脱贫致富，必须针对生态移民的特殊性，根据生态移民经济发展中的具体困难制定措施，推进精准扶贫，进一步改善移民生活质量、提高移民生活水平。课题组在调研基础上提出以下几点建议。

第一，促进移民安置区水土资源的高效利用。一是充分利用现有国有、集体、企业及个人经营的各类耕地和中北部土地整理新增耕地，并在引、扬黄灌区和库井灌区通过节水改造适度开发部分宜农荒地、对山区原耕地改造等多种途径解决土地资源紧张问题。二是在北部引黄灌区，主要通过实施灌区节水改造、调整种植结构，提高水资源利用率，实现水资源优化配置；在中南部地区，主要通过对已建成的固海扬水、固海扩灌、盐环定扬水、红寺堡扬水灌区和库井灌区的节水改造，新建一批水源延伸工程、水库、集雨场和田间水柜等设施，大力发展高效节水农业和集雨补灌农业，解决农业用水问题。三是通过合理规划移民区的产业布局，协调农牧业用水、城乡居民用水、工业用水和生态用水，特别是注重发展特色农业，通过选择节水、高效的经济作物品种，以缓解农业生产经营对水资源的大量需求。四是继续利用荒漠化治理项目、盐渍化及沙化土地治理工程等，提高土地利用率。

第二，结合移民经济推动移民区生态建设。一是在土地沙化及土壤盐渍化严重地区，采取营造农田防护林、草场改良与恢复、围栏封育、人工补播封育、固沙造林、庭院经济林等措施，使农田和林地免遭风蚀、水蚀，减少水土流失，防治土地退化，为移民营造良好的生产生活环境。二是要合理规划移民安置区人口密度，寻找移民人口与资源环境的平衡点，保持适度人口，避免移民人口的不断增加与资源环境承载力的不断减弱造成的人地关系紧张。同时加强环保宣传力度，提高移民环保意识，促使移民自觉保护生存空间。三是充分利用国家的生态移民、西部大开发、扶贫攻坚、退耕还林（草）等各项优惠政策，发展移民经济，"加强对移民开展旱作农业、节水农业、造林种草、新能源和环境资源利用技术的推广和普及，使生态保护与新的产业发展有机结合起来"，[①] 达到生态效益、经济效益和社会效益的统一。

第三，保障老年移民脱贫。一是根据宁夏经济发展水平，动态调整农村低保和基本养老金标准。二是由宁夏回族自治区政府招标选定商业保险机构承办老年移民医疗保险业务，从新型农村合作医疗基金中划出一定比例或者额度作为投保资金，为年满60岁的老年移民投保商业医疗保险。三是在移民村推广设立家庭养老孝心基金，原则上每位60岁以上移民子女每月缴纳的赡养资金应不低于100元。并由移民村所在县级政府出资，引导爱心企业和个人捐资，共同设立专项基金。四是由民政部门设立老年移民供养基金，建立集中供养中心，集中供养鳏寡孤独老年移民，招聘具有一定专业知识、技能、体能的村民作为工作人员，负责老人的饮食和日常照料。

第四，大力发展后续产业。一是整合各类涉农资金对严重沙化地和盐碱地进行改良，为种植业发展提供必要条件。二是鼓励移民地区发展"政府＋公司＋合作社＋农户"等新型养殖模式，形成"利益共享、风险共担"的利益联结机制，最大限度保护农户利益。三是发挥市场配置移民劳动力资源的作用，鼓励劳务经纪人、劳务中介机构等市场载体发展，多渠道促

[①] 束锡红、聂君：《宁夏生态移民迁移意愿的实证研究》，载《2013年中国生态移民与区域发展学术研讨会论文集》，2013。

进移民劳动力输出，增强移民输出靶向性，稳定务工收入。四是强化 50～60 岁移民劳务技能培训，促进他们由出卖劳力向出卖技能转变。鼓励企业入村，在移民村建设特色农产品加工和家庭作坊式企业，解决妇女和中老年劳动力就业问题。同时，拓宽移民融资渠道，由宁夏财政局联合企业和个人，组建宁夏生态移民小额贷款公司，重点支持生态移民种植、养殖项目，有效破解生态移民后续产业发展资金匮乏问题，发放贷款扶持小微企业、个体工商户发展壮大，带动移民就业创业。

第五，精准识别扶贫对象。一是强化移民村基层组织建设，提高村两委干部素质，培养正确政绩观，同时以法治方式推动精准扶贫，对在精准扶贫工作中不实事求是、谋取私利的个人或组织，严格追求其责任。二是精准扶贫要摒弃过去粗放扶贫的老办法，依靠"大数据"，建立省级精准扶贫大数据管理平台，利用大数据管理扶贫信息，推进扶贫信息的共享、共用、互通，精准识别、动态管理扶贫对象，及时、准确掌握贫困群众的数量、贫困程度和致贫原因，实现科学化、规范化、动态化分类管理，科学比对移民家庭信息和个人财产数据。三是在制定扶贫对象评定指标时，除考虑人均收入外，还要综合考虑家庭资产和户情，通过查收入、查资产和查户情，提高扶贫对象评定精准度。四是建立科学的进入和退出机制，对精准扶贫户实施动态管理，定期考核扶贫户经济发展情况，让脱贫户及时退出、贫困户及时入列。

第二章
移民生活适应性及满意度

范 雷

我们将为保护生态使其得到恢复或因生态环境恶劣不适宜人类生活的移民活动称为生态移民。宁夏自 1998 年以来实施了生态移民项目，2001 年正式命名为生态移民工程。宁夏生态移民工程自实施以来，在以政府为主导、自愿移民为主要模式的迁移方式下，取得了较好的效果。迁入地移民生活条件得到较大改善、生活水平得到有效提高，迁入地为移民生产生活的发展提供了较好的平台。生态移民安置过程中，移民群体对迁入地生产生活的适应性程度和满意度是评价生态移民工程效益的重要指标，其通过移民群体主观评价的方式，集中反映出生态移民工程在尊重移民群体意愿、调动移民群体积极性、尽可能满足移民群体需求方面的努力程度，以及政府所制定的"搬得出、稳得住、能致富"的基本目标的实现程度。

本章利用宁夏生态移民发展战略课题组对宁夏移民的问卷调查数据，通过描述移民群体的移民生活适应性和满意度，比较不同类型移民群体间的差异，以分析生态移民群体对移民工程的主观评价。随着人口流动日益频繁，宁夏移民类型逐渐多样。就迁出地看，以"西海固"地区为主，占80.8%，同时区内及区外迁入比例分别为 14.8% 和 4.4%；以移民类型看，政策性移民占 52.1%，自发移民占 47.9%；以安置方式看，整村搬迁、整村安置占 46.1%，自发搬迁、自主安置占 42.3%。因此，通过不同移民群体生活适应性及满意度比较，有助于凸显生态移民政策的实施效果。本章拟以政策性移民及自发移民区的移民类型为主，兼顾其他分类标准，对生态移民的生活适应性及满意度进行分析。

第一节　移民生活适应性

移民的生活适应性是指迁移过程中，迁移人口基于对迁出地生活环境、生活条件所形成的习惯，而对迁入地生活环境、生活条件的接受程度。它既包含对迁出地所形成习惯的顺利延续，也包含对迁入地习惯的顺利形成。移民对迁入地良好的适应性评价，反映出移民群体自身对环境变化具有较高的适应能力，更重要的是迁入地相较于迁出地相同甚至更好的生产生活条件满足了移民的需求，接续了移民的稳定生活；而移民对迁入地适应性评价较低，则显示出其对迁入地生产生活环境存在一定程度的排斥，进而影响其在迁入地的稳定生活。

现有的有关移民生活适应性研究多以跨城乡远地迁移为重点，以同化论、多元文化融合论为背景，分析移民对迁入地的生活适应问题，突出了生活方式、文化价值观念、行为习惯的较大差异导致产生不同程度的心理冲突，最终影响其在迁入地实现同化或融合。既强调了移民群体对迁入地环境的顺从，又强调了移民群体对迁入地环境形成过程的平等参与和贡献。而对于宁夏生态移民这种近地工程性迁移，研究者则多未采用同化论或多元文化融合论的分析框架，而直接描述移民群体在地理、气候、语言、风俗习惯、人际关系等日常生产生活方面的适应性，并分析其对迁入地认同感、归属感的形成程度。究其原因，主要是此类工程性迁移多在同一行政区域内实施，文化差异并不明显。加之工程移民多有相对完善配套的安置政策及措施，整村迁移安置在很大程度上保全了移民群体原有的社会关系和支持网络，从而降低了其在迁入地的适应难度、缩短了其在迁入地的适应过程。

因此，在本研究中，我们主要对移民群体在迁入地自然环境、饮食习惯、风俗习惯、衣着状况、休闲方式、耕种方式、人际关系、宗教氛围的适应性进行描述和分析，以评价宁夏生态移民工程的政策效果。

一 现居住地自然环境适应性

自然环境的适应性是移民过程中首先需要面对的方面。调查中的移民群体绝大部分来自"西海固"地区，那里气候干旱、水资源奇缺、水土流失严重、自然灾害频发，早在1972年就被联合国粮食开发署确定为最不适宜人类生存的地区之一。而生态移民安置点的选择则大多基于安置后居民生活便利、可多种经营、利于城镇化发展等多方考虑，选择自然环境较好、交通便捷、亦工亦农、基础设施相对完善的地区。以宁夏红寺堡区这一全国最大的生态移民扶贫开发区为例，经过人工造林、治理水土流失、发展生态经济，目前已成为城镇广布、工业发展较好的生态移民安置标杆。

在调查中，13.6%的人表示对现居住地自然环境很适应，68.2%的人表示比较适应，10.8%的人表示一般，仅7.5%的人表示不太适应和很不适应。总体来看，移民群体对现居住地自然环境较为适应。分移民类型看，自发移民对现居住地自然环境的适应程度高于政策性移民，其表示很适应和比较适应的比例分别为16.9%和73.8%，合计高于政策性移民群体17个百分点以上（见表2-1）。从其原因看，主要是政策性移民对现居住地自然环境适应过程需要较长时间。数据显示，2009年及以前的不同移民群体对现居住地自然环境适应性差别不大，政策性移民与自发移民人群中表示很适应和比较适应的比例分别为86.1%和91.0%，而2010年及以后的政策性移民与自发移民人群中，这一比例分别为62.5%和86.2%。

表2-1 您是否适应这里的自然环境？

单位：%

	很不适应	不太适应	一般	比较适应	很适应	合计
自发移民	0.8	2.1	6.5	73.8	16.9	100.0
政策性移民	2.1	9.5	14.8	63.0	10.5	100.0
总体	1.5	6.0	10.8	68.2	13.6	100.0

对自然环境不适应主要表现在两个方面。

第一是因水土不服而产生身体不适。总体来看，70.4%的移民表示没有因水土不服而产生身体不适，但在不同移民类型方面，政策性移民中有7.4%的人表示身体经常会产生各种问题，而在自发移民中这一比例仅为0.5%（见表2-2）。在2010年及以后的政策性移民中，这一比例甚至达到12.1%，而在自发移民中这一比例为0.0%。

表2-2 搬迁后，您有没有因为水土不服而产生身体的不舒服？

单位：%

	自发移民	政策性移民	总体
没有	73.8	67.3	70.4
开始有些水土不服，现在基本习惯了	24.7	25.1	24.9
身体经常会产生各种问题	0.5	7.4	4.1
其他	1.0	0.2	0.6
合计	100.0	100.0	100.0

第二是搬迁后的自然环境较搬迁前存在一定差距。迁入地选择尽管已经考虑到自然环境状况改善，但相对于山区的空气、水质和气候，平原地区人口较为稠密、工业发展更快，因此在客观上其自然环境与山区有着一定的差距。调查表明，74.8%、58.7%和74.4%的人认为搬迁前的空气、水质和气候非常好或比较好；而30.7%、39.8%和29.6%的人认为搬迁后的空气、水质和气候非常好或比较好（见表2-3）。在这方面，政策性移民与自发移民的评价是一致的，同时不同时期搬迁人群间的差别也不显著。

表2-3 搬迁前后的自然环境怎样？

单位：%

	不好	不太好	一般	比较好	非常好
迁移前空气	1.7	7.7	15.8	61.1	13.7
迁移后空气	1.2	10.7	57.3	29.2	1.5
迁移前水质	4.6	13.6	23.1	51.7	7.0
迁移后水质	2.9	12.4	44.9	37.3	2.5
迁移前气候	1.0	7.0	17.7	66.8	7.6
迁移后气候	1.5	12.3	56.6	28.9	0.7

二　现居地饮食习惯适应性

在饮食习惯和饮食结构适应性方面，由于移民大多是区内迁移，因此在饮食方面变化不大。移民中有84.2%的人表示现居地饮食习惯和饮食结构与原居地差不多，仅有14.9%的人表示差别非常大或比较大（见表2-4）。同时，政策性移民与自发移民间的差异不显著。不同民族移民在饮食方面的适应性都较高，汉族中有86.1%的人表示现居地与原居地差不多，回族中这一比例也达到84.3%，表明在移民过程中充分考虑到了不同民族的饮食习惯。同时这种差别也没有影响移民的日常生活。尽管有15%左右的人表示现居地与原居地在饮食习惯和饮食结构上存在差别，但都表现出较高的适应性。这部分人中，有70.5%的人表示对饮食习惯和结构上的差异很适应或比较适应，17.4%的人表示一般，只有10.6%的人表示很不适应或不太适应。

表2-4　您觉得现居地和原居地饮食习惯和饮食结构差别大吗？

单位：%

	自发移民	政策性移民	总体
非常大	1.8	2.6	2.2
比较大	11.7	13.6	12.7
差不多	86.0	82.6	84.2
说不清	0.5	1.2	0.9
合计	100.0	100.0	100.0

三　现居地风俗习惯适应性

宁夏有着悠久的移民传统，戍边、避乱、拓荒、通商、脱贫等多种原因使不同民族、不同文化的人移居宁夏，也使宁夏形成了特有的民族融合、兼收并蓄的移民文化。"宁夏有天下人，天下有宁夏人"便是这一文化的形象写照。因此，在风俗习惯的适应性方面，移民群体表示现居地的风俗习惯和迁出地相比差别不大或没有差别的比例分别为28.1%和60.1%，仅有9.3%的人表示差别很大（见表2-5）。同时，宁夏特有的移民文化，也使受访者感到其他移民或当地居民的风俗习惯对自己的生产生活影响不大。从调查结果看，90.8%的人表示没有影响，5.0%的人表示有一些影响，1.4%的人表示影响很大。而在这仅有的6.4%的表示其他移民或当地居民的风俗习惯对自己造成影响的人当中，认为对这种影响很适应或比较适应的占43.2%，认为一般的占29.4%，仅23.5%的人表示对这种影响不太适应或很不适应。因此，总体来说移民群体对现居住地风俗习惯表现出很高的适应性。

表2-5 您觉得现居地的风俗习惯和原居地相比差别大吗？

单位：%

	自发移民	政策性移民	总体
差别很大	7.3	11.2	9.3
差别不大	29.9	26.5	28.1
没有差别	59.7	60.4	60.1
说不清	3.1	1.9	2.5
合计	100.0	100.0	100.0

四 现居地衣着状况适应性

多民族的汇聚、城乡生活的交织、非农就业机会的增加表现在衣着方面的最大特点，便是衣着服饰的差异。由于移民多为区内迁移，因此对于这一差别也较为适应。在调查中，85.2%的人表示现居地和原居地在衣着方面差别不大，12.9%的人表示比较大或非常大。从移民类型看，汉族自发移民和回族政策性移民对两地衣着差异更为敏感，而汉族政策性移民和回族自发移民对此的反应则相对平缓。汉族自发移民和回族政策性移民中分别有15.4%和16.9%的人认为现居地和原居地在衣着方面差别比较大或非常大（见表2-6）。

就已有研究推测，汉族自发移民因缺乏政策性移民所享受的移民安置政策，所以其定居地或生产经营场所通常选择在管理较松、人口聚集、社会关系复杂的地区，且更多从事建筑业、餐饮业、商贸物流业等，因此他们对衣着差异有着更为切实的感受；而回族自发移民则多因生活习俗、民族习惯，更倾向于选择回民聚集区生活且多从事农业生产，数据也显示回族自发移民从事农业的比例为 59.3%，高于其他人群 20~30 个百分点，因此他们所感受到的衣着差异并不突出；回族政策性移民虽在安置点生活，但其务工比例高出回族自发移民近 15 个百分点，因此他们所感受到的衣着差异较为突出。可以断定，移民对衣着差别的判断更多地基于其民族类型并受其从事职业所接触人群的复杂性程度影响。

尽管 12.9% 的移民认为现居地和原居地在衣着方面差别大，但其中表示适应这一差别的占 85.5%，表示一般的占 6.8%，表示不适应的仅为 7.7%。总体而言，移民群体对衣着方面的适应性很高。

表 2-6　您觉得现居地和原居地在衣着方面差别大吗？

单位：%

	汉族		回族		总体
	自发移民	政策性移民	自发移民	政策性移民	
非常大	2.6	1.4	0.0	2.5	1.7
比较大	12.8	9.9	5.8	14.4	11.2
差不多	83.2	87.2	91.5	81.2	85.2
说不清	1.5	1.4	2.6	1.8	1.9
合计	100.0	100.0	100.0	100.0	100.0

五　现居住地休闲方式适应性

通常而言，随着居住地迁移到现代化程度相对较高的平原地区，移民的休闲方式应该与原居住地有着较大差别。理论上说，交通便利性的提高使人们有更多机会接触外部世界，从而丰富其休闲方式。从调查数据看，94.2% 的人认为搬迁后出门交通比在原居住地方便多了，认为差不多的占 3%，认为没有原居住地方便的仅占 1.4%。同时，外出务工机会的增加也使移民生活水平得到提升，进而促进了人们对精神文化生活的需求。但在实际中，81.1% 的人认为搬迁前后在日常休闲生活方式上差别不大，16.9% 的人则认为差别比较大或非常大。多数移民的休闲生活依然延续着原有的以听广播看电视、打扑克、聊天、搓麻将等为主要形式的休闲活动。从中国社会科学院社会学研究所的中国社会状况综合调查（CSS）的结果看，目前我国农村居民主要休闲方式以串门聊天（63.2%）、打麻将/打牌（20.3%）为主，其比例高于城镇居民；而城镇居民则在电脑游戏/上网（36.4）、读书/看报（25.3%）、运动健身（17.6%）等方面远高于农村居民（见表2-7）。

表2-7 中国城乡休闲方式比较

单位：%

	城镇	农村
串门聊天	29.4	63.2
打麻将/打牌	17.9	20.3
电脑游戏/上网	36.4	14.4
读书/看报	25.3	11.4
郊游/钓鱼/户外活动	12.6	6.3
外出观看电影/戏剧/表演/听音乐会	11.2	5.3
运动健身	17.6	5.2
外地旅游	8.8	1.8
去迪斯科、卡拉OK、酒吧	4.8	1.7
外出看体育比赛	2.5	1.5
其他	13.4	13.8
没有这些休闲活动	13.4	15.8

注：此题为多选。

与对衣着差别的感受相同，汉族自发移民群体和回族政策性移民群体认为搬迁前后在日常休闲生活方式上差别大，其中汉族自发移民群体认为差别大的比例为25.5%，回族政策性移民群体的这一比例为17.3%（见表2-8）。较高的外出务工比例，使这两个群体较其他移民群体更多地接触到城镇生活方式和休闲方式，这也使他们感受到与原居住地在休闲方式上的较大差别。与自然环境、饮食习惯、风俗习惯、衣着状况等方面更加注重原有习惯平稳过渡的适应性不同，休闲方式的适应性则反映的是人们对新事物的接受程度。在16.9%的认为日常休闲生活方式上差别大的人中，67.4%的人表示对这种差别很适应或比较适应，27.4%的人表示一般，仅4.4%的人表示不适应。

表 2 - 8　您觉得搬迁前后在日常休闲生活方式上差别大吗？

单位：%

	汉族		回族		总体
	自发移民	政策性移民	自发移民	政策性移民	
非常大	4.6	3.5	2.6	3.6	3.6
比较大	20.9	9.2	7.9	13.7	13.3
差不多	70.9	85.1	88.9	80.9	81.1
说不清	3.6	2.1	0.5	1.8	2.0
合计	100.0	100.0	100.0	100.0	100.0

六　现居住地耕种方式适应性

耕种方式的适应性是移民群体在现居住地生活的重要基础。移民过程对其家庭而言最主要的变化就是其家庭生产经营类型的变化及家庭经济收入来源的变化。从调查结果看，搬迁前人们的家庭主要经济收入来源于种植业和养殖业，合计为 90.5%，而搬迁后这一比例下降到 31.1%。与此同时，务工收入成为重要的经济收入来源，搬迁前以打工为家庭主要收入来源的家庭比例仅为 9.0%，而搬迁后这一比例上升为 61.6%（见表 2 - 9）。另外，尽管种植业、养殖业收入对于大多数移民家庭而言已不再是主要收入来源，但目前仍从事农业生产且有农业经营收入的家庭在移民家庭总数中仍占 50.6%。受访者中也仍有 40% 的人在从事农业生产。

表 2 - 9　搬迁前后家庭主要经济收入来源

单位：%

	搬迁前	搬迁后
种植	86.4	27.2
养殖	4.1	3.9
打工	9.0	61.6
做生意	0.1	2.5
出租收入	0.0	0.1
行政事业单位工作收入	0.2	0.5

续表

	搬迁前	搬迁后
补贴救济	0.1	1.6
其他	0.0	2.6
合计	100.0	100.0

就目前仍从事种植和养殖业生产的移民家庭而言，20.8%的人认为现居地与原居地主要农作物的种类变化不大，77.2%的人认为有一些变化，但能够适应，仅2.0%的人认为变化非常大，根本不适应（见表2-10）。从目前家庭收入主要来源仍以种植业为主的移民家庭看，23.4%的人认为现居地与原居地主要农作物的种类变化不大，75%的人表示有一些变化，但能够适应，仅1.6%的人认为非常大，根本不适应。他们对于搬迁前后耕种方式稳定性的感受甚至高于其他不以种植业收入为主要经济来源的家庭。

表2-10　现居地与原居地主要农作物的种类变化大吗？

单位：%

	搬迁后家庭主要收入来源			总体
	种植	养殖	打工	
非常大，根本不适应	1.6	0.0	2.3	2.0
有一些变化，但能够适应	75.0	85.7	78.3	77.2
变化不大，以前种什么，现在基本还种什么	23.4	14.3	19.4	20.8
合计	100.0	100.0	100.0	100.0

由于搬迁前后耕种方式变化不大，因此从事种植业的移民家庭对目前的耕种方式较为适应。数据显示，80.1%的人认为与原居地的耕种方式相比能够适应现在的耕种方式，16.3%的人认为一般，仅2.8%的人表示不能适应现在的耕种方式。从搬迁后主要收入来源以种植业为主的家庭看，80.6%的人表示能够适应，16.7%的人表示一般，仅2.1%的人表示不能适应（见表2-11）。可以说，搬迁并未对从事种植业生产的移民家庭耕种方式产生重大影响。对于仅有的2.8%不适应目前耕种方式的家庭而言，其不适应的原因主要在于劳动负担增加。搬迁后务工的便利使务农人员老龄化加剧，

在从事种植业生产的人中，50 岁及以上的占 40.7%，而务工者中这一年龄段占比为 23.6%，经商者中这一年龄段占比为 17.7%。除务农人员老化外，与迁出地靠天吃饭相比，迁入地种植业生产的精细耕作也在很大程度上增加了种植业劳动负担。

表 2-11 与原居地的耕种方式相比，您是否能够适应现在的耕种方式？

单位：%

	搬迁后家庭主要收入来源			总体
	种植	养殖	打工	
很不适应	1.6	0.0	0.6	1.3
不太适应	0.5	0.0	2.3	1.5
一般	16.7	9.5	17.0	16.3
比较适应	68.8	81.0	64.8	67.8
很适应	11.8	4.8	14.8	12.3
说不清	0.5	4.8	0.6	0.8
合计	100.0	100.0	100.0	100.0

七 现居住地人际关系适应性

人际关系反映着人们在现实生活中社会交往及社会支持状况。对移民群体而言，良好的人际关系有助于他们在迁入地更好更快地适应当地生活、融入当地社会。生态移民群体多来自山区，其迁出地气候条件、生态条件恶劣，交通不便，信息不畅，人际交往范围、频率均受较大限制。移民在迁入地，人际交往的条件得到较大改善，交往范围扩大、交往深度增加，尤其是原有的单纯以熟人圈为交往对象的状况得到改变，与陌生人的交往机会增加。因此，对移民群体在迁入地人际关系的适应性提出了较高要求。

生活求助状况是反映人际交往尤其是社会支持的较为有效的指标。从调查结果看，移民群体在遇到困难时最多寻求帮助的人是亲戚（77.6%），其次是朋友（65.2%），表明原有的熟人关系并未受到搬迁的影响，而继续发挥着社会支持作用。而现在的邻居为第三位，占 33.1%，表明搬迁后移民迅速与其居住地周围的邻居建立了较为密切的互助关系。而寻求搬迁前的邻居帮助的比例则为 12.7%，表明经过搬迁，移民难以更好获得原来邻居的支持。现任村干部也是移民寻求帮助的主要对象之一，有 13.6% 的人表示搬迁后遇到困难会找现任村干部帮忙，表明基层自治组织所拥有的各类资源有助于解决移民生活困难等问题（见表 2 - 12）。对移民而言，互助意识是帮助他们克服搬迁过程中困难、快速建立新的人际关系和社会支持网络的关键。调查中，91.4% 的人表示现在如果有亲朋、同事或邻居向自己寻求帮助，会很高兴地帮忙；7.2% 的人表示会考虑对自己有何好处再做决定；而拒绝提供帮助的比例仅为 0.6%。总体来看，移民搬迁后的社会支持网络仍以其原有的熟人关系网络为主要支撑，同时他们在搬迁后快速建立起以现在的邻居、村干部为对象的新的社会关系，完善搬迁后生活的社会支持网络。

分类来看，第一，汉族自发移民向搬迁前的邻居求助比例较其他人群低，而回族政策性移民则向搬迁前的邻居求助比例较其他人群高。表明汉族自发移民一旦实现迁移，则在很大程度上脱离了原有的邻里关系，难以获得原有邻居的帮助；而回族政策性移民则通过政策安置较好地保留了原有的邻里关系，使这种关系继续作为重要的社会支持力量。同时回族自发移民对搬迁前的邻居依赖程度也较高，反映出回族民众具有将因居住距离形成的亲密关系转化为更为持久的熟人关系的能力。第二，汉族自发移民对现在邻居的求助程度低于其他人群，仅 25.5% 的人寻求现在邻居的帮助，而其他群体的这一比例均高于 30%。这表明汉族自发移民群体选择的定居地点处于人员密集、流动性较大的区域，难以持久建立稳定的邻里关系。第三，回族移民无论是自发或是政策性移民，相对汉族而言，对搬迁前后的村干部都有较高的依赖程度。其中，回族自发移民更倾向于向搬迁前的村干部求助，而回族政策性移民则更倾向于向现任村干部求助。

表 2 - 12　搬迁后您遇到了困难找谁帮忙？

单位：%

		汉族		回族		总体
		自发移民	政策性移民	自发移民	政策性移民	
亲戚		78.6	73.8	75.1	80.6	77.6

续表

	汉族		回族		总体
	自发移民	政策性移民	自发移民	政策性移民	
朋友	61.2	56.7	69.8	69.1	65.2
同事	2.6	2.1	2.1	2.2	2.2
同学或校友	0.5	1.4	1.6	1.4	1.2
移民搬迁前的邻居	6.6	12.1	11.6	18.0	12.7
现在的邻居	25.5	34.8	40.7	32.4	33.1
移民搬迁前的村干部	1.5	2.1	4.2	2.5	2.6
现任村干部	13.3	6.4	10.1	19.8	13.6
宗教权威人士	0.0	0.7	2.6	3.2	1.9
专业合作经济组织	0.0	0.7	0.0	0.7	0.4
其他	1.0	0.0	0.5	1.8	1.0
谁也不找	12.8	14.2	16.4	10.1	12.9

注：此题为多选。

　　由于搬迁后原有亲戚、朋友关系依然发挥作用，加之移民在迁入地新的社会关系和社会支持网络的建立，移民对在现居住地的人际关系总体表现出很高的适应性。87.3%的人表示对现居住地人际关系很适应或比较适应，8.1%的人表示一般，仅4.5%的人表示很不适应或不太适应（见表2-13）。相对而言，政策性移民因其具有一定程度的强制性约束，所以无论是汉族还是回族政策性移民，表示对现居住地人际关系不适应的比例都略高于自发移民群体。

表2-13　您适应现居地的人际关系吗？

单位：%

	汉族		回族		总体
	自发移民	政策性移民	自发移民	政策性移民	
很不适应	2.0	0.7	1.6	1.4	1.5
不太适应	1.0	4.3	0.0	5.8	3.0
一般	6.6	11.3	5.8	9.0	8.1

续表

	汉族		回族		总体
	自发移民	政策性移民	自发移民	政策性移民	
比较适应	67.9	66.0	78.3	60.4	67.4
很适应	22.4	17.0	14.3	23.4	19.9
说不清	0.0	0.7	0.0	0.0	0.1
合计	100.0	100.0	100.0	100.0	100.0

八　现居住地宗教氛围适应性

对于政策性移民而言，在迁出地由于生态环境恶劣、经济发展落后、教育文化滞后、社会关系封闭，因此极易形成较为浓厚的宗教氛围。而在移民后，宗教政策、民族政策得到贯彻落实，迁入地宗教场所条件较迁出地有较大改善，但生产方式的改变、新的人际关系建立、更多的社会交往机会、现代生活的影响等均在不同程度上冲淡了宗教氛围。调查表明，97.3%的回族自发移民和92%的回族政策性移民认为搬迁后其宗教生活没有受到影响。相对而言，回族政策性移民中认为受到一些不利影响的比例略高，为4.7%，但同时有2.5%的回族政策性移民表示其宗教生活比以前还好（见表2-14）。因此，总体来看，回族自发移民由于可以自主选择定居地点，所以通常会选择便于其宗教生活的环境定居，而回族政策性移民在政策统一安置背景下，其宗教生活略微受到影响。

表 2-14　搬到本地后您的宗教生活是否受到影响？

单位：%

	回族自发移民	回族政策性移民
没有受到影响	97.3	92.0
受到一些不利影响	1.1	4.7
比以前还好	0.5	2.5
不好说	1.1	0.7
合计	100.0	100.0

就现居住地宗教氛围看，85.3%的人表示与搬迁前差不多，5.5%的人表示比搬迁前淡化，5.0%的人认为比搬迁前浓厚。回族自发移民中认为宗教氛围比以前浓厚的比例高于认为比以前淡化的比例，表明其宗教生活经过搬迁并未受到明显影响，通过自主选择定居地还客观上增强了其宗教生活；而回族政策性移民则在此问题上出现分歧，8.3%的人认为较之以前宗教氛围淡化，7.2%的人则认为较之以前宗教氛围浓厚，表明不同的安置点在处理宗教问题上因环境不同、条件各异，而措施不一，从而形成回族政策性移民对此问题的不同看法。对汉族移民来说，其认为比搬迁前淡化的比例也在5%以上，略高于认为比搬迁前浓厚的比例，表明移民后更为多样的社会交往、更为丰富的文化生活在一定程度上淡化了周围的宗教氛围（参见表2-15）。

表2-15　您认为现居地的宗教氛围怎样？

单位：%

	汉族		回族		总体
	自发移民	政策性移民	自发移民	政策性移民	
比搬迁前浓厚	3.6	2.9	4.8	7.2	5.0
和之前差不多	86.7	78.6	92.1	83.1	85.3
比搬迁前淡化	5.6	5.0	1.6	8.3	5.5
不好说	4.1	13.6	1.6	1.4	4.2
合计	100.0	100.0	100.0	100.0	100.0

就移民对现居住地宗教氛围的适应性而言，75.8%的人表示很适应或比较适应，18.7%的人认为一般，仅3.1%的人表示很不适应或不太适应。就回族自发移民和政策性移民看，两者对于现居住地宗教氛围较适应的比例分别为91.6%和85.9%，表明移民搬迁未对回族群众的宗教活动、宗教氛围带来不利影响。而汉族移民对现居住地宗教氛围有半数以上表示适应，有约1/3的人表示一般，表明区内搬迁对汉族移民的宗教环境影响不大，这种宗教氛围对汉族移民而言只是外部环境因素，并没有更多地介入汉族移民的日常生产生活，因此相当比例的汉族移民对此多采取旁观者的立场（参见表2-16）。

　　从年龄看，对于宗教氛围的适应在年龄上表现出一定差异，各年龄段人群在总体上表示对宗教氛围适应的同时，无论是汉族还是回族均表现出年轻人对宗教氛围持一般性观望态度的比例较老年人高。其中，汉族39岁及以下移民中对现居住地宗教氛围持一般态度的比例在40%以上，而汉族60岁及以上群体的这一比例则为22.7%；同样，在回族39岁及以下移民中对现居住地宗教氛围持一般态度的比例在10%以上，而回族60岁及以上群体的这一比例则为4.3%。表明就现居住地宗教氛围的适应性而言，其宗教氛围本身是否发生变化是其中一个方面，而移民尤其是青年移民对宗教氛围本身的看法则是另一个方面。移民通过搬迁在改变其生活环境、交往环境、文化环境的同时，也改变着其对宗教的看法和认识。

表 2 - 16　您是否适应现居地的宗教氛围？

单位：%

	汉族		回族		总体
	自发移民	政策性移民	自发移民	政策性移民	
很不适应	0.5	2.8	1.1	1.4	1.4
不太适应	1.5	0.7	1.1	2.9	1.7
一般	33.2	33.3	5.8	9.7	18.7
比较适应	55.6	47.5	70.4	65.8	61.2
很适应	8.2	3.5	21.2	20.1	14.6
说不清	1.0	12.1	0.5	0.0	2.5
合计	100.0	100.0	100.0	100.0	100.0

九　现居住地适应性总体评价

　　总体而言，移民对现居住地生活表现出较高的适应性。81.0%的人表示总体来说自己能够适应现居地的生活，13.3%的人表示一般，仅5.5%的人表示很不适应或不太适应。就移民类型看，自发移民的适应性高于政策性移民，其中汉族自发移民中表示适应的占91.3%，回族自发移民的这一比例为88.4%；而汉族政策性移民中表示适应的占73.0%，回族政策性移民中的这一比例为72.7%（见表2-17）。因此，自发移民由于其具有一定的自由选择空间，更倾向于选择适应的环境定居，从而表现出较高的适应性；政策性移民享受政府的安置政策扶持，但在选择自由度上相对受到限制，其适应性程度较自发移民略低。总体上，政策性移民仍具有较高的适应性，今后需要进一步细化政策，做到精确移民、精确安置，以进一步提高政策性移民的生活适应性。

表 2－17　总体来说您适应现居地的生活吗？

单位：%

	汉族		回族		总体
	自发移民	政策性移民	自发移民	政策性移民	
很不适应	0.0	1.4	1.1	1.1	0.9
不太适应	0.5	6.4	1.1	9.0	4.6
一般	8.2	18.4	9.5	16.9	13.3
比较适应	69.9	62.4	72.5	55.8	64.3
很适应	21.4	10.6	15.9	16.9	16.7
说不清	0.0	0.7	0.0	0.4	0.2
合计	100.0	100.0	100.0	100.0	100.0

第二节　移民生活满意度

移民的生活适应性所参照的是移民搬迁前的生活环境，其着眼点是评价搬迁前后移民生活变化程度及移民对这一变化的承受程度，其目标更多的是保障搬迁前后生活的平稳过渡。而移民的生活满意度所参照的是移民对搬迁后生活环境变化的预期，其着眼点是搬迁后移民生活改善的程度及移民对这一改善的主观评价，其目标更多的是实现搬迁后生活质量的有效提高。可见，相比移民的生活适应性，移民对目前生活的满意度评价具有更高的标准。

一　现居住地家庭收入满意度

就搬迁前后移民家庭收入在当地的水平来看，第一，总体变化不大。搬迁前 40.8% 的家庭收入为下等，54.2% 为中等，3.2% 为上等；而搬迁后

43.3% 的家庭收入为下等，51.1% 为中等，3.5% 为上等。第二，分移民类型看，自发移民中搬迁前下等占 47.5%，中等占 48.1%，上等占 2.1%，而搬迁后下等减少到 31.9%，中等增加为 62.1%，上等增加为 4.7%；而政策性移民搬迁前下等为 39.4%，中等为 53.9%，上等为 4.8%，而搬迁后下等增加到 48.9%，中等减少为 47%，上等减少为 1.9%（见表 2 - 18）。因此，搬迁对于迁出地、迁入地总体的收入等级结构变化影响不大，而自发移民较政策性移民在迁入地有很多的收入地位上升机会。

表 2 - 18　您搬迁前后的家庭收入属于当地的什么水平？

单位：%

	搬迁前			搬迁后		
	自发移民	政策性移民	总体	自发移民	政策性移民	总体
下等	47.5	39.4	40.8	31.9	48.9	43.3
中等	48.1	53.9	54.2	62.1	47.0	51.1
上等	2.1	4.8	3.2	4.7	1.9	3.5
说不清	2.3	1.9	1.7	1.3	2.1	2.1
合计	100.0	100.0	100.0	100.0	100.0	100.0

就移民对目前家庭收入的满意度看，总体中 25% 的人表示满意，20.5% 的人表示一般，54.5% 的人表示不满意。分移民类型看，自发移民中 27.8% 的人表示满意，24.2% 的人表示一般，48% 的人表示不满意；政策性移民中 22.5% 的人表示满意，17.2% 的人表示一般，60.4% 的人表示不满意（见表 2 - 19）。表明政策性移民对目前家庭收入的满意度较低。究其原因，主要是自发移民家庭收入高于政策性移民，自发移民家庭平均年总收入为 39651 元，而政策性移民家庭为 26143 元。从收入结构看，自发移民与政策性移民差不多。农业经营收入占比方面，自发移民为 23.9%，政策性移民为 26.4%；工资性收入占比方面，自发移民为 56.8%，政策性移民为 59.3%；政策性移民家庭收入中社会救助收入、政策扶持收入、村委会提供的福利收入占比均高于自发移民家庭，但其数额少、占比低，对家庭总收入影响不大。而就对家庭收入影响较大的农业经营收入和工资性收入方面，自发移民家庭均高于政策性移民家庭。

因此，结合上述移民家庭搬迁前后在当地的收入水平变化及移民家庭目前收入满意度综合分析，可以认为，政策性迁移对改善移民家庭搬迁前后的收入水平具有积极影响，但对进一步提高移民家庭在现居住地的收入地位则效果不及自发移民显著。

表 2 - 19　您是否满意现在的家庭收入？

单位：%

	自发移民	政策性移民	总体
很不满意	10.9	23.9	17.7
不太满意	37.1	36.5	36.8
一般	24.2	17.2	20.5
比较满意	26.8	22.0	24.3
很满意	1.0	0.5	0.7
合计	100.0	100.0	100.0

二　现居住地住房满意度

就住房满意度而言，总体中 65.5% 的人表示家庭住房条件变化非常大或比较大，认为不太大的占 23.9%，认为没变化的占 10.6%。表明搬迁对移民住房条件影响较大。就移民类型看，政策性移民对家庭住房条件变化大的评价比例略高于自发移民，前者为 67.8%，后者为 63.1%（见表 2 - 20）。住房条件变化包含多种因素，从以往的研究看，移民搬迁后住房方面的变化通常包括住房条件、居住环境、居住面积等方面的变化。因此，分析搬迁对移民住房状况的影响还必须了解其满意度情况。

表 2 - 20　搬迁前后，您家的住房条件变化大吗？

单位：%

	自发移民	政策性移民	总体
非常大	16.9	20.8	18.9
比较大	46.2	47.0	46.6
不太大	25.5	22.4	23.9

	自发移民	政策性移民	总体
没变化	11.4	9.8	10.6
合计	100.0	100.0	100.0

　　而就移民对住房的满意度看，总体中57.4%的人表示很满意或比较满意，17.3%的人表示一般，25.2%的人表示很不满意或不太满意。分移民类型看，自发移民表示满意的比例为69.9%，而政策性移民表示满意的比例为46.0%（见表2-21）。与以往研究相比较，此次调查中政策性移民的住房满意度偏低。究其原因主要在于近年来的政策性移民所占比例较高。数据显示，1999年及以前的移民中，自发移民占72.3%，政策性移民占26.8%；2000～2009年的移民中，自发移民占57.6%，政策性移民占42.4%；而2010年以来的移民中，自发移民占21.9%，政策性移民占78.1%。表明近年来政策性移民力度有所加大，但新近的政策性移民通常对搬迁后的住房状况满意度较低。因为新移民一般在住房支出上压力较大，与其他老移民相比，其在住宅改建、装修支出一项上的花费远远高于其他人，所以极易导致其住房方面的满意度下降。此外，从搬迁前后人均居住面积看，自发移民搬迁前人均居住面积为23.86平方米，搬迁后为32.71平方米；而政策性移民搬迁前人均居住面积为24.03平方米，而搬迁后为22.36平方米。其住房面积较搬迁前甚至有所下降，这就更加重了其对住房状况的不满意程度。在调查中，对住房状况不满意的主要原因是住房面积小，在自发移民中75.5%的人持此看法，而在政策性移民中89.3%的人持此看法。

表2-21　您对目前的住房条件满意吗?

单位：%

	自发移民	政策性移民	总体
很不满意	1.8	11.2	6.7
不太满意	11.9	24.6	18.5
一般	16.4	18.1	17.3
比较满意	62.1	40.3	50.7

续表

	自发移民	政策性移民	总体
很满意	7.8	5.7	6.7
合计	100.0	100.0	100.0

三 现居住地居住环境满意度

从对现居住地居住环境变化情况评价看，54.7%的人认为差不多，37.4%的人表示差别比较大，7.5%的人表示差别非常大。其中，自发移民中认为居住环境变化不大的比例较高，为60.8%，而政策性移民中的这一比例相对较低，为49%（见表2-22）。政策性移民从偏远山区搬迁至平原地区，其较大的环境变化是显而易见的。从以往的研究看，人们对居住环境变化的主要感受是搬迁后出行方便、环境舒适整洁、社会治安良好等，因此居住环境的变化更多的是给予移民群体良好、舒适、便捷的生活环境。

表 2-22 您觉得现居地和原居地的居住环境差别大吗？

单位：%

	自发移民	政策性移民	总体
非常大	5.5	9.3	7.5
比较大	33.5	40.9	37.4
差不多	60.8	49.0	54.7
说不清	0.3	0.7	0.5
合计	100.0	100.0	100.0

因此，移民群体对这种居住环境变化表现出较高的满意度。总体中，66.5%的人表示满意，20.4%的人表示一般，仅13.2%的人表示不满意。其中，自发移民中表示满意的比例达到77.7%，表示一般的占16.9%，表示不满意的占5.4%；政策性移民中表示满意的占56.1%，表示一般的占23.6%，表示不满意的占20.3%（见表2-23）。进一步分析显示，与住房满意度相同，新近的政策性移民对其居住环境满意度较低。数据显示，1999年及以前的政策性移民对居住环境表示不满意的比例仅为2.0%，2000～

2009 年的政策性移民对居住环境表示不满意的比例为 5.1%，而 2010 年以来的政策性移民对居住环境不满意的比例高达 33.1%。由此来看，较高的生活适应性并不能满足政策性移民对迁入地生活环境的更高要求，适应性仅仅意味着搬迁前后生活习惯的平稳过渡，但政策性移民对搬迁后生活较高期待的逐渐现实化仍需要较长的适应期。

表 2 - 23　您对现居地的居住环境满意吗？

单位：%

	自发移民	政策性移民	总体
很不满意	0.5	2.6	1.6
不太满意	4.9	17.7	11.6
一般	16.9	23.6	20.4
比较满意	71.7	53.2	62.1
很满意	6.0	2.9	4.4
合计	100.0	100.0	100.0

四　现居住地教育环境满意度

教育是重要的民生问题。教育环境的完善有助于安定移民的定居意愿，同时对政策性移民工程所肩负的脱贫使命而言，教育又具有阻断贫困代际传递的作用。从调查看，总体而言 78.1% 的人表示现居地的教育环境更好，9.8% 的人表示两地教育环境差不多，仅 8.7% 的人认为原居地的教育环境更好。分移民类型看，自发移民中 81.6% 的人表示现居地教育环境更好，其比例略高于政策性移民的 74.9%（见表 2 - 24）。在这方面同样表现出新近政策性移民与老政策性移民的差异。1999 年及以前的政策性移民中 89.8% 的人认为现居住地教育环境好，2000～2009 年政策性移民的这一比例为 75.9%，而 2010 年以来的新政策性移民的这一比例为 71.1%。这一方面反映出近年来教育公平举措的快速推进，不同地区间教育差距有所缩小；另一方面反映出新近的政策性移民较之早前的政策性移民对教育环境的要求更高。

表 2 - 24　您觉得现居地和原居地的教育环境有差别吗？

单位：%

	自发移民	政策性移民	总体
现居地的教育环境更好	81.6	74.9	78.1
原居地的教育环境更好	5.5	11.7	8.7
两地教育环境差不多	9.6	10.0	9.8
说不清	3.4	3.3	3.4
合计	100.0	100.0	100.0

就移民对具体的学校教育环境及自身培训的满意度看，总体而言 72.1% 的人表示满意，16.5% 的人表示一般，仅 11.4% 的人表示不满意。在这个方面自发移民与政策性移民的差异不大，分别有 73.0% 和 71.1% 的人对此表示满意（见表 2 - 25）。在这个方面应注意发展民族教育，进一步改善民族教育条件。调查显示，汉族政策性移民中对学校教育的不满意度为 9.5%，而回族政策性移民的不满意度为 16.5%。就目前来看，民族教育方面存在回民中小学义务教育均衡发展困难多、条件差，回族学生因家庭经济状况不佳而学业困难、辍学压力大，民族教育的基础能力和师资水平不高等一系列问题。因此，政策性移民工程应在进一步发展民族教育方面做出积极努力，以提高回族政策性移民对学校教育的满意度。

表 2 - 25　您或您的孩子对现居地的转产培训或学校教育环境满意吗？

单位：%

	自发移民	政策性移民	总体
很不满意	2.9	4.5	3.7
不太满意	6.0	9.3	7.7
一般	18.2	15.0	16.5
比较满意	64.4	61.8	63.1
很满意	8.6	9.3	9.0
合计	100.0	100.0	100.0

第三节　移民对现居住地认同状况

移民群体对现居住地的认同是移民在制度、机制、政策调整下，逐渐融入现居住地社会，最终实现由移民身份向本地居民身份转变的关键因素。一般来说，移民对现居住地生活的适应性仅是其社会融入的初始条件，它意味着尽可能在移民日常生活的诸多方面减少与原居住地的差异，使移民在现居住地实现其生活习惯的无障碍迁移。移民对现居住地生活的较高满意度则是其社会融入的必要条件，它意味着移民对现居住地生活的认可、接纳，可使移民在主观上消除因搬迁所造成的不便而产生的对现居住地的排斥心理。而移民对现居住地的认同、对移民身份的淡忘、对本地居民身份的认同则是其在现居住地社会融入的最终标志，它意味着移民将自身视为与本地区发展相关的行为主体，主动参与到本地区事务中并发挥其积极作用。

就目前情况看，在社会融入方面，移民群体基本实现了其在现居住地社会融入的第一步，即表现出较高的生活适应性，其中部分人受阻于对现居住地生活满意度相对较低的第二步，而多数人则进入对自身本地人身份较高认同的第三步。主要表现出以下特点。

第一，移民群体表现出对自身本地人身份的较高认同。

调查显示，总体中有 84.3% 的人表示更倾向于认为自己是本地人，而表示自己是迁出地人的比例仅为 15.7%。从移民类型看，回族自发移民认同自己是本地人的比例最高，为 89.9%；其次是回族政策性移民，为 84.9%；再次是汉族自发移民，为 84.7%；而汉族政策性移民的本地人认同度相对较低，为 75.2%（见表 2-26）。此外，就希望人们将自己当作哪里人的角度看，总体中 94.0% 的人希望别人将自己当作本地人，其中回族自发移民最高，为 97.9%；汉族自发移民其次，为 94.9%；回族政策性移民为 94.2%；而汉族政策性移民相对较低，为 87.2%（见表 2-27）。

就数据分析看，不认同自己是本地人身份的主要原因无非两点，一是对现居住地生活不适应，二是对现居住地生活不满意。数据显示，在汉族政策性移民方面，不认同自己为本地人身份的人当中，51.5% 的人表示自己不适应现居住地生活或表示一般；而在回族政策性移民中的这一比例为

45.3%。可见，没有完成移民后社会融入第一步（即生活适应性）的人，其在现居住地的本地人身份认同就难以实现。数据还显示，在汉族政策性移民方面，不认同自己为本地人身份的人当中，45.7%的人表示对自己现居住地环境不满意；而在回族政策性移民中的这一比例为37.5%。可见，没有完成移民后社会融入第二步（即较高生活满意度）的人，其在现居住地的本地人身份认同也难以实现。

表 2 - 26　您更倾向于认为自己是哪里人？

单位：%

	汉族		回族		总体
	自发移民	政策性移民	自发移民	政策性移民	
本地人	84.7	75.2	89.9	84.9	84.3
迁出地的人	15.3	24.8	10.1	15.1	15.7
合计	100.0	100.0	100.0	100.0	100.0

表 2 - 27　您希望别人把您当作哪里人？

单位：%

	汉族		回族		总体
	自发移民	政策性移民	自发移民	政策性移民	
外来者	5.1	12.8	2.1	5.8	6.0
本地人	94.9	87.2	97.9	94.2	94.0
合计	100.0	100.0	100.0	100.0	100.0

第二，政策性移民中1/3以上的人对目前生活状况评价较低，影响其本地身份认同。

调查中，问及"目前生活状况是否符合您对移民的期待"时，汉族政策性移民中43.2%的人表示不符合或不太符合，回族政策性移民中的这一比例为36.0%，而在汉族及回族自发移民中的这一比例分别为16.8%和20.1%，远低于政策性移民（见表2 - 28）。表明目前政策性移民效果在一定程度上低于民众期待。

同样，就其本地身份认同与其对目前生活状况评价的关系看，不认同自己是本地人的汉族政策性移民中，71.4%的人表示目前生活状况不符合自己对移民的期待，而不认同自己是本地人的回族政策性移民中，62%的人表示目前生活状况不符合自己对移民的期待。从移民时期看，这些因对目前生活状况评价较低而对自身本地人身份表示不认同的人，主要集中在近年来的政策性移民当中。

表 2－28　您认为目前的生活状况符合您对移民的期待吗？

单位：%

	汉族		回族		总体
	自发移民	政策性移民	自发移民	政策性移民	
不符合	2.0	10.6	3.2	15.1	8.3
不太符合	14.8	32.6	16.9	20.9	20.5
一般	27.0	25.5	27.0	23.7	25.6
比较符合	53.1	31.2	50.8	35.3	42.5
很符合	3.1	0.0	2.1	5.0	3.0
合计	100.0	100.0	100.0	100.0	100.0

第三，对原居住地的感情因素也在一定程度上影响着移民的本地身份认同。

从调查结果看，总体中有47.6%的人认为自己对老家的感情深，35.1%的人认为自己对现居地的感情深，有17.3%的人表示说不清。而从移民类型看，汉族、回族政策性移民中分别有59.6%和55.8%的人表示自己对老家的感情深，而在汉族、回族的自发移民中，这一比例分别为34.4%和40.2%（见表2－29）。同样，对老家的感情因素影响着人们对本地身份的认同，在汉族、回族政策性移民认同自己是原居住地人身份的群体中，表示对老家感情深的比例分别为88.6%和78.6%。

值得注意的是，自发移民和政策性移民对老家的感情，在年龄上表现出不同特征。就自发移民而言，基本呈现年龄越小对现居住地感情越深的特点，29岁及以下自发移民中对现居住地感情深的比例为50.0%，而60岁及以上的这一比例为46.0%；但就政策性移民而言，基本呈现年龄越小对原居住地感情越深的特点，29岁及以下政策性移民中对原居住地感情深的

表 2 - 29　现在您觉得对原居地感情深还是对现居地感情深?

单位: %

	汉族		回族		总体
	自发移民	政策性移民	自发移民	政策性移民	
原居地（老家）	34.4	59.6	40.2	55.8	47.6
现居地	45.6	25.5	43.9	26.6	35.1
说不清	20.0	14.9	15.9	17.6	17.3
合计	100.0	100.0	100.0	100.0	100.0

比例为 65.4%，而 60 岁及以上的这一比例为 54.2%。受此影响，29 岁及以下自发移民中仅 10.3% 的人认同自己是迁出地人，而在 29 岁及以下政策性移民中有 27.2% 的人认同自己是迁出地人，这一比例为各年龄段最高。这种在青年政策性移民群体中所表现出的"年少怀旧"现象背后，则是政策性移民青年群体所面临的现实生活压力。分析表明，这一青年群体在生活适应性、生活满意度等方面与其他年龄群体没有差异，但在表示搬迁后不好找工作方面，这一群体的比例高达 63%，高于其他年龄段群体。数据显示，29 岁及以下政策性移民中，目前处于无业状态的比例高达 19.8%，而在同年龄自发移民群体中的这一比例仅为 6.9%。表明在我国目前经济增速下行背景下，实体经济发展受阻，这给农村青年人群非农就业产生负面影响。较迁出地高的迁入地生活成本与原本期待的迁入地就业机会的缺乏，使政策性移民中的青年群体感受到现实的生活压力。因此，目前积极推进的生态移民工程应当把移民就业，特别是把青年移民的就业问题放在更加重要位置，帮助他们摆脱现实生活压力。同时要激励其自主择业创业的积极性，不被动等待政府的就业扶助政策。

第四，汉族政策性移民对原居地的情感依赖更多的是心理依赖，而人际关系依赖相对较弱。

从以上分析中我们可以看到政策性移民对原居地有着较强的情感依赖，但从其回原居地的行为、目的、频率看，则更多地表现出一种心理依赖，而非对原居地的人际关系依赖。调查显示，汉族、回族自发移民在搬迁后回过原居地的比例分别为 78.1% 和 91.0%，回族政策性移民的这一比例也达到 81.3%，而汉族政策性移民搬迁后回过原居地的比例只有 60.3%，远低于其他移民人群（见表 2-30）。

表 2-30 搬迁后您回过原居地吗？

单位：%

	汉族		回族		总体
	自发移民	政策性移民	自发移民	政策性移民	
回去过	78.1	60.3	91.0	81.3	79.1
没回去过	21.9	39.7	9.0	18.7	20.9
合计	100.0	100.0	100.0	100.0	100.0

同时，从不同移民群体回原居地的目的看，汉族、回族自发移民主要是看亲戚，其比例分别为 83.0% 和 90.1%，而汉族、回族政策性移民回去看亲戚的比例则低于自发移民，分别为 76.5% 和 73.8%，而其他目的的比例相对较高，分别为 22.4% 和 25.3%（见表 2-31）。

表 2-31 您回去的主要目的是？

单位：%

	汉族		回族		总体
	自发移民	政策性移民	自发移民	政策性移民	
看亲戚	83.0	76.5	90.1	73.8	80.8
打工	1.3	0.0	1.7	0.4	0.9
做生意	0.0	1.2	0.0	0.4	0.3
其他	15.7	22.4	8.1	25.3	18.0
合计	100.0	100.0	100.0	100.0	100.0

另外，从回原居地的频率看，汉族、回族自发移民中几个月回一次的比例分别为 41.2% 和 46.5%，回族政策性移民中的这一比例也达到 48.2%，而汉族政策性移民中 67.1% 的人表示其回原居地的频率为几年一次，远低于其他移民群体（见表 2-32）。因此综合以上指标可以看出，政策性移民，尤其是汉族政策性移民，其对原居地的依赖更多的是心理上的依赖，而在实际返

乡行为、动机、频率等方面均弱于其他移民群体。这在一定程度上表明，汉族政策性移民群体在实现对本地身份认同方面较其他移民群体更为困难。

表2-32　一般情况下，您多久回原居地一次？

单位：%

	汉族		回族		总体
	自发移民	政策性移民	自发移民	政策性移民	
几天	0.0	3.5	1.7	3.5	2.2
几个星期	0.7	1.2	1.2	2.7	1.6
几个月	41.2	28.2	46.5	48.2	43.4
几年	58.2	67.1	50.6	45.6	52.8
合计	100.0	100.0	100.0	100.0	100.0

总之，从移民的生活适应性及生活满意度看，移民群体表现出很高的适应性、较高的满意度，也表现出较为积极的本地身份认同愿望。从移民类型分析，政策性移民在生活适应性、生活满意度、本地身份认同等方面略弱于自发移民。这一方面反映出政策性移民安置工作仍有进一步提升的空间，另一方面表现出政策性移民群体对政府安置政策的过度依赖。随着政策性移民工作的持续推进，移民规模越来越大，实现移民群体对安置效果满意度提升的难度也越来越大。政策性移民日益增长的安置预期与现实中经济增速下行等造成的安置困难，成为今后政策性移民工程需要面对的紧迫问题。

第三章
移民生产生活状况

范 雷

在宁夏生态移民工程中，改善迁出地生态环境和改善移民生活状况具有同等重要的意义，它将生态环境建设与扶贫开发相结合，以促进当地经济社会的发展和人民生活水平的提高。长期以来，迁出地生态环境恶劣、自然资源贫乏导致当地居民生活处于贫困状态；而为解决生存问题，对本已贫瘠的自然资源进行过度开发，则进一步加剧了生态环境的恶化。因此，通过生态移民工程的实施，在以最便捷方式恢复和改善生态环境的同时，有效解决人们的生产生活困难，就成为人们对移民工程的期望。尤其是生态移民工程以开发式扶贫替代以往的救济式扶贫，通过对移民生产中的产供销环节给予政策、资金、技术等方面的支持，增强了移民在迁入地自我改善、自我发展的能力。而随着当地经济社会的发展，对移民群体的扶贫方式逐渐多样，产业扶贫、创业扶贫、劳务输出扶贫等为移民从事生产、改善生活提供了条件。就宁夏生态移民过程而言，特色农业、产业园区等的发展，极大拓展了移民的从业渠道，为提高移民家庭收入和生活水平创造了条件。

第一节 移民家庭收支状况

生态移民工程对提高移民家庭生活水平发挥了积极作用，主要表现为：

第一，大多数移民家庭收入有所增加，尤其是非农收入增长加快，开发式扶贫取得明显效果；第二，移民家庭消费支出有所提高，食品支出比例有所下降。但就收入而言，移民家庭人均收入在全区仍处于中下水平，移民中特困、低保家庭所占比例仍然较高；就消费而言，因搬迁造成的住房、家庭设备购置等支出占比较高；就负债看，移民家庭收支平衡状况堪忧，负债家庭比例较高。因此，改变消费观念、调整消费行为、优化消费结构就成为今后移民生活质量提升的关键所在。

一　家庭收入

从调查结果看，就收入而言，移民家庭通过生态移民工程实现了两个"增长"。第一是搬迁后家庭人均收入较搬迁前有所增长。数据显示，61.2%的人表示其家庭收入比搬迁前有所增加，27.2%的人表示有所减少，11.6%的人表示没有变化。表明生态移民工程对提高移民收入起到了积极作用。第二是2016年与2012年相比，移民家庭收入有所增长。数据显示，2012年移民家庭人均收入为5249元，[①] 而2016年则提高到6260元，名义上增长19.3%。表明生态移民工程赋予移民家庭自我发展的能力，使其能够随地区经济社会发展而保持收入的同步增长。

2016年移民家庭收入结构主要表现出三个特点。第一，工资性收入占比继续扩大。2012年移民家庭人均工资性收入为2743元，占家庭人均总收入的52.3%，而2016年移民家庭人均工资性收入为3621元，占家庭人均总收入比例提高到57.8%。而在家庭工资性收入提高的同时，家庭农业经营收入占比则出现较大幅度下降。2012年移民家庭人均农业经营收入为2269元，占家庭人均总收入的43.2%，而2016年移民家庭人均农业经营收入为1562元，占比下降到24.9%。表明工资性收入已经成为移民家庭最主要的收入来源，同时其增长幅度也高于家庭人均总收入，从而成为提高家庭生活水平的主要动力。第二，经商办厂收入占比有所提高。2012年移民家庭人均经商办厂收入为91元，占家庭人均总收入的比

---

① 数据来自2012年宁夏生态移民调查，本章中以调查年份的2012年和2016年标记收支数据，但其实际收支年份应分别为2011年和2015年。

例为 1.7%，而 2016 年这一收入提高到 318 元，占比提高到 5.1%。表明移民家庭创业能力有所提高，创业家庭比例逐步增加。2012 年移民家庭中有经商办厂收入的比例仅为 1.3%，而 2016 年则上升到 4.1%。同时，创业规模有所扩大，2012 年经商办厂收入的最大值为 8 万元，而 2016 年则达到 50 万元。第三，转移性收入占比明显提高。转移性收入包括社会保障收入、社会救助收入、政府的政策性补贴以及村集体福利收入等。2012 年移民家庭人均转移性收入为 119 元，占比为 2.3%，而 2016 年移民家庭的这一收入为 674 元，占比为 10.7%。表明随着政府民生保障投入力度的加大，尤其是社会保障覆盖面扩大、保障水平提高，移民家庭的转移性收入比例明显上升（参见表 3-1）。

表 3-1 移民家庭收入结构

单位：元，%

收入来源	2012 年		2016 年	
	家庭人均	占比	家庭人均	占比
农业经营收入	2269	43.2	1562	24.9
工资性收入	2743	52.3	3621	57.8
经商办厂收入	91	1.7	318	5.1
财产性收入	27	0.5	85	1.3
转移性收入	119	2.3	674	10.7
总收入	5249	100.0	6260	100.0

注：在本调查研究中，农业经营收入是指家庭从事各种农业活动所得的收入；工资性收入含工资、奖金、津贴、节假日福利等；经商办厂收入是指经商办厂等非农经营性收入；财产性收入包括出租房屋、土地收入，及家庭金融投资理财收入（债券、存款、放贷等的利息收入，股票投资收入及股息、红利收入等）；转移性收入包括家庭成员退休金、养老保险金、失业保险金、工伤保险金、生育保险金等社保收入，家庭成员医疗费报销收入，政府、工作单位和其他社会机构提供的社会救助收入（如最低生活保障、困难补助、疾病救助、灾害救助、学校奖学金/助学金、贫困学生救助等），政府提供的生产经营补贴、政策扶持收入（如农业补助、税费减免等），及居委会、村委会提供的福利收入（如集体生产经营分红、非救助性补贴等）。

上述由移民家庭收入结构所反映出的三个特点，同样也表现在受访者对搬迁前后家庭收入主要来源的陈述中。第一，移民后，种植业作为家庭收入主要来源的比例大幅下降，由搬迁前的 86.4% 下降为搬迁后的 27.2%；

与此同时，打工作为家庭主要收入来源的比例由搬迁前的9.0%，上升到搬迁后的61.6%。另外，在问及"增加的最主要的一项来源"时，2016年有62.2%的人表示是打工收入，而在2012年调查中这一比例则为53.3%。第二，搬迁前，做生意作为家庭收入主要来源的比例仅为0.1%，而搬迁后则提高到2.5%。第三，搬迁前，补贴救济收入作为家庭收入主要来源的比例为0.1%，而搬迁后这一比例为1.6%（见表3-2）。

表3-2 搬迁前后移民家庭收入主要来源

单位：人，%

	搬迁前家庭收入主要来源		搬迁后家庭收入主要来源	
	人数	占比	人数	占比
种植	695	86.4	219	27.2
养殖	33	4.1	31	3.9
打工	72	9.0	495	61.6
做生意	1	0.1	20	2.5
出租收入	0	0.0	1	0.1
行政事业单位工作收入	2	0.2	4	0.5
补贴救济	1	0.1	13	1.6
其他	0	0.0	21	2.6
合计	804	100.0	804	100.0

但我们也可以看到，移民对收入的满意度较低。调查显示，对于2015年个人收入很不满意的占24.0%，不太满意的占38.3%，一般的占20.3%，比较满意的占16.7%，很满意的仅占0.7%（见表3-3）。尽管生态移民工程有效改变了移民家庭收入结构，提高了搬迁后移民家庭的收入，但相对于全区整体收入水平，移民家庭收入仍处于中低水平。《宁夏回族自治区2015年国民经济和社会发展统计公报》显示，全区2015年农村常住居民人均可支配收入为9119元。可见，目前移民家庭人均收入仅为全区农村常住人口人均可支配收入的不足七成。生态移民工程解决了移民基本的温饱问题，并为其提供了进一步发展的可能，但后面将要分析的消费支出过大、农业投入负担较重、非农就业稳定性差等原因，严重影响着移民对收入的满意度。

表 3 – 3 您是否满意 2015 年的个人收入？

单位：人，%

	人数	占比
很不满意	193	24.0
不太满意	308	38.3
一般	163	20.3
比较满意	134	16.7
很满意	6	0.7
合计	804	100.0

二 家庭支出

与家庭收入所表现出的两个"增长"类似，在家庭支出方面也表现出搬迁后家庭人均支出较搬迁前有所增长、2016 年与 2012 年相比移民家庭人均支出有所增长的特点。

就搬迁前后比较而言，2016 年的调查显示，95.1% 的人表示搬迁后家庭支出增加，2.1% 的人表示减少，2.7% 的人表示没有变化。从搬迁后家庭支出增加的主要项目看，依次为日常生活费用（47.1%）、看病（21.8%）、上学花费（11.2%）、种植成本（10.6%）、婚丧嫁娶的礼钱（5.3%）、建房（2.0%）、打工的交通费用及通信费用（1.0%）、养殖成本（0.8%）、其他（0.3%）。因此，搬迁后生活费用、生产成本的上升是移民家庭支出增加的主要原因。

就 2012 年与 2016 年移民家庭支出结构比较看，则表现出以下特点。第一，食品、衣着、交通和通信、文娱支出有所下降。在食品支出方面，2012 年数据显示，移民家庭人均食品支出为 1119 元，占家庭人均总支出的 22.4%，而 2016 年的这一支出为 1674 元，占比下降为 15.4%；在衣着支出方面，2012 年为 281 元，占比 5.6%，2016 年则为 371 元，占比 3.4%；在交通和通信支出方面，2012 年为 307 元，占比 6.1%，2016 年则为 538 元，占比 5.0%；在文教娱乐用品及服务支出方面，占比由 2012 年的 11.2% 下降到 2016 年的 7.0%。初步可以断定，在消费支出总量上升、其他支出占比提高的情况下，移民压缩其在衣、食、行等方面的开销，从而使这些基本生活方面的支出比重有不同程度的下降。第二，居住、家庭设备及服务支出比例上升。在移民过程中，居住和家庭设备及服务支出比例上升是主要特点，住房的新建、改建、装修，家庭设备的购置均为安家必要支出。另外，从数据看，居住支出增加并非新近搬迁的移民所独有，早至1993 年以来移民到迁入地的居民家庭，其在居住方面的支出也较大。我国产能过剩导致建材价格在 2015 年前后形成"十二五"时期的最低点，使部分农村居民加大居住支出，新建、改建住房，从而增加了其家庭的居住支出。2012 年调查显示，有住房新建、改建支出的家庭占全部家庭的8%，而 2016 年调查中这一比例上升到 14.7%。第三，自家红白喜事支出增幅较大。2012 年的这一比例占 1.5%，10.5% 的家庭有该项支出；而2016 年则上升到 14.4%，45.1% 的家庭有该项支出。由于此项支出中有15.9% 的家庭支出数额在 3000 元及以下，因此估计部分受访者将本应作为人情往来支出的参加红白喜事随份子钱算作自家红白喜事支出。所以，综合以上各项支出的情况看，2016 年调查中，受访者住房支出、自家红白喜事支出和人情往来支出均在其家庭支出中占有较大比例，导致其压缩日常消费支出（参见表 3 - 4）。

《宁夏回族自治区 2015 年国民经济和社会发展统计公报》显示，全区2015 年农村常住居民人均生活消费支出为 8415 元，而移民家庭的这一数额则为 10870 元。因此，消费支出过大已构成移民家庭当年的主要生活负担。尤其是移民中长期以来存在的人情往来支出过高问题，在一定程度上影响着移民基本生活水平的提高。同时，据相关统计数据显示，自 2012 年以来农村居民人均可支配收入增速已连续四年下行，由 2012 年的 14.2% 下降到2016 年的 8%。因此，今后宁夏移民家庭人均收入大幅提高的可能性较小，而在其家庭人均消费支出猛增的情况下，未来移民家庭生活进一步改善将面临较大困难。改变消费观念、调整消费行为、优化消费结构就成为今后移民生活质量提升的关键所在，同时丰富文化生活、改变人际交往方式有助于其生活质量的提升。

表 3 - 4 移民家庭生活支出结构

单位：元，%

支出项目	2012 年		2016 年	
	家庭人均支出	占比	家庭人均支出	占比
食品	1119	22.4	1674	15.4
衣着	281	5.6	371	3.4
居住	456	9.1	1400	12.9
家庭设备及服务	484	9.7	1306	12.0
交通和通信	307	6.1	538	5.0
文教娱乐用品及服务	558	11.2	765	7.0
医疗保健	912	18.2	2018	18.6
赡养不在一起生活的亲属	39	0.8	149	1.4
自家红白喜事	75	1.5	1565	14.4
人情往来	633	12.7	948	8.7
其他	134	2.7	136	1.3
总支出	4998	100.0	10870	100.0

注：食品支出包括在家饮食支出（自产食品估算其价格，并计算在内）和外出饮食支出；居住支出包括缴纳房租的支出、购房首付及分期偿还房贷的支出（非 2011 年首付不计）和住宅改建、装修的支出；家庭设备及服务支出包括家用电器、家具、家用车辆等购置支出和电费、水费、燃气（煤炭）费、物业费、取暖费；文教娱乐用品及服务支出包括教育支出，如学费、杂费、文具费、课外辅导费、在校住宿费等。

三　不同类型农户收支结构

生态移民工程一定程度上加剧了移民的脱贫。从移民总体看，目前特困户占25.0%，低保户占23.8%，表明移民家庭中的贫困家庭仍占近半数。此外，五保户占1.2%，一般农户占48.7%，富裕农户占1.0%，表明半数以上农户已经实现脱贫。从移民时期看，20世纪80年代的早期移民中贫困家庭占比约三成，近七成已脱贫，3.6%的人已进入富裕家庭行列（见表3-5）。而近期移民家庭中贫困家庭占比仍较高，20世纪90年代末期至今的移民家庭中有半数以上仍处于贫困状态。但上述家庭类型主要是基于受访者自我判定，因此其贫困状况或与政府评估、统计结果有所出入。从实际建档立卡的贫困户看，目前在移民家庭总体中仅占 13.6%，其家庭人均收入为 4998 元，低于总体的 6260 元。从文献资料看，通过 20 世纪 80 年代的吊庄移民，移民家庭贫困比例由 70% 以上，下降到 15.7%；20 世纪 90 年代的"1236"工程移民使贫困面由 69.9% 下降到 13.9%；[①] 而 2016 年全区范围的贫困发生率为 14.5%。[②] 因此，目前建档立卡贫困户的比例较为接近官方统计的贫困家庭规模状况。

表 3-5　您认为自家属于什么类型的农户？

单位：%

	1982 年以前	1983~1997 年吊庄移民时期	1998~2000 年"1236"工程时期	2001 年以来生态移民工程时期	总体
特困户	0.0	18.8	24.1	26.7	25.0
低保户	50.0	12.5	28.5	24.9	23.8
五保户	0.0	0.0	0.7	1.6	1.2
一般农户	50.0	65.2	45.3	46.1	48.7
富裕农户	0.0	3.6	0.7	0.5	1.0
其他	0.0	0.0	0.7	0.2	0.2
合计	100.0	100.0	100.0	100.0	100.0

从不同类型农户家庭收入情况看，特困户家庭人均总收入为 4484 元，低于建档立卡贫困户的家庭人均总收入，低保户、五保户家庭人均总收入分别为 5619 元和 6265 元，接近和相当于移民总体的家庭人均总收入，而一般农户和富裕农户的家庭人均总收入较高（参见表 3-6）。因此，从移民自述的家庭收入状况看，实际贫困家庭规模可能会高于政府建档立卡的贫困户规模。从不同类型家庭收入结构看，富裕家庭已实现农业经营收入、工资性收入、经商办厂收入各占约 1/3 的格局，因此其收入的稳定性相对较高；而其他类型农户家庭则基本形成以工资性收入为主体的收入格局；在

---

① 中共宁夏区委党史研究室：《宁夏农村改革发展 30 年》，宁夏人民出版社，2010。
② 中国银监会宁夏监管局、中国保监会宁夏监管局：《宁夏特色产业精准扶贫规划》，2016 年 9 月 19 日，http://www.nx.gov.cn/zwgk/gtwj/bmwj/133101.htm。

特困户、低保户及五保户家庭，转移性收入比例较高，表现出政策性救助对于稳定其家庭收入发挥着较为重要的作用。相对而言，特困户转移性收入比例相对较低，或难以真正起到应有的扶贫济困效果。因此需要政府相关部门做好贫困户的精确识别、精确帮扶、精确管理，在发挥生态移民工程开发式扶贫作用的同时，继续加强对贫困移民家庭的救济式扶贫。

表 3 - 6　不同类型农户家庭收入结构

单位：元，%

	特困户	低保户	五保户	一般农户	富裕农户	其他
人均总收入	4484	5619	6265	8164	33522	6429
人均农业经营收入占比	25.2	24.2	35.7	24.9	30.9	19.4
人均工资性收入占比	61.0	51.5	50.1	60.3	30.0	80.6
人均经商办厂收入占比	0.1	2.6	0.0	4.1	32.9	0.0
人均财产性收入占比	1.7	2.0	0.3	0.9	0.0	0.0
人均转移性收入占比	12.0	19.7	14.0	9.9	6.2	0.0

从不同类型农户家庭支出情况看，五保户家庭人均总支出数额较低，但其人情往来支出占比最高；特困户、低保户与一般农户家庭人均支出数额相当，其中特困户、低保户医疗保健支出比例高于其他群体家庭，表明相对贫困家庭因病致贫的状况较为突出，同时其自家红白喜事支出占比也较高；而富裕家庭则将支出更多集中于居住支出，占比高达41.4%（见表3-7）。从上述各类家庭支出情况看，除医疗保健支出外，其余各类家庭的红白喜事支出、人情往来支出、居住支出占比较高，表现出农村居民家庭不同程度存在受攀比影响而导致的"面子"消费。目前，因病、因学等社会致贫因素已得到各级政府的高度关注和大力救助，但基于农村攀比文化所形成的"面子"消费则纵使政府三令五申，也始终难以得到改变。从某种意义上说，农户非农收入的增加，加大了农户间的收入差距及收入的隐蔽性，也使得农村相互攀比、炫耀非农收入成为风气，甚至有借此敛财之嫌。因此，生态移民工程不仅要通过移民脱贫，同时要移风易俗，否则移民工程的脱贫效果将受到极大限制，自2012年调查至今，移民家庭红白喜事支出、人情往来支出占比仍居高不下，表明其在一定程度上已成为影响扶贫工程成效的社会问题。

表 3 - 7   不同类型农户家庭支出结构

单位：元，%

	特困户	低保户	五保户	一般农户	富裕农户	其他
人均总支出	10464	11582	8601	10968	31733	14107
人均食品支出占比	16.5	15.3	15.7	16.8	5.7	25.3
人均衣着支出占比	2.5	3.4	3.1	4.2	4.3	7.0
人均居住支出占比	11.4	18.2	3.8	23.6	41.4	0.0
人均交通和通信支出占比	3.5	5.0	3.7	6.5	7.7	5.1
人均文教娱乐用品及服务支出占比	9.2	6.2	8.9	6.4	15.5	27.8
人均医疗保健支出占比	28.8	21.5	17.3	15.1	17.7	1.5
人均赡养不在一起生活的亲属支出占比	2.1	0.7	1.5	1.4	0.3	3.5
人均自家红白喜事支出占比	14.5	21.1	15.4	13.3	1.0	26.6
人均人情往来支出占比	8.5	8.6	15.2	10.2	6.5	3.2
人均其他支出占比	3.1	0.0	15.5	2.5	0.0	0.0

四 家庭负债

由于移民家庭人均收入在全区仍处于中低水平，而其家庭人均支出水平却高于全区平均水平，因此，移民家庭负债现象较为普遍。调查中，70.3%的人表示其家庭目前背负债务。其中特困户负债比例为85.6%，低保户为78%，五保户为70%，一般农户为58.8%，富裕农户为50%。

就负债原因看，搬迁后支出大于收入负债（42.6%）、因病负债（38.5%）、因学负债（18.7%）列前三位，而在占总体28%的其他一项有文字说明的记录中，7.7%为买房、盖房、修房，4.4%为生产、经商投入，3.7%为结婚费用，1.5%为人情交往支出（见表3-8）。可以说，近60%的负债与搬迁有关。就生态移民工程而言，其对促进移民家庭收入提高的作用显而易见，但相反则可能对移民搬迁后生产生活费用的上升及其幅度估计不足。在贫瘠的生存环境下，生产生活需求被压抑至极点，所表现出的是低收入、低支出；而一旦搬迁到迁入地，收入增长的同时，移民的生产生活需求复原，生产的精细化程度提高、家庭生产经营种类多样化、生活需求正常化等都导致移民家庭支出增加。因此，移民家庭在收入水平上的脱贫并不能抵消其在支出水平上的返贫，这就表现为因支大于收所产生的较为普遍的负债现象。同样，就因病致贫而言，在迁出地因医疗条件缺乏，有病不医或为常态；但在迁入地，随着医疗条件的改善，及时就医或为常态，表现为医疗支出增加、因病负债增多。因此，生态移民工程效果不应仅体现在单一的增收方面，还应考察正常状态下移民家庭消费增加是否加重了其家庭负担，是否抵消了收入增长的成效。生态移民工程以最便捷的方式解决了生态问题，以安置、扶持政策较快地解决了移民收入问题，但在合理处理移民支出项目、优化消费结构方面则影响微弱，而从调查结果看，恰是消费问题在很大程度上延缓了移民脱贫步伐。

表3－8 导致您家负债的原因是什么？

单位：%

	特困户	低保户	五保户	一般农户	富裕农户	其他	总体
搬迁后支出大于收入负债	42.1	45.3	28.6	42.1	50.0	0.0	42.6
因病负债	42.7	41.9	28.6	34.2	0.0	0.0	38.5
因学负债	19.9	19.6	42.9	16.7	0.0	50.0	18.7
因搬迁费用过大负债	12.3	8.8	14.3	5.7	0.0	50.0	8.7
因年迈丧失劳动力负债	4.7	7.4	0.0	3.9	0.0	0.0	5.0
因残负债	0.6	6.8	0.0	1.3	0.0	0.0	2.5
其他	25.1	20.3	28.6	35.1	50.0	0.0	28.0

注：此题为多选。

第二节 移民家庭生产状况

移民家庭生产逐渐呈现以非农就业为主的特点，农业生产经营退居次要位置。就农业生产经营而言，农户加大了对化肥、水费的投入，以适应迁入地的农业经营特点。资金、土地不足成为影响农业发展的主要问题。就非农就业而言，尽管移民外出务工家庭比例较高，且务工收入在其总收入中所占比例较大，但务工收入不稳定、求职渠道狭窄、求职信息匮乏、求职匹配成功率不高、周边产业园区吸纳就业能力较低等问题仍影响着移民非农就业的发展。

一　家庭农业生产情况

随着生态移民搬迁，移民的家庭生产经营方式发生较大变化，不仅农业经营收入不再是家庭最主要的收入来源，而且半数家庭逐渐脱离农业生产。就收入结构数据分析，完全从事农业经营的移民家庭占总体的 13.4%，完全从事非农创业就业的家庭占 46%，兼业家庭占 37.1%，另有 3.5% 的家庭则主要依靠财产性收入或转移性收入生活。

从不同时期的移民家庭看，吊庄移民时期的家庭以兼业为主，占比为 70.8%；"1236" 工程时期家庭也以兼业为主，但完全从事农业经营的比例较高，为 25.5%；生态移民工程时期的家庭则已开始以完全非农经营为主，其占比为 58.6%（见表 3-9）。表明近年来随着非农就业机会的增加，新近的移民较以往移民更多地脱离农业生产经营，而转向完全的非农就业创业。

表 3-9　不同时期移民的家庭生产经营

单位：%

	1982 年以前	1983~1997 年吊庄移民时期	1998~2000 年"1236" 工程时期	2001 年以来生态移民工程时期
农业经营	0.0	8.8	25.5	11.4
兼业	50.0	70.8	51.8	26.3
非农经营	0.0	19.5	18.2	58.6
其他	50.0	0.9	4.4	3.6
合计	100.0	100.0	100.0	100.0

就农业生产而言，84.1% 的有农业经营的家庭表示搬迁后增加了生产投入，9% 的人表示减少了，5% 的人表示差不多，另有 2% 的人表示不好说。而就生产投入的方面看，以肥料（92%）、水费（84%）、租用机械（17.5%）、雇用劳动力（10.9%）等为主。与迁出地相比，迁入地在农业生产方面具有土地资源优越、水资源充足、产业政策好、农业技术先进、农产品市场发育较为成熟等优势，但同时，也对农业投入和耕种技术提出了更高的要求。

因此，农户在农业经营过程中，加大了对化肥、水费的投入，以适应迁入地的农业经营特点。

就农业生产的资金来源看，自有资金占主要位置，为72.5%，同时贷款（46.9%）、亲戚朋友暂借资金（37.3%）也占有不小的比例。其中，完全以农业经营为主的家庭对农业经营资金需求更大，在80.4%的资金为自有资金的同时，62.6%的家庭还通过贷款增加农业投入。

就目前阻碍家庭种植业发展的主要问题看，资金投入不足（53.3%）、缺乏土地（42.3%）、缺水（35.1%）、农田设施设备不齐全（17.5%）、耕地质量差（15%）、缺乏种植技术（11.1%）、销售渠道狭窄（4.4%）、缺乏良种（3.9%）等问题不同程度存在。

就目前阻碍家庭养殖业发展的主要问题看，资金投入不足（54.5%）、缺乏养殖场地（33.5%）、缺乏养殖技术（18.2%）、养殖设施设备不齐全（13.3%）、缺乏良种（7.2%）、销售渠道狭窄（4.8%）等问题不同程度存在。

就发展养殖业的模式看，83.4%的人希望在自家庭院建设养殖圈舍，9.1%的人希望发展庭院小群多户养殖业，4.6%的人希望由养殖大户承包经营，1.8%的人希望与养殖企业签订托管协议。可见，传统的养殖模式仍占据主要位置。

二　家庭外出务工情况

随着非农就业创业逐渐成为移民家庭的主要生产方式，外出务工人员比例开始超过半数。调查显示，有52.5%的人表示2015年自己曾外出务工。从家庭看，2015年完全没有人外出务工的家庭仅占16.5%，有1人外出的占43.2%，有2人外出的占27.1%，有3人及以上外出的占13.1%。可见，移民家庭外出务工比例较高，但以移民家庭平均人口为5.21人计算，其外出人数相对较少。而从外出务工收入看，2015年务工收入占个人全部收入的比例不足50%的占30.2%，占50%~99%的达到33.9%，占100%的为35.8%。可见，外出务工收入在受访者个人总收入中所占比例较高。

但就务工收入的稳定性看，89.3%的人表示不稳定，表示稳定的仅占9%，另有1.7%的人表示说不清。就务工的不同职业类型看，以专业技术务工的人中，表示稳定的占33.3%；其次是经商者，表示稳定的占22.2%；

而普通打工者的收入稳定性较低，仅9.2%的人表示稳定。因此，尽管目前移民家庭收入中，工资性收入占比较高，对移民家庭增收贡献较大，但务工收入的不稳定在一定程度上影响着移民家庭收入的稳步提高。

就外出务工机会看，60.2%的人表示不好找工作，31.4%的人表示还可以，仅8.4%的人表示没有问题。在以移民身份找工作时，69.5%的人表示没有因移民身份而受到歧视，14.1%的人表示偶尔受到歧视，仅6.9%的人表示经常受到歧视。表明移民较好地融入迁入地，在就业等方面并未因移民身份而受到歧视。

就外出务工的主要渠道看，自找渠道占83.6%，亲戚介绍占15.2%，而政府组织、劳务公司组织占比合计仅为0.4%。表明目前移民非农就业的求职渠道较为单一和传统，不仅缺乏对劳动力市场中组织力量的借助，甚至连其他地区盛行的亲戚介绍渠道的使用比例都较低，只是单纯依靠个人求职。这就造成了求职渠道狭窄、求职信息匮乏、求职匹配成功率不高的问题。而在这一方面，政府组织资源未能有效跟进，也表现出生态移民工程对安置后的移民生产生活缺乏长期跟踪。在问及受访者个人希望通过什么渠道找工作时，政府组织列首位，为55.6%；其次为自找渠道，为32.6%；再次为亲戚介绍，为6.6%；而完全市场化运作的劳务公司组织占比最低，仅为4.7%。表现出在外出务工过程中，人们对政府组织渠道的高度信任和需求，也反映出移民对以市场化方式解决非农就业问题的生疏。

为更好地扶持移民从事非农就业，生态移民工程应将产业园区扶贫作为重要的政策，在移民迁入地附近建设产业园区，依托特色产业发展，增强移民脱贫的持续发展动力。从调查看，49.9%的移民迁入地周边建立了产业园区，其中旅游区占29.9%、农业园区占10.7%、工业园区占10.1%。但移民在其周边产业园区务工并获得工资性收入的比例较低，仅为外出务工人员的22.9%。表明目前移民迁入地周边尽管建立了产业园区，但其吸纳就业的能力较为有限，无法满足移民外出务工的普遍需求。从移民对在周边产业园区务工的需求看，务工移民中78.8%的人希望在这些产业园区务工，因此目前的产业园区仅能满足有务工需求移民中的1/4左右。

非农务工对移民的技术要求较高，因此作为扶贫政策的重要方面，由政府组织各类劳动技能培训以提高务工者技能，对提高移民务工数量、质量有着重要意义。但目前来看，培训机会少、培训效果差仍是主要问题。就培训机会看，仅21.6%的移民参加过政府组织的各类劳动技能培训；就培训效果看，参加过培训的人当中，41.4%的人表示没有帮助或没有太大帮助，17.8%的人认为效果一般，40.8%的人表示有很大帮助或有一些帮助。

第三节 移民家庭生产的政策需求

在以政策性移民为主的移民安置中，通过政策的制定和落实解决移民过程中所出现的问题成为基本思路。而政策的含金量则表现为资金的不断投入、设施的不断完善、产业的不断发展、资源配置的不断优化，以及机制的不断创新。因此，移民的政策需求较为强烈，主要表现在以下六个方面。

第一，在总体产业发展政策方面，依靠政府发展多元经济。

作为开发式扶贫的重要着力点，政府在规划生态移民安置的同时，就已将移民迁入地的产业发展纳入政策安排中，把优先发展产业，与移民住房安置、基础设施建设、公益和社会事业设施建设同步进行规划实施，重点发展特色农业和劳务产业。从移民对政府产业扶持政策的需求看，移民认为养殖业（63.3%）、种植业（60.9%）、劳务产业（21.9%）、服务业（9.6%）、加工业（9.3%）、旅游业（3.6%）等，均有助于其增加收入。总体来看，移民更倾向于从事养殖业、种植业来提高自身收入。

就移民后续农业产业发展的主要障碍看，移民认为缺乏发展资金（83.2%）、耕地太少（54.0%）、缺水（29.1%）、耕地质量差（21.2%）、缺乏劳动力（13.2%）、农田水利设施不健全（15.6%）、缺乏经济意识（7.5%）、缺乏销售渠道（5.6%）等是主要问题。因此，在移民安置过程中，人均分配土地面积较小、农业用水限量供应、基础设施不健全、农户难以适应技术要求较高的节水农业和设施农业等问题长期存在。而资金缺乏则是限制移民农业生产持续发展的最主要瓶颈。

就移民后续劳务产业及创业发展的主要障碍看，移民认为缺乏就业创业渠道（24.9%）、缺乏劳动技能（23.9%）、缺乏产业信息（18.0%）、接受新知识和新技能的能力不足（10.8%）等是主要问题。因此，在发展务工产业过程中，产业园区建设缓慢、吸纳就业能力低、移民文化素质难以适应务工产业发展要求、求职渠道狭窄等问题较为严重地影响着务工产业的持续发展。

从希望政府今后拓宽移民产业路径、促进移民增收的主要方面看，74.5%的人认为应鼓励企业入村，在移民村建设特色农产品加工和家庭作坊式企业，解决妇女和中老年劳动力就业；56.9%的人认为应围绕当地优势产品，发展农副产品加工业和服务业；41.6%的人认为应鼓励移民发展农资店、农村小超市以及其他农村生产生活服务业；27.4%的人认为应引进或培育龙头企业参与移民区产业发展，建立"公司 + 基地 + 农户"的产业发展机制和经营模式。

就目前亟须政府帮助解决的主要问题看，信贷支持服务（61.2%）、产业政策扶持（27.3%）、就业能力和技能培训（26.6%）、技术指导（21.7%）、提供市场信息（17.8%）、产业引导（13.0%）等成为主要方面。

总之，在生态移民工程实施过程中，人员居住安置得到初步落实，但其今后发展的可持续性依然薄弱。资金、土地、劳动力素质等要素在搬迁后的经济发展中的有效匹配仍存在很大问题。由于移民大多是政策性移民，因此他们对家庭经济收入提高途径的期待，更多地依赖于地方政府帮助解决，而地方政府在解决过程中则多止步于规划和居住安置，在形成迁入地可持续的经济发展模式方面也缺乏资金、技术、管理手段。从而在经济发展上形成了移民依赖地方政府，地方政府依赖国家财政投入的链条，导致生态移民工程在安置后其内在的经济发展动力不足、社会力量参与有限。

第二，在信贷政策方面，依靠政府解决资金瓶颈。

对移民而言，资金不足已成为其生产生活中的最大问题。安置过程中较大开支、安置后从事农业生产和创业的较大投入，以及日常生活中消费结构的不合理等，都导致移民缺乏资金。由于周边亲戚朋友也多为移民而面临同样的问题，在调查中农业生产资金的解决更多地依赖于信贷，因此移民家庭对信贷的需求较高。

在信贷方面，移民希望通过政府降低贷款门槛（91.1%）、加大政府资金扶持（62.5%）、减少贷款手续（59.5%）、鼓励银行主动提供贷款（22.0%）、扩大村级互助资金（13.8%）、提供更多贷款渠道（33.5%）等来解决资金短缺的问题。

在目前移民信贷问题方面，主要表现为金融机构对小额信贷的风控要求与移民扶贫的政策要求间的脱节。金融机构作为信贷实施主体，其对贷款的评级、授信有着严格的风控要求，因此在对移民的贷款方面，往往不愿担责。对政府来说，解决移民扶贫所需资金是实现移民安置工作成效的重要方面。而在移民方面，则易将扶贫贷款等同于社会救济款。因此，移民信贷问题的解决有赖于相关各方统一认识，金融机构应在控制风险的前提下提高容忍度，政府应加强精准建档并严格监督，移民则应转变观念、明确责任。

第三，在农业政策方面，依靠政府各类补贴。

就移民对农业政策的需求看，各类补贴被认为对其家庭增收有较大帮助。具体来看，设施农业补贴（66.7%）、新型农民培训补贴（19.7%）、种粮大户奖补（17.3%）、农业经营服务组织补贴（15.7%）、膜下滴灌补贴（13.7%）、农机具安全技术检验和保险费补贴（11.0%）等对农户的家庭农业经营发挥着较大作用。

就短期内农户希望从事的养殖业项目看，养黄牛（87%）、养羊（57%）、养家禽（9.5%）、养蚕（0.7%）等成为主要的内容；就短期内农户希望从事的种植业项目看，种植玉米（54.0%）、枸杞（51.8%）、葡萄（15.7%）、中草药（4.0%）、苜蓿（1.8%）等成为主要内容。

移民搬迁后，尽管农业生产经营条件有所改善，但生产方式传统、土地规模较小、农业投入较大但收入较低、农业基础设施缺乏、农业技术不足等问题依然存在。虽然部分生态移民地区实现了以葡萄种植等为代表的特色农业，但对调查所在地区整体而言，特色农业发展相对迟缓，生态移民工程示范试点地区所积累的丰富经验仍有待在更大范围内推广应用。

第四，在务工政策方面，依靠政府组织务工。

面对外出务工渠道不畅、就近务工机会有限等务工难题，移民希望政府从多方面入手解决劳务产业发展问题。49.4%的人认为应建立激励机制，鼓励劳动力需求量大的国有大中型企业、集体企业、私营企业和其他企业到生态移民地区直接招收农民工；46%的人认为政府应加强与企业等用人单位的联系，建立劳务信息平台；19.3%的人认为应培养劳务产业带头人，发挥能人效应；19.1% 的人认为应培育更多劳务经纪人；仅 0.1% 的人表示应提高个人文化素质和就业技能。表明移民在务工方面高度依赖政府，更多依靠能人，而较少注重提高自身素质。而在政府组织的务工培训方面，培训针对性不强（59.9%）、培训层次较低（40.7%）、培训时间较短（38.9%）、培训次数较少（50.3%）等被认为是主要问题。在劳动力素质较低且不注重自身提高的背景下，脱离市场需求的政府组织的劳务培训难以起到应有效果。

在技能培训政策方面，招募优秀师资、修建学校成为主要需求。移民表示招募优秀师资（66.7%）、修建学校（61.7%）、加大教育资金投入（46.9%）等是目前急需的教育项目。而建筑（56.9%）、驾驶（41.7%）、电焊（36.1%）、服装加工（30.6%）、烹饪（19.4%）、家政（16.7%）等成为急需的技能培训项目。

在创业方面，57.6% 的人表示自己有创业的想法，而缺乏创业资金（94.4%）、缺乏创业项目（42.6%）、缺乏创业指导（32.3%）、缺乏创业政策（27.7%）等成为移民创业的主要难题。

第五，在扶贫政策方面，八成以上移民认为自己应被纳入精准扶贫范围。

在精准扶贫方面，84.2% 的人认为自家应该被纳入其范围。从受访者自认的家庭类型看，97.5% 的特困户、90.1% 的低保户、90% 的五保户、76% 的一般农户、12.5% 的富裕农户持此看法。表明在移民中强调绝对公平、主张利益均沾、泛化移民政策适用范围的倾向较为突出。在此背景下，移民工程中的扶贫政策落实不规范问题较为突出。就总体看，目前移民家庭已享受的扶贫政策包括低保政策（29.8%）、教育扶贫政策（9.7%）、劳动力转移培训政策（2.8%）、特色优势产业扶持政策（0.9%）等。而从受访者自认的家庭类型看，富裕农户中，12.5% 的家庭已享受特色优势产业扶持政策、12.5% 的家庭已享受教育扶贫政策；一般农户中，11.3% 的家庭已享受教育扶贫政策、8.2% 的家庭已享受低保政策、3.6% 的家庭已享受劳动力转移培训政策、1.3% 的家庭已享受特色优势产业扶持政策。而在特困户、低保户、五保户中，除享受低保政策、劳动力转移培训政策外，其余扶贫政策均未享受。因此，在目前的生态移民工程实施中，精准扶贫政策尚未得到真正的精准落实。

从对精准扶贫人才的需求看，农业技术人才需求最大，为69.5%；其次为金融人才，为14.1%；再次为教育人才，为8.7%；而电商人才、销售人才、医疗人才的需求相对较低，均不足5%。在半数以上家庭脱离农业生产的情况下，仍有近七成移民家庭需要农业技术人才，表明在移民安置过程中，产业政策未能充分考虑移民的家庭状况和家庭需求。

同样，在最急需的扶贫项目上，移民也表现出对农业扶贫的迫切需求。养殖项目（35.3%）、种植项目（34.0%）、教育项目（10.1%）、技能培训项目（9.0%）、水利设施项目（4.0%）、产品深加工项目（2.7%）、道路建设项目（1.7%）、旅游开发项目（1.1%）、电子商务项目（0.7%）等成为主要的扶贫项目需求。

在扶贫政策力度不断加大的背景下，移民对家庭今后脱贫致富、收入提高表现出较高信心。调查显示，34.3%的人表示很有信心，45.5%的人表示较有信心，11.3%的人表示有一点信心，仅6.1%的人没有信心。

第六，在生态补偿政策方面，八成以上享受生态补偿政策的移民要求提高补偿标准。

在森林生态补偿基金的公益林方面，从调查看，目前7.5%的移民家庭被纳入森林生态补偿基金的公益林范围内。其中54.3%的人表示森林生态补偿基金对家庭增收起到了明显效果，认为效果一般的占18.6%，认为没有效果或效果不明显的占27.2%。从使公益林发挥更大增收效果的方式看，85.2%的人表示应提高补偿标准，7.4%的人表示应发展林下经济。

在草原生态保护补助奖励方面，从调查看，3.1%的人享受了这一补偿。其中，19.2%的人表示这一奖励对家庭增收效果明显，38.5%的人表示一般，42.3%的人表示没有效果或效果不明显。从使草原生态保护补助奖励发挥更大增收效果的方式看，84.6%的人表示应提高补贴标准，11.5%的人表示应发展草原旅游业。

可见，目前的生态补偿政策对移民家庭增收发挥了一定作用，但移民过度依赖补偿而非发展经济，也使生态补偿政策的可持续性受到影响。

总之，从移民家庭对生产的政策需求看，不同程度地表现出对政策扶持、政策补贴的过度依赖，同时一些精准扶贫政策在实施过程中存在偏差，政府以行政手段规划产业发展和配置劳动力市场的局限也有所表现。总体而言，在政策性移民中，政府通过政策安排实现移民的妥善安置、解决其后续生产困境等是应有之义。但政策的目标对象层次过低，政策实施忽视市场、社会的作用，也会造成政策效果不明显。在移民工程实施中，政府还应注重市场力量、社会力量的影响力，通过培育和壮大市场组织和社会组织，以解决移民经济生产中所面临的问题。

第二编

生态移民社会适应与社会融入

第四章
宁夏生态移民社区"定居率低"现象分析

范建荣

经过多年的实践，生态移民已经成为宁夏贫困地区加快发展的一个重要途径，并日益引起高度重视。它不仅使迁出地的生态环境得到恢复，缓解了人地矛盾，降低了贫困发生率，为发展创造了更多空间，而且使迁入地的土地资源得以有效开发，劳动力短缺现象得以缓解，同时还加快了区域协调发展的步伐。

但是随着时间的推移和生态移民进程的不断深化，宁夏生态移民面临的问题也日益增多，有的问题已经到了必须加以解决的阶段，如自发移民问题、产业发展问题、定居率问题等。其中最为突出的问题之一就是生态移民社区"定居率低"的问题。

所谓生态移民社区"定居率低"，是指按照政策规定，已在生态移民社区定居者占应该定居者比例相对较低的现象。

为了全面认识生态移民定居率低这一问题，本课题组于2016年2~4月先后对宁夏西吉县、原州区和红寺堡区的重点社区采取随机抽样的方法进行了4次调研，以期在掌握第一手资料的基础上，剖析其产生的原因，提出相应的对策和建议，使这一问题得到有效解决，进而加快生态移民进程，推动生态移民社区的快速健康发展。本次调研共发放问卷 207 份，问卷回收率为 100%，有效问卷率达到 100%。

第一节　定居率低对生态移民社区的负面影响

生态移民是对已有的土地、水、劳动力、资金等生产要素的重新组合，力争使其发挥较大效用。目前，人们已经普遍感受到生态移民发展过程中所需的土地、资金等要素都来之不易，如果生态移民社区"定居率低"就会造成较为严重的社会后果。

一　定居率低导致社区资源浪费

经济学认为，资源的有限性决定了其具有稀缺性，因而提高资源的使用效率是搞好生态移民的关键。

为了确保生态移民有一个良好的生产、生活环境，使生态移民能够做到"搬得出、稳得住、能致富"，宁夏回族自治区政府为实现"十二五"生态移民任务，想方设法筹集到资金 105 亿元，为生态移民提供了宅基地、农用土地及配套的农业水利生产设施等资源。如对以土地安置为主的生态移民，除了配给每户 1 套 54 平方米的住房和一定面积的宅基地外，原则上规定人均配给 1 亩水浇地，鼓励户均发展 1 亩设施农业；对适度集中建房、改造原承包耕地安置的生态移民，鼓励新建集雨场和田间水柜（户均建设 270 平方米集雨场、50 立方米水柜），同时支持有条件的户均发展 1 亩设施农田或者 1 座高效养殖圈棚。农业生产既关系到移民的生产问题，又关系到民生的改善问题，以及移民脱贫致富的大问题。因而政府对生态移民在发展设施农业、特色种植业和养殖业等方面都给予了税收和财政支持。

较低的生态移民定居率，不仅导致农业生产人手缺少，使政府帮助移民发展的各项政策落空，而且前期在农业生产方面的水利设施投入不能发挥正常的作用，难以实现由"输血式"向"造血式"的转变。资源的有限性要求移民学会珍惜并合理利用资源，占而不居者，不仅使所投入的资源得不到有效利用，还使想进行生态移民者无法实现愿望。

二 定居率低影响社区正常发展

区域经济学认为，一个社区的正常发展必须有一定的人口门槛。如果人口数量低于这一门槛，社区的各项事业则难以正常发展，进而会造成恶性循环，最终使社区不复存在。这在众多农村已经变成了现实，新建的生态移民社区是否也会步其后尘呢？

为了确保生态移民社区的健康发展，政府在加大生态移民住房、农业基础设施建设力度的同时，坚持把民生的改善放到关键的地位，也加大了公共服务领域的基础设施的建设力度。基础设施的兴建不仅使生态移民社区实现了通电、通水、通公共交通、通广播电视等，也使生态移民社区的文化教育、医疗卫生、社会保障等事业得到了快速发展。生态移民社区新建的学校，不仅硬件设施齐全，而且有较好的软环境，有效地解决了生态移民社区孩子的上学问题；同时，生态移民社区兴建的社区医疗机构，不仅配备了具有一定水平的业务工作者、提高了基层医疗技术水平，而且极大地满足了人民群众看病医病的愿望。用老百姓的话说就是，"路也平了，娃娃上学也方便了，看病也方便了，生活也过好了"。但是，由于"占而不居""入而又走"等现象的存在，生态移民社区定居率低下。

较低的生态移民定居率，导致接受服务的人数低于最低的规模人数，致使已有的公共基础设施难以发挥应有的作用，继而影响了工作人员的积极性，导致服务水平下降。久而久之，已有机构慢慢处于瘫痪状况，进而影响了社区正常发展。

三 定居率低影响生态移民工程实施

经过多年的实践，生态移民应有的作用已经被社会各界广泛认可，而且越来越多的生存条件较差地区的贫困群众力图通过生态移民实现脱贫意愿。然而受资源有限的制约，许多贫困群众仍然在翘首企盼中。

应该说，政府为做好生态移民工作付出了诸多的心血，倾注了大量的人力、物力、财力，为生态移民的可持续发展起到了保驾护航的作用。但生态移民毕竟是一个新生事物，在发展过程中或多或少会存在这样或那样的问题，导致生态移民社区定居率低的现象一直存在。

　　较低的生态移民定居率，一方面使一部分愿意进行生态移民的贫困群众的愿望不能得以实现，有的群众迫不得已走上了自发移民之路，对政府的管理造成了较大压力；另一方面则在一定程度上影响了即将进行生态移民群众的热情和积极性，一些生态移民社区的空置率较高就是一个例证，进而对生态移民工作造成了一定的负面影响，加大了生态移民工作的难度。

第二节　被访移民对搬迁情况的认知

　　宁夏自20世纪80年代初期进行生态移民以来，已经形成了形式多样的生态移民模式，且生态移民社区星罗棋布地分布于宁夏各地，既有单一的生态移民社区和劳务移民社区，也有将两者结合在一起的混合型生态移民社区（参见表4－1）。

表4－1　宁夏生态移民的主要形式

		县内	县外
政策性移民	生态移民	县内政策性生态移民	县外政策性生态移民
	劳务移民	县内政策性劳务移民	县外政策性劳务移民
自发移民	生态移民	县内自发生态移民	县外自发生态移民
	劳务移民	县内自发劳务移民	县外自发劳务移民

　　基于长期的生态移民研究的实践经验，我们认为自发移民是导致生态移民社区定居率低的一个重要原因，因而在选择样本村时均为政策性生态移民社区。具体包括县内生态移民社区：宁夏西吉县生态移民社区——吉强镇兴德村、宁夏原州区生态移民社区——头营镇圆德移民新村；县内劳务移民社区：宁夏原州区丰泽移民新村；县外混合型生态移民社区：宁夏红寺堡区鲁家窑移民村。

　　经过理论梳理和深入分析，我们对生态移民社区定居率低问题有了较为深入的了解，我们把影响生态移民社区定居率高低的情况分为五种类型：一是应定未定者，即按照政策应该定居但没有定居者；二是定居后又搬迁者，即已经按照政策要求定居但又再次搬迁者；三是外出打工者，即定居后迫于各种因素长期外出打工者;四是潜在搬迁者,即被调查者搬迁后由于各种因素的制约,有想法但未实现搬迁者;五是出租、出售住房者,即获取生态移民优惠条件不愿意定居而用所获资源谋取一定利益者。

一 关于"应定未定者"

(一) 应该搬迁但未搬迁的情况及原因分析

1. 对搬迁情况的判断

从表4-2可以看出,50%以上的被调查者认为应该搬迁的都搬了,但也有10%~40%的被调查者认为还有应该搬迁但未搬迁者,说明未搬迁者是影响生态移民社区定居率低的一个重要原因。

表4-2 被调查者对应该搬迁情况的判断

单位:%

	应该	不应该	不清楚
西吉县生态移民社区	67.3	9.6	23.1
原州区劳务移民社区	50.0	38.0	12.0
原州区生态移民社区	87.5	12.5	0.0
红寺堡区混合型生态移民社区	77.6	14.3	8.2

2. 对未搬迁的原因分析

从表4-3可以看出,对应该搬迁但未搬迁的原因分析,各社区的被调查者的意见不尽相同。在西吉县生态移民社区中,占第一位的是"不满意",这是因为此类生态移民社区为县内生态移民,只是将生态环境较为脆弱的地区就近沿线、沿路、沿水安置,其实质是仅仅改变了住房环境,而对发展环境改变较小,因而部分群众因为"不满意"而不搬迁,且比例高达80%,进而影响了定居率;占第二位的是"家庭贫困",这是因为按照生态移民规划的要求是整村搬迁,但由于贫困户无法缴纳住房等需要的12800元费用,因而无法进行搬迁,导致定居率较低。在红寺堡区混合型生态移民社区和原州区劳务移民社区,占第一位的都是"不符政策",主要是迁出区对户籍审查不严,致使一些多人户迁入该社区,由于家庭人口较多无法居住,再加上条件艰苦、看不到希望,因而返迁回原籍,致使定居率较低。

表4－3　被调查者对未搬迁者原因的判断

单位：%

	家庭贫困	不符政策	自发搬迁	不愿意	不满意
西吉县生态移民社区	60.0	20.0	20.0	40.0	80.0
原州区劳务移民社区	5.3	21.1	0.0	5.3	5.3
原州区生态移民社区	14.3	14.3	0.0	14.3	0.0
红寺堡区混合型生态移民社区	14.3	28.6	0.0	14.3	14.3

注：此题为多选。

（二）应定居者对社区发展的影响

1. 对社区有无影响的判断

从表4－4可以看出，关于应定未定者对社区发展有无影响，各社区的被调查者反映是不一样的，但呈现较为明显的规律性。在以土地安置为主的生态移民社区普遍认为没有影响，比例均在85%以上；而在以就业安置为主的劳务移民社区反映则不一样，有无影响各占50%左右。

表4－4　被调查者对应定未定者对社区发展有无影响的判断

单位：%

	有	没有
西吉县生态移民社区	0.00	100.00
原州区劳务移民社区	52.60	47.40
原州区生态移民社区	14.30	85.70
红寺堡区混合型生态移民社区	14.30	85.70

2. 对社区发展有影响的原因分析

从表4－5可以看出，被调查者认为有影响的主要方面因社区的不同而不同。在原州区生态移民社区，被调查者认为这将影响"农业生产""社区治安""孩子上学"；在原州区劳务移民社区主要表现在"社区治安"和"社区管理"上；在红寺堡区混合型生态移民社区则集中在"社区治安"和"孩子上学"上。由于应定未定者的存在，外来人口增加，致使社会治安问题突出；由于应定未定者的子女未能正常进入社区学校上学，入学率相对较低，致使学校无法正常上课，进而形成恶性循环，造成学校资源浪费，进而引起被调查者的关注。

表 4 - 5 未搬迁者对社区发展有影响的具体表现

单位：%

	农业生产	社区治安	孩子上学	社区管理
西吉县生态移民社区	0.0	0.0	0.0	0.0
原州区劳务移民社区	0.0	80.0	0.0	40.0
原州区生态移民社区	100.0	100.0	100.0	0.0
红寺堡区混合型生态移民社区	0.0	100.0	100.0	0.0

注：此题为多选。

3. 对社区发展无影响的原因分析

从表 4 - 6 可以看出，尽管社区不同，但"没有"影响的原因是一致的，主要在于各个社区的居住者之间"彼此无影响"。这既是对现有所有社区特点的再现，也是对社区发展没有影响的原因所在。自从实行家庭联产承包责任制以来，农村的农业生产就是一家一户地进行，彼此之间的联系日益松散，对宁夏南部山区靠天吃饭而言更是如此。

表 4 - 6 未搬迁者对社区发展没有影响的原因分析

单位：%

	彼此无影响	社区无活动	无农业生产	社区无机构
西吉县生态移民社区	80.0	0.0	0.0	40.0
原州区劳务移民社区	42.1	0.0	15.8	5.3
原州区生态移民社区	85.7	0.0	0.0	0.0
红寺堡区混合型生态移民社区	71.4	14.3	14.3	0.0

注：此题为多选。

二 关于"定居后又搬迁者"

（一）对"定居后又搬迁者"的判断

从表 4 - 7 可以看出，对定居后有无再搬迁的情况，所有社区都认为有，其中西吉县生态移民社区表现尤为突出，达到了100%，其他社区虽然比例较低，但说明确有再次搬迁者，这导致生态移民社区定居率低。在实际调研中我们就发现，有的搬迁户大门紧锁，甚至用砖头将门窗封死，院内已经杂草丛生；有的则像候鸟一样，社区有事招之即来，无事则又搬回原籍或他乡。

表4-7　被调查者对搬迁后有无再搬迁的判断

单位：%

	有	没有	不清楚
西吉县生态移民社区	100.0	0.0	0.0
原州区劳务移民社区	20.0	70.0	10.0
原州区生态移民社区	17.9	82.1	0.0
红寺堡区混合型生态移民社区	24.5	61.2	14.3

（二）对再搬迁者人群的判断

从表4-8可以看出，尽管各个社区发展现状不一样，但在这一问题上大家看法趋于一致，被调查者认为再搬迁者主要集中在"有想法的"和"常年打工"两类人群。

表4-8　被调查者对再搬迁人群的判断

单位：%

	有想法的	常年打工
西吉县生态移民社区	38.5	59.6
原州区劳务移民社区	20.0	20.0
原州区生态移民社区	40.0	60.0
红寺堡区混合型生态移民社区	16.7	8.3

注：此题为多选。

（三）对再搬迁者原因的分析

从表4-9可以看出，不同的社区再次搬迁的原因是不一样的，但也有相同之处。被调查者普遍认为"发展条件不好"。这是因为随着时间的推移，生态移民社区选址越来越难，进而导致社区发展环境越来越差，这是所有生态移民群众的普遍感受。在以土地安置为主的生态移民社区中，共同点集中在"难以满足需要"和"寻求更好机遇"两方面；对刚刚搬迁不久的西吉县生态移民社区来说还有一个重要原因就是"已有好的去处"，其中包括自发移民、为孩子上学而进行的教育移民等。

表4 - 9　被调查者对再搬迁者的原因分析

单位：%

	发展条件不好	已有好的去处	难以满足需要	寻求更好机遇
西吉县生态移民社区	42.3	61.5	38.5	57.7
原州区劳务移民社区	50.0	0.0	0.0	0.0
原州区生态移民社区	70.0	0.0	20.0	50.0
红寺堡区混合型生态移民社区	25.0	0.0	33.3	25.0

注：此题为多选。

三　关于"外出打工者"

（一）对外出打工情况的判断及原因分析

1. 打工情况

从表4 - 10可以看出，尽管社区不同，但被调查者中均有79%以上认为该社区打工者较多。这是因为"工资收入"是整个农村家庭收入的主要来源之一，而生态移民社区由于农业生产环境不佳，因而"外出打工"已成为其获得收入的重要来源之一。

表4 - 10　被调查者对所在社区外出打工情况的判断

单位：%

	多	不多	不清楚
西吉县生态移民社区	94.2	0.0	5.8
原州区劳务移民社区	88.0	0.0	12.0
原州区生态移民社区	91.1	8.9	0.0
红寺堡区混合型生态移民社区	79.6	16.3	4.1

2. 原因分析

从表4 - 11可以看出，对搬迁相对较早的原州区劳务移民社区和生态移民社区、红寺堡区混合型生态移民社区来说，尽管比例有所差异，但排在第一位和第二位的都是"难以满足需要"和"发展环境不好"。一方面，虽然移民搬迁改变了人们生活的环境，但变化不大；另一方面，由于土地数量减少甚至没有土地，人们以往传统的耕作技艺难以发挥，以至于无所作为。而对于搬迁较晚的西吉县生态移民社区，由于只是使人们的社会发展条件有了一定程度的改善，但并未实现较大幅度的变化，因而也表现出两个方面：一是常年在外打工者在政策的引导下实现"搬家"，但由于打工效果比在家发展要好，依然继续在外打工；二是由于现有的搬迁并未达到预期的目标，打工效益相对又好，因而选择了外出打工。

表 4 - 11　外出打工原因分析

单位：%

	发展环境不好	已有明确去处	难以满足需要	寻求更好机遇
西吉县生态移民社区	15.4	53.8	23.1	7.7
原州区劳务移民社区	18.0	0.0	46.0	0.0
原州区生态移民社区	37.5	0.0	62.5	14.3
红寺堡区混合型生态移民社区	20.4	8.2	61.2	2.0

注：此题为多选。

（二）外出打工对生态移民社区的影响

1. 有无影响的判断

从 4 - 12 可以看出，所有社区认为"没有"影响的比例均比"有"影响的比例高，尤以劳务移民社区最为显著。

表 4 - 12　被调查者对外出打工者对社区影响的判断

单位：%

	有	没有
西吉县生态移民社区	38.5	61.5
原州区劳务移民社区	4.0	96.0
原州区生态移民社区	32.1	67.9
红寺堡区混合型生态移民社区	44.9	55.1

2. 有影响的原因分析

从表 4－13 可以看出，外出打工对生态移民的影响方面较多，但对不同社区侧重点有所不同。在原州区生态移民社区，影响是全方位的，处于第一位的是"孩子上学"，并列第二位的是"农业生产"和"社会治安"；在红寺堡区混合型生态移民社区，最为突出的是"孩子上学"；而在西吉县生态移民社区，占第一位的是"孩子上学"，占第二位的是"农业生产"。由此可见，生态移民社区的群众对孩子的教育是极为关注的，因为打工者外出往往带走了学龄儿童，致使已经建立起来的学校由于受教育者人数日益减少而衰落下去。

表 4－13　外出打工对社区发展有影响的原因分析

单位：%

	农业生产	社会治安	孩子上学	正常管理	社区发展
西吉县生态移民社区	40.0	0.0	80.0	0.0	0.0
原州区劳务移民社区	0.0	0.0	0.0	0.0	0.0
原州区生态移民社区	66.7	66.7	72.2	50.0	22.2
红寺堡区混合型生态移民社区	9.1	0.0	68.2	9.1	4.5

注：此题为多选。

3. 无影响的原因分析

从表 4－14 可以看出，外出打工对社区发展之所以没有影响的原因集中在两个方面，一是"相互无影响"，二是"无农业生产"。

表 4－14　外出打工对社区发展没有影响的原因分析

单位：%

	相互无影响	无农业生产
西吉县生态移民社区	62.5	0.0
原州区劳务移民社区	79.2	31.3
原州区生态移民社区	68.4	13.2
红寺堡区混合型生态移民社区	82.4	23.5

注：此题为多选。

四 关于"潜在搬迁者"

(一) 被调查者对移民方式及自身移民方式的了解情况

1. 对移民方式的了解

从表4-15可以看出,被调查者对生态移民方式了解的情况不尽如人意。对于劳务移民社区来说,近90%"知道";对于西吉县生态移民社区来说,"知道"的比例要高于"不知道"的;移民较早的原州区生态移民社区"知道"的比重明显高于移民较晚的西吉县生态移民社区;而对于红寺堡区混合型生态移民社区来说,居然有90%以上的群众不知道生态移民有哪些方式。

表4-15 被调查者对生态移民方式的了解情况

单位:%

	知道	不知道
西吉县生态移民社区	51.9	48.1
原州区劳务移民社区	88.0	12.0
原州区生态移民社区	64.3	35.7
红寺堡区混合型生态移民社区	6.1	93.9

2. 对调查者自身方式的了解

从表4-16可以看出,除红寺堡区混合型生态移民社区的被调查者外,其他社区的被调查者对自身的移民方式"知道"的占80%以上,而且从表4-17可以看出,凡是"知道"的都很明确地知道自己的具体移民方式。但在红寺堡区混合型生态移民社区,由于属于"混合型",因而"知道"的只有约1/3。

表4-16 被调查者对自身移民方式的了解

单位:%

	知道	不知道
西吉县生态移民社区	90.4	9.6
原州区劳务移民社区	90.0	10.0

续表

	知道	不知道
原州区生态移民社区	83.9	16.1
红寺堡区混合型生态移民社区	36.7	63.6

表 4 - 17　被调查者对自身移民具体方式的了解

单位：%

	生态移民	劳务移民
西吉县生态移民社区	100.0	0
原州区劳务移民社区	13.3	86.7
原州区生态移民社区	100.0	0
红寺堡区混合型生态移民社区	100.0	0

（二）被调查者潜在移民意愿及原因

1. 潜在移民意愿

从表 4 - 18 可以看出，所有社区"不愿意"搬迁所占的比例都超过了 50%。相对来说，劳务移民社区"愿意"再次搬迁的人远远低于各种类型的生态移民社区，占比只有 8.0%；而在生态移民社区中，已经搬迁定居的时间越长，愿意再次搬迁的人就越少。红寺堡区混合型生态移民社区搬迁最早（10.2%），第二是原州区生态移民社区（12.5%），第三是搬迁最晚的西吉县生态移民社区，其"愿意"再次搬迁的比例高达 40.4%。

表 4 - 18　被调查者对是否再次移民情况的判断

单位：%

	愿意	不愿意	说不清
西吉县生态移民社区	40.4	51.9	7.7
原州区劳务移民社区	8.0	70.0	22.0
原州区生态移民社区	12.5	82.1	5.4
红寺堡区混合型生态移民社区	10.2	71.4	18.4

2. 具有潜在移民意愿的原因

从表4－19可以看出，县内生态移民、劳务移民社区拥有共同的再次移民原因，第一位均是"寻求新机遇"，第二位则是"生存条件差"；县外混合型生态移民社区的再次移民原因则呈现多样性，第一位是"寻求新机遇"，第二位是"政府政策好"和"政府再搬迁"。

表4－19 被调查者愿意再次移民的原因

单位：%

	生存条件差	政府政策好	寻求新机遇	政府再搬迁
西吉县生态移民社区	38.1	0.0	61.9	0.0
原州区劳务移民社区	100.0	0.0	100.0	0.0
原州区生态移民社区	42.9	0.0	100.0	0.0
红寺堡区混合型生态移民社区	0.0	20.0	40.0	20.0

注：此题为多选。

3. 不愿意再次移民的原因

从表4－20可以看出，尽管不同社区的选择有所不同，但主要集中在两点：一是"移民麻烦"，二是"风险太大"。

表4－20 被调查者不愿意再次移民的原因

单位：%

	风险太大	另有选择	政策不好	地点不好	移民麻烦
西吉县生态移民社区	33.3	0.0	0.0	0.0	81.5
原州区劳务移民社区	25.7	8.6	0.0	0.0	40.0
原州区生态移民社区	32.6	6.5	0.0	0.0	23.9
红寺堡区混合型生态移民社区	57.1	0.0	25.7	34.3	82.9

注：此题为多选。

（三）关于愿意再次移民的方式

1. 方式的选择

从表4－21可以看出，对再次搬迁移民的方式，各个社区是不一样的。西吉县生态移民社区与原州区劳务移民社区选择是明确的，而且选项基本一致，都是以"生态移民"居多，而"劳务移民"相对较少；原州区生态移民与红寺堡区混合型生态移民选择却是不明确的，"说不清"（其他）所占比重相对较高，而明确具体方式的比例相对较低。

表 4-21　被调查者愿意再次移民的方式

单位：%

	生态移民	劳务移民	其他
西吉县生态移民社区	61.9	38.1	0.0
原州区劳务移民社区	75.0	25.0	0.0
原州区生态移民社区	28.6	28.6	42.9
红寺堡区混合型生态移民社区	20.0	20.0	60.0

2. 首选生态移民不选劳务移民的原因分析

（1）选择生态移民的原因。从表 4-22 可以看出，对原州区生态移民来说，再次选择"生态移民"的原因呈现多样性，除了未选"政策较好"外，其余都选了。对西吉县生态移民来说，尽管原因也呈现多样性，但比例有所不同，第一位是"有土安置"，可以满足"土地是农民最后一道防线"的愿望；第二位是"住房保障"，这是因为"有房有地后顾无忧"；第三位是"容易适应"，从农民到农民都是在"种地"，因而容易适应。对原州区劳务移民来说，他们也渴望"生态移民"，因为有土地的农民才是最有保障的。对红寺堡区混合型生态移民来说，选择"住房保障"和"政策较好"是因为他们已经感受到了移民政策的甜头，希望再次搬迁的政策会"更好"。

表 4-22　再次移民首选生态移民的原因

单位：%

	有土安置	可以打工	容易适应	政策较好	住房保障
西吉县生态移民社区	100.0	0.0	30.8	0.0	38.5
原州区劳务移民社区	100.0	0.0	0.0	0.0	0.0
原州区生态移民社区	100.0	100.0	100.0	0.0	100.0
红寺堡区混合型生态移民社区	0.0	0.0	0.0	100.0	100.0

注：此题为多选。

（2）不选劳务移民的原因。从表4-23可以看出，对西吉县生态移民来说，不选"劳务移民"的原因在于"无土顾虑多"，这是农民"潜意识"所在。对原州区劳务移民而言则是"就业风险大"，这既是对自己已有移民方式不适应的具体反映，也是人们担心再次搬迁自己的文化水平低、劳动技能低进而导致适应能力低、就业能力低，所以不选"劳务移民"。对原州区生态移民来说，一方面认为"就业风险大"，另一方面认为"身份不明确"，这也是对已有"劳务移民"社区存在问题的初步认识。

表4-23　再次移民不首选劳务移民的原因

单位：%

	就业风险大	身份不明确	无土顾虑多
西吉县生态移民社区	0.0	0.0	100.0
原州区劳务移民社区	100.0	0.0	0.0
原州区生态移民社区	100.0	100.0	0.0
红寺堡区混合型生态移民社区	0.0	0.0	0.0

注：此题为多选。

3. 首选劳务移民不选生态移民的原因分析

（1）选择劳务移民的原因。从表4-24可以看出，除去原州区劳务移民社区外，西吉县生态移民社区与红寺堡区混合型生态移民社区均选择了"就业机会多"，说明群众对"劳务移民"形式充满了憧憬；对原州区生态移民社区来说，他们的原因呈现多样化，除了"就业机会多"以外，还选了"政府支持大"，说明大家对劳务移民政策有一定程度的了解。

表4-24　再次移民首选劳务移民的原因

单位：%

	住房有保障	就业机会多	政府支持大
西吉县生态移民社区	0.0	100.0	0.0
原州区劳务移民社区	0.0	0.0	0.0
原州区生态移民社区	50.0	100.0	100.0
红寺堡区混合型生态移民社区	0.0	100.0	0.0

注：此题为多选。

（2）不选生态移民的原因。从表 4 – 25 可以看出，再次移民"不首选生态移民"的原因各个社区有所不同。西吉县生态移民社区认为"发展受限制"，红寺堡区混合型生态移民社区则认为"农业效益低"，而对原州区生态移民社区来说则集中在"农业效益低"和"政策难实现"两方面。

表 4 – 25　再次移民不首选生态移民的原因

单位：%

	发展受限制	农业效益低	政策难实现
西吉县生态移民社区	100.0	0.0	0.0
原州区劳务移民社区	0.0	0.0	0.0
原州区生态移民社区	0.0	100.0	50.0
红寺堡区混合型生态移民社区	0.0	100.0	0.0

注：此题为多选。

五　关于出租、出售住房者

在原州区劳务移民社区进行调研时，我们偶然发现了在这一社区贴有出租房屋甚至出售房屋的信息，这是生态移民政策绝对不允许的。这一现象的存在，势必会影响生态移民社区的定居率。如何看待这一现象，我们在红寺堡区混合型生态移民社区进行了深入调研。

（一）关于出租房屋

1. 情况了解及原因分析

从图 4 – 1 可以看出，知道有"出租"生态移民房屋的被调查者是比较少的，但至少表明这一现象在这一社区是存在的。

从图 4 – 2 可以看出，被调查者中对出租原因了解的人并不是很多，只占了解这一情况的 50%（占总调查者的 8.2%）。

从图 4 – 3 可以看出，尽管出租（出售）房屋的情况只是个别现象，但其原因呈现多样性。占第一位的是"别处已租房"，这主要是指长期在外打工者。其他原因并列排在第二位："别处已有自住房"主要是指自发移民，

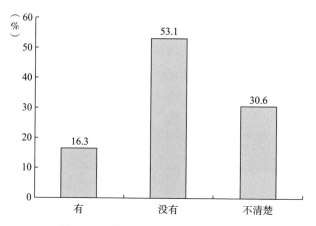

图 4 - 1　被调查者对出租情况的了解

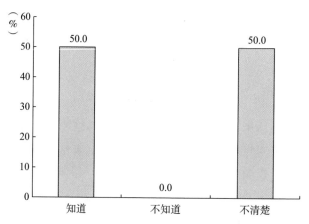

图 4 - 2　被调查者对出租原因的了解

如果不按政策缴纳费用将错失机遇，因而先购买再择机而售，以获得相应的报酬；"人口多未搬先出租"主要是指人口多不能很好居住，但已按政策缴纳费用的家庭，可减轻资金压力、降低成本，甚至还可以获得一定的收益；"老房子未拆还可住"主要是因为迁出地为了完成移民任务，采用"默许"的做法而将移民先迁出，至于其在何地发展任其自由，这是一种极其不负责任的做法，对迁入地的社区管理带来了极大的隐患，这在原州区劳务移民社区表现较为突出。

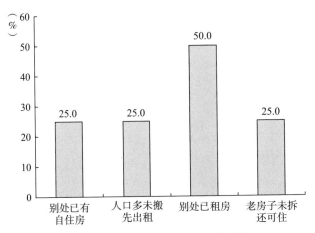

图 4 – 3　被调查者对出租原因的分析

说明：此题为多选。

2. 对出租房屋合理与否的判断

从图 4 – 4 可以看出，被调查者认为出租房屋"合理"的占到了 57.1%，认为"不合理"的只有 10.2%。认为"合理"者主要侧重于从自身利益考虑，而认为"不合理"者则主要侧重于从国家和社会层面考虑。

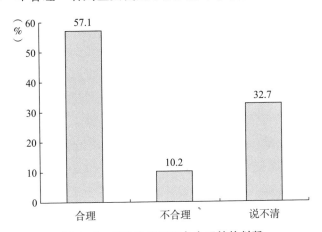

图 4 – 4　对出租房屋现象合理性的判断

从图 4 – 5 可以看出，被调查者认为出租房屋"合理"的理由主要是"房子是自己的怎么都行"，比例高达 92.9%，这主要是对生态移民的住房政策不了解所造成的；另一个原因在于"用租金去租生活用房子"，这是对那些有房但不定居者而言的，也是获取一定报酬、降低生存成本的举措之一。

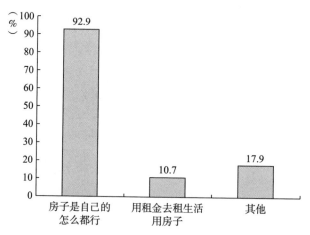

图 4 - 5　认为出租房屋合理的原因分析

说明：此题为多选。

从图 4 - 6 可以看出，被调查者认为出租房屋"不合理"的原因在于"小区无法进行正常管理"，占到了 33.3%；而对于"国家规定不允许出租"则没有一个人提及，可见群众对生态移民政策的知晓率相对较低。

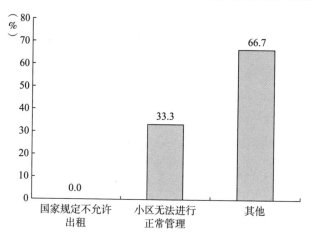

图 4 - 6　认为出租房屋不合理的原因分析

（二）关于出售房屋

1. 情况了解及原因分析

从图4-7可以看出，对出售房屋的情况，认为"有"的比重仅占18.4%，比例较低，但证明确实有人在出售生态移民房。

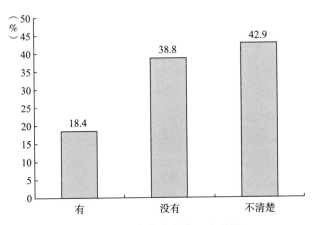

图4-7　对出售房屋情况的了解

从图4-8可以看出，对出售房屋认为"有"的"知道"其原因的仅为33.3%，占到总人数的6.1%。由于很多人是在茶余饭后聊天时得到的小道消息，因而"不清楚"所占的比例较高，达到了55.6%。

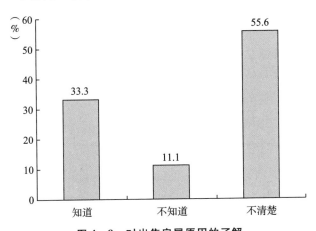

图4-8　对出售房屋原因的了解

从图4-9可以看出，对出售房屋原因的唯一解释是"别处已有自住房",比例为66.7%,这主要是指自发移民。

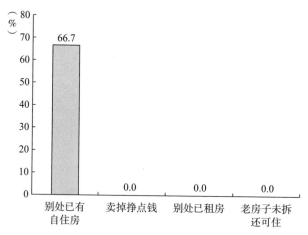

图4-9 对出售房屋原因的分析

2. 对出售房屋合理与否的判断

从图4-10可以看出,对出售房屋的合理性判断与出租情况基本相仿,认为"合理"(40.8%)的比例高于"不合理"(10.2%)。

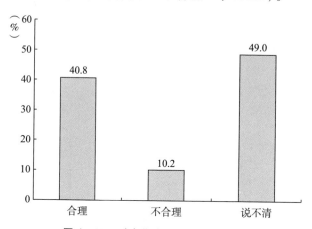

图4-10 对出售房屋合理性的判断

从图4-11可以看出,被调查者认为出售房屋"合理"的理由主要是"房子是自己的怎么都行",比例高达100.0%,与出租的理由一致;另一个原因在于"用房钱去买生活用房子",这是对那些有房但不定居者而言的,也是获取一定报酬、降低生存成本的举措之一。

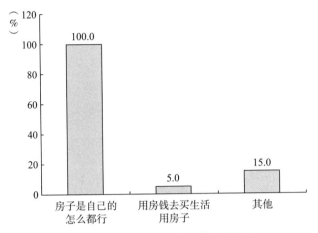

图 4 - 11　对出售房屋合理的原因分析

说明：此题为多选。

从图 4 - 12 可以看出，被调查者认为出售房屋"不合理"的原因与出租原因一致，都在于"小区无法进行正常管理"，占到 20.0%。

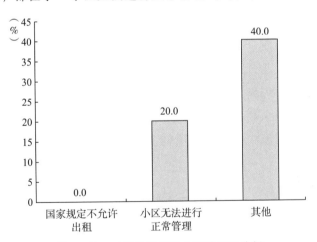

图 4 - 12　对出售房屋不合理的原因分析

第三节　生态移民社区定居率低的原因分析

生态移民是一项典型的政府行为，虽然宁夏的生态移民工程在扶贫开发、缓解南部地区生态环境恶化方面取得了成效，政府也在下大力气确保生态移民"搬得出、稳得住、能致富",但由于受诸多因素,如生态移民素质偏低、管理措施不到位、投机心理强、社区发展环境欠佳等的影响,特别是一部分人在解决温饱——填饱肚子后开始思考未来的发展问题,进而开始抱怨没有稳定的经济来源,对收入来源的生产方式的不适应情感开始在生态移民社区蔓延,进而致使生态移民定居率低的现象日益突出。

一　选址问题日益突出,后续发展环境不佳

为了确保生态移民能够安居乐业,政府为生态移民提供了较好的住房条件和一定数量的土地资源,为社区的发展提供了较好的基础设施,也在一定程度上为生态移民的发展提供了一些后续产业发展的支持。

随着生态移民工作的不断深入,生态移民选址问题日益突出,具有良好发展环境——"近水、沿路、靠城"的地址日益难寻,进而使一部分生态移民社区缺乏扎实的后续产业。并非当地政府只注重基础设施建设,而不重视后续产业的发展与培育,关键在于难度太大。特别是在整个宏观经济处于新常态下,原本较好的生态移民社区发展环境也出现了不佳的状态。要地,但数量少、质量差,且已经实现了"托管";要就业岗位,但经济发展疲软、工作不好找。

由于社区发展环境欠佳(生存条件差)(参见表4-26),一部分生态移民便开始外出寻求新的发展机遇。在调研的几个社区中,外出打工者几乎家家都有,留在家中的老弱妇孺较多,被调查者的基本情况也足以说明这一现象。

表4-26　不同人群认为社区发展环境不佳比例

	西吉县 生态移民	原州区 劳务移民	原州区 生态移民	红寺堡区 混合型生态移民
应定未定者	80.0%	5.3%	0.0%	14.3%
定居未居者	42.3%	50.0%	70.0%	25.0%
外出打工者	15.4%	18.0%	37.5%	20.4%
潜在移民者	38.0%	100.0%	42.9%	0.0%

二　社区管理水平偏低，配套设施效率较低

生态移民社区是国家动用大量的人力、物力、财力建立起来的高标准、高起点的居民社区，整齐的住宅、良好的基础设施，老百姓看在眼里、喜在心上。但在管理方面存在一些不利于社区管理与发展的问题。

（一）社区管理方面

一是管理人员的素质问题。为了便于管理，采取了简易化处理方式，即生态移民社区的管理者多采取谁迁出、谁指派的原则，因而社区的管理干部与生态移民之间有着密切的地缘关系和熟人关系。其结果是，由于原迁出社区的人群素质普遍较低，进而从中选出的管理者的素质也普遍较低。

二是管理方式问题。由于管理干部所管理的社区是熟人社会，因而对出现的问题大多数采取"睁一只眼，闭一只眼"的做法，甚至姑息、纵容，加大了问题的解决难度。如在计划生育方面、为居民违法争取贫困补助方面、社区居民买卖宅基地和土地方面等，不但没有起到管理者应有的责任，反而助长了生态移民社区的歪风邪气，不利于整个社区健康、和谐、有序地发展。

（二）基础设施利用方面

与此同时，尽管生态移民社区兴建了高标准的校园设施、医疗设备，也配备了一定数量的服务人员，但由于移民担心质量问题，难以发挥应有的效应。

一是教学设施的利用问题。提高全民族的文化素质是一项长期而艰巨的任务，在生态移民地区大力发展教育则是确保该类地区可持续发展的重要举措。但由于人们日益重视子女的教育问题，生态移民地区也不例外，许多人主动带孩子前往异地求学。这一做法从生态移民自身来讲是有利的，既解决了孩子的上学问题，也解决了外出打工的出路问题；但从生态移民社区的角度来讲是不利的，孩子数量的减少，不仅影响了教学参与者的积极性，教学质量会有所下降，而且时间一长，完备的教学设施则难以发挥应有作用。久而久之，高起点的教学设施就会被荒废，进而造成新的"上学难"现象的出现，既不利于生态移民社区的发展，也不利于全民族整体素质的提高。

二是医疗设施的利用问题。确保人民群众的身心健康是全面建成小康社会的一个重要内容，移民社区建立起来的医疗服务点，包括专职人员和相应的设备、设施，都受到了社区居民的好评与赞扬。但此类服务点毕竟只是一个农村社区的医疗服务机构，其服务内容和水平相对是比较低和不全面的，特别是随着人们生活水平的提高和交通日益便利，患者往往会选择医疗水平更高的医疗机构为其服务。与此同时，由于医疗服务点是按服务的人数获取报酬的，因而对机构服务人员的收入水平产生了较大的冲击，一方面迫切需要提高医务人员的服务水平，另一方面服务对象数量却在不断地减少。如何解决这一问题，已经成为稳定医务工作者队伍的关键所在，当然也是提高生态移民社区人民健康水平的关键。

三 自发移民问题突出，投机现象有所抬头

所谓"自发移民"就是指在以往生态移民时没有被纳入政策移民范围内的贫困人口，因具有强烈的脱贫致富愿望，通过投靠亲友、购买土地等方式，自主进行移民搬迁的群体。自发移民是与政策移民相伴而生的。随着生态移民进程的不断深入，自发移民问题表现出两个阶段特征。

（一）第一阶段是自发移民产生阶段

主要表现在，由于无法享受政策移民的优惠政策，但有着强烈的脱贫致富的愿望，进而采取自发移民的举措，倾尽所有购买了政策移民中意志不坚定者或投机者的土地、住宅等，实现了自己的愿望。这一现象的产生和存在有其合理性的一面，也有其不合理的一面。一方面，自发移民弥补了生态移民社区的劳动力不足、确保了已有社区的正常发展；另一方面，由于自发移民身份的不合法性，产生了一系列社会问题和自身问题，从某种程度上又影响了生态移民社区的正常发展。

（二）第二阶段是自发移民寻求利益阶段

主要表现在，在"十二五"期间，由于生态移民采取了整村搬迁的方式，致使一部分已经自发移民的户被包含其中。为了享有国家提供的政策，自发移民向国家提交了应缴的费用，进而"占有"了宅基地和土地，也随大家共同迁往生态移民社区；但由于自发移民的"发展地"明显优于现在的"占有地"，因而就会将"占有地"加以出售或出租，以期获得相应

的"回报"和"报酬"。问题的关键在于，他们占而不居，进而影响了社区的定居率。尽管宁夏回族自治区政府已经出台了解决自发移民的政策，但由于补偿力度小和政策执行不力，自发移民问题依然突出。在旧的自发移民问题没有解决的同时，新的自发移民问题也在不断地增加。

生态移民是一项惠民工程，也是一项庞大的复杂的系统工程，难免在选择生态移民对象方面存在一定的漏洞。在移民搬迁过程中，尽管有严格的监督管理机制，但部分投机分子利用个人的关系或者权利倒卖房屋、土地指标，获得房屋的所有权，或者把手头的指标卖出，从中获得利益，或者因对迁入地的发展环境不满，选择二次搬迁，造成房屋"有其名，没人住"的现象。

在具体的调研活动中，我们看到在固原市劳务移民社区出现了"出租房屋"和"出售房屋"的广告，表明这种现象已经公开化。同时在红寺堡区我们也看到了"大门敞开""窗户封死"的现象，陪同人员告诉我们这种情况属于"候鸟型"移民，即政府来检查或给优惠时，一个电话就可以将其"招来"，一旦结束他们便又回原籍或前往他处。

从表4－27可以看出，在被调查者中有近20%的人认为存在"出租"或"出售"现象。这些现象都属于典型的投机行为，不利于生态移民社区的发展，不但严重地违背了生态移民社区"宅基地和土地不能买卖"的规定，而且对其他已经定居者产生反面的"示范"效应，进而造成了生态移民社区定居率较低的现象。

表4－27　红寺堡弘德村房屋出租、出售情况

单位：%

	有	没有	不清楚
出租	16.30	53.10	30.60
出售	18.40	38.80	42.80

四　移民主体素质偏低，社会适应能力较弱

人的总体素质的高低，对其自身和社区的发展都是至关重要的。多年来生态移民社区的调研结果表明，生态移民的文化素质普遍是较低的，本

次的调研结果亦是如此。

对生态移民来说，文化素质与发展能力呈正相关关系。从表4-28可以看出，生态移民文化素质相对较低，进而导致其综合素质相对较低。

表4-28　被调查者的文化程度情况

单位：人，%

	西吉县生态移民		原州区劳务移民		原州区生态移民		红寺堡区混合型生态移民	
文盲	9	17.3	23	46.0	27	48.2	21	42.9
小学	11	21.2	19	38.0	21	37.5	13	26.5
初中	24	46.2	6	12.0	8	14.3	12	24.5
高中	5	9.6	2	4.0	0	0.0	3	6.1
大专及以上	3	5.8	0	0.0	0	0.0	0	0.0

（一）文化素质低导致其适应新的发展环境的能力较低

生态移民绝大多数来自落后的南部山区，由于文化素质比较低、思想保守、法律意识淡薄、转变观念难，加之缺少一技之长，就业难、创新能力弱，干事创业的激情也不够饱满，因而担心自身无法适应新的就业岗位，更担心没有新的岗位可供自己就业。

（二）综合素质低导致"等、靠、要"思想难以扭转

来自宁夏南部山区的生态移民，由于长期以来生活在农村，保持着传统的农耕生活方式，再加上长期以来政府对南部山区的扶贫工作一直以"输血式"为主，即通过政府补助、救济等形式推行扶贫工作，虽然在一定程度上缓解或改善了贫困人口的生活状况，但也使部分群众形成了"等、靠、要"的思想。尽管生态移民的生活方式与生产方式有了根本转变，但还是有少数群众难以转变观念，有一部分人宁愿在家"坐等补助"，也不愿意去工作，"等、靠、要"的思想依然存在。同时，当面对物价上涨、生活开支中货币增多时，一旦缺乏有效的收入来源，且对移民发展环境欠佳感到失望时，便会选择性地退出生态移民行列。

（三）综合素质低导致政策理解与执行能力低

应该说，绝大多数生态移民都是知道生态移民政策的，但对政策的具体内涵真正了解的人并不是太多，更谈不上运用政策来保护自己的权益和解决自己的问题。往往只知其一而不知其二，要么断章取义去理解政策，进而引起了不必要的群体上访事件，严重影响了生态移民社区的正常发展；要么就不知道政策的具体内涵而消极等待，致使自己的合法权益得不到有效的保护。

五　移民政策亟待完善，特殊群体仍需关怀

政策是具体工作的生命线，生态移民工作亦是如此。当然，随着时间的推移和发展环境的变迁，政策也应该相应地加以改进和完善，特别是对一些特殊群体更应该加以关照。

（一）关于"贫困户"

按照生态移民政策的规定，搬迁户应该缴纳一定数量的费用才能进行搬迁，而贫困户由于缺乏这部分资金而难以实现搬迁。

（二）关于"多人户"

按照"十二五"生态移民政策规定，凡是在 2009 年 12 月 31 日以前分户的予以确认，以后分户的都不予承认。执行的结果是，由于 54 平方米的生态移民住房难以妥善安置三代 6 口人以上进行正常生活，进而产生了一批"多人户"问题。

（三）关于"单人户"

这是生态移民进程中最难处理的一个问题。往往不让"单人户"进行搬迁，进而引发了社会矛盾。

（四）关于"发展环境"

在进行生态移民前，工作人员已经反复强调未来的迁入地发展环境是如此如此的好，而一旦迁入后发现与宣传时所说不一样，或者原本具备的条件因各种原因再次搁浅，便会影响生态移民社区的发展和生态移民的可持续发展。

第四节　提高生态移民社区定居率的对策建议

生态移民所有的解决区域贫困、保护生态环境、协调区域发展、促进民族团结、实现全面小康的功能，已被理论界和学术界所认知，而且已经

作为 2020 年全面建成小康社会的重要举措，由国家发改委、扶贫办会同财政部、国土资源部、中国人民银行五部门联合印发的《"十三五"时期易地扶贫搬迁工作方案》中明确指出，力争在"十三五"期间拟用 6000 亿元投资完成 1000 万人口搬迁任务。由此可见，"十三五"时期的生态移民任务是极其繁重的。通过对宁夏 20 世纪 80 年代生态移民进程的回顾，特别是宁夏"十二五"时期经验的总结，我们认为，提高生态移民社区定居率是确保"十三五"生态移民任务完成的一个重要方面。

一　高度重视定居率问题

生态移民是一项惠民工程和富民工程，也是一项复杂的系统工程。它既涉及迁入地、迁出地与上级政府之间的利益关系协调问题，也关系到生态移民搬迁后可持续发展问题，更关系到资源的有效使用问题，当然这些问题最终体现在生态移民社区定居率问题上来。

为了确保生态移民有一个良好的生产和生活环境，政府在硬件基础设施方面投入大量的人力、物力和财力，而这些也得到了广大生态移民群众和社会各界的认可。整齐的房屋、平坦的道路、美丽的校园，以及相对完善的各项基础设施，一片新农村的景象。

区域经济学理论告诉我们，任何一个社区的发展都必须保证一定数量的"门槛"人口。如果社区人口低于这一"门槛"，则社区已经具有的功能就难以发挥作用，长此以往，就会影响整个社区的发展。生态移民社区现阶段就面临如此严峻的形势。因此，各级部门必须把"搬得出、稳得住、能致富"落到实处，在确保生态移民社区具有较高定居率的前提下促进各项事业的发展。

二　慎重选择移民新址

随着生态移民进程的不断深入，可供实施生态移民的"地域"日益减少。由于土地数量的减少，以土地安置为主的生态移民难以为继，特别是那些"高价回购土地"或"租赁土地"的迁入地政府面临更大的困难；由于宏观经济环境不佳，以就业安置为主的劳务移民也面临严峻的挑战，有些劳务移民社区居民返回原籍寻求发展就是一个显著的信号。当然，更为严重的是，为了完成生态移民的任务，有些迁入地政府把生态环境本身就极为恶劣的地区，甚至把已经实施搬迁的生态环境较为恶劣的地区再次作为新的生态移民迁入点，致使这些地区面临"二次搬迁"的困境，已经引起了生态移民群众的强烈不满，不仅影响了生态移民社区健康有序地发展，而且影响了党和政府的形象。

因此，在选择新的生态移民地址时，必须采取认真科学的态度，为生态移民的发展奠定良好的基础。既要使生态移民群众感受到生产生活环境发生了显著变化，还要使其感受到生存环境得到了极大的改观，使其明确发展的方向、具备发展的动力。

三　优化完善移民政策

政策是做好所有工作的重要前提，良好的政策能使具体工作事半功倍，否则将面临巨大挑战。应该说生态移民政策已经日臻完善，但随着环境的变化、政府能力的不断增强、人们收入水平的不断提高和已有生态移民社区的示范效应等，已有政策有许多亟待完善的地方。还有一个重要的方面在于政策的执行及执行力：有时采取"硬执行"——严格执行政策，则会使工作无法进行；有时采取"软执行"——灵活使用政策，则会出现表面上完成了工作，但后续出现众多问题。这一点，在多年的调研实践中可以得到验证，有些移民工作者常常说生态移民工作问题"很多"，细究多在"什么方面""什么原因"却避而不答。

目前，迫切需要出台"生态移民自主选择移民方式政策""解决生态移民社区自发移民政策""劳务移民社区城市居民身份确认政策"等。

四　提高移民综合素质

多年的生态移民实践证明，文化素质的高低决定了生态移民综合素质的高低，生态移民综合素质的高低又决定了生态移民社区能否健康有序发展，因而提高生态移民的综合素质已经成为生态移民社区稳定发展的关键。

第一，提高基本素质。对于成年劳动力，村（居）委会可以兴建爱心书屋、成立文化补习班和技术培训班，提高群众的文化素质和技术素质，这将有利于拓宽移民群众的视野，使群众了解学习先进农业生产技术、了解发家致富的创业形式，增加群众发展门路。

第二，提高技能培训。应有针对性地对移民进行职业技术培训，合格者颁发资格证书，使其在打工时有一个具有效力的从业证明文件，从而获得较高水平的收入；也可以邀请需要劳动力的行业或部门到生态移民社区进行有针对性的技术培训，合格者即可录用，进而做到双向选择，这样既可以确保企业获得急需的劳动力，又可以使受培训者得到稳定的工作和收入。

第三，增强法律意识。这是生态移民社区居民必须强化的方面之一。一方面生态移民可以运用法律的武器来维护自己正当的合法权益；另一方面使其明确必须在法律的前提下行事，否则会受到法律应有的制裁。

第四，强化自我发展意识。以政府为主导的生态移民为广大贫困群众实现脱贫致富奔小康奠定了良好基础，再加上政府扶贫方式已由"输血式"转变为"造血式"，极大地调动了民众生产和发展的积极性。但由于长期受计划经济思想的影响，仍有部分生态移民存在突出的"等、靠、要"思想，影响了整个社区的健康发展。这就要求必须对他们进行必要的思想教育和发展动员，变"要我发展"为"我要发展"。只有这样才能实现生态移民的初衷，也只有这样才能实现共同富裕的目标。

五 提升社区管理水平

社区管理是生态移民社区村（居）委会基层组织的基础性工作，其水平的高低关系到生态移民社区建设与发展的好坏。

第一，提高工作人员水平。发挥"第一书记"及村（居）民自治作用，选出政策掌握和理解能力、工作能力均较强的工作人员，优化干部队伍，进而提高社区干部的整体水平。

第二，强化政策宣传。通过宣传，让群众了解和掌握生态移民的发展政策，消除群众对政策的误解和模糊之处，进而形成解决问题、缓解矛盾、和谐发展的格局。重点宣传生态移民搬迁扶持的优惠政策、鼓励政策和可持续发展政策等。

第三，确保政策落实。按照生态移民相关政策规定，在生态移民社区"严禁买卖、租赁房屋"。一旦出现此类情况，当地的相关行政部门和社区管理部门应该着力调查，对违反规定者，均要给予相应的警告或惩戒，甚至可以没收其非法所得。

六　营造良好发展环境

加大社区发展环境的建设力度，有利于提高生态移民对社区发展的信心，激发移民发展社区事业的热情。发展环境的内涵呈现多样性，目前应该重点突出就业环境建设和可持续发展环境建设。

第一，积极创造就业岗位。实现了就业，就意味着收入水平的提高，进而也就增强了生态移民自我发展的信心。一方面可以根据社区发展的实际需要，提供较多的公益岗位，这样既可以使文化素质偏低、自我就业能力较弱的特殊群体实现就业、获得一定的劳动报酬，也可以改善社区的卫生环境等；另一方面可以建立劳务公司或与劳务中介合作，为社区居民提供更多的就业岗位。

第二，发展特色产业。特色产业的形成，既是社区已有资源综合运用的结果，也与狠抓机遇有着密切的关系，其中因地制宜则是生态移民发展特色产业的关键。近年来，一些地区通过加大土地流转力度，积极吸引外资，大力发展特色农业产业——枸杞产业、硒砂瓜产业、大棚蔬菜产业等，取得了良好的成效，不仅提高了社区的知名度、吸纳了众多的劳动力、增加了居民的收入，而且为社区未来的发展奠定了良好基础，安居乐业的局面正在初步形成。

第三，提供金融支持。除了积极支持特色产业的发展，相关部门还应该为生态移民个体自我发展提供更大力度的金融支持，给那些有头脑、有门路、想发展、能发展的移民群众提供优惠的金融信贷，比如降低贷款门槛、延长还款期限、提供更多的创业信用贷款等。只有这样，才能不断提高生态移民的自我发展能力，使其增强可持续发展后劲。当然，也可以鼓励农户发展互助小组，创建农业生产合作社，走新型农业合作化发展之路。

七　尊重移民意愿选择

生态移民具有极强的政策性，但随着生态移民模式的不断增多，这一政策应该具有更多的灵活性与机动性，即要给生态移民提供更多的选择。

换句话讲，在进行生态移民时，在确保生态移民任务完成的前提下，要给搬迁者提供多种选择，并告知每种方案的优缺点，使其心中有数。如果能这样做，就可以使生态移民根据自己的实际情况和愿景做出合理的选择，进而减少生态移民搬迁后问题的出现，为社区发展奠定良好的人脉基础。

在具体实施过程中可以按照"按代移民"的原则进行，即按年龄状况进行移民。对年龄较轻者（35岁以下者）建议实施以提供就业为主的劳务移民，对年龄较大者（36~45岁者）建议实施以土地安置为主的生态移民，对那些不愿意搬迁者可以采取集中就近安置的方式。当然，对大家都不愿意采用的方式，可以采取更加优惠的政策鼓励他们移民。

八　解决自发移民问题

自发移民问题由来已久。自发移民问题，不仅会影响生态移民社区的发展，也会影响自发移民自身的发展。我们认为，对于目前的自发移民问题应该采取鼓励措施——发放补偿金，但具体情况具体对待。

第一，对于已在生态移民搬迁范围内的自发移民问题。一是鼓励其放弃已经占有的生态移民资源；二是解决其在现居住地的实际困难与问题，主要是户籍问题。建议政府可以一次按户提供15万元补偿资金予以解决，其中10万元用于自发移民的发展资金，5万元交与自发移民迁入地政府用以解决自发移民的各类问题。

第二，对于未在生态移民搬迁范围内的自发移民问题。一是鼓励其在迁出地的各种权益；二是解决其在现居住地的实际困难与问题，同样也是户籍问题。建议政府可以一次按户提供10万元补偿资金予以解决，其中5万元用于自发移民的发展资金，5万元交与自发移民迁入地政府用以解决自发移民的各类问题。

第三，关于资金筹集与实施时间、对象界限。一是为了使这一问题得到有效解决，必须筹集到足够的资金，建议国家与地方相关部门共同建立专用资金，并做到专款专用。二是关于时间界限和实施对象，明确规定凡是20世纪80年代至"十二五"时期末迁出地与迁入地均为宁夏的自发移民皆在此列，政策执行时间界限由政府具体制定。凡是在规定时间内办理相关手续者均为有效，否则将视其主动放弃相应权利，并按规定进行统一处理。对其他省区流入宁夏回族自治区内的自发移民、对宁夏流入其他省区的自发移民，可以积极争取国家的支持，采取类似的方法予以解决。

　　总之，提高生态移民社区定居率问题，是一个涉及方方面面的复杂工程，必须协调好各方面的利益关系，采取有力措施加以解决。这样就可以在不断提高生态移民定居率的同时，提高生态移民工作的质量，为全面建成小康社会做出贡献。

第五章
宁夏生态移民的社会适应

束锡红

生态移民又称作环境移民，主要是指因迁出地人口规模远远超过区域生态环境的容量及承载能力，导致生态环境破坏，人类无法生存而搬离原居地，前往其他条件较好地区的人口迁移。宁夏南部地区是全国 18 个集中连片特殊困难地区之一，为了解决该地区的贫困问题及生态环境破坏问题，自 1983 年开始，宁夏回族自治区政府先后组织实施了吊庄移民、"1236"扬黄工程移民和生态移民三大工程。[①] 经过 30 多年的扶贫开发建设，宁夏南部地区的贫困人口大幅减少，生态环境逐步改善，移民生活水平也大幅提升。实施重点区域生态移民，既是多年扶贫实践探索出的成功道路，也是解决宁夏南部地区贫困问题的现实需要。但生态移民是在较大地理空间内实施的迁移行为，移民生活的自然环境和社会环境都发生了较大变化，这导致他们在迁入地社会产生了一定程度的不适应。移民的社会适应状况与移民个体的生存和发展息息相关，只有对移民安置区的新环境有较好的社会适应，他们的物质和精神需求才能得到较好的满足。为了缓解搬迁给

① 这三大移民工程是将贫困地搬迁后地区的扶贫工作和生态脆弱区的生态恢复工作相结合的系统工程，从广义上来说，它们都属于生态移民的性质和范畴。

移民生存和发展带来的不适和冲击，使生态移民安心定居，并尽快融入迁入地社会，本章在大范围抽样调查①基础上，从多个方面阐述移民搬迁后的社会适应情况，探究影响移民社会适应的显著性因素，寻求促进移民社会适应的合理途径，助力移民实现"搬得出、稳得住、能致富"的最终目标。

第一节　生态移民社会适应现状

社会适应是指个体和群体逐步改变原来的生产、生活方式，接受和习惯迁入地的生产、生活方式，从而能够在新的地方稳定地生活下去的过程。② 本节从移民对自然环境的适应、日常生活的适应、社会关系和风俗习惯的适应等方面分析生态移民的社会适应现状。

一　自然环境的适应

由表 5-1 可见，移民认为搬迁前后居住地的空气环境变化并不明显，但水质条件和气候环境变化较大。对于水质条件，移民认为搬迁前居住地水质条件"比较好"和"非常好"的占 58.71%，而认为搬迁后居住地水质条件"比较好"和"非常好"的仅占 39.80%。对于气候环境，移民认为搬迁前居住地气候环境"比较好"和"非常好"的占 74.38%，而认为搬迁后居住地气候环境"比较好"和"非常好"的仅占 29.61%（见表 5-1）。整体来看，多数移民认为原居地自然环境优于现居地。关于"您是否适应现居地的自然环境"，81.72% 的移民表示"比较适应"和"很适应"，仅有 7.46% 的移民表示"不太适应"和"很不适应"。70.40% 的移民表示

---

① 本章数据来源于中国社会科学院社会学研究所与北方民族大学社会学与民族学研究所共同主持、联合实施的"宁夏生态移民社会适应与后续产业发展调查"项目。该项目调查范围覆盖宁夏 3 市 5 县/区的 10 个移民村，回收调查问卷 804 份。被调查人口的人口学特征如下：在性别上，男性占 65.30%，女性占 34.70%；在民族上，汉族占 41.92%，回族占 58.08%；在年龄上，16~20 岁占 2.86%，21~30 岁占 16.42%，31~40 岁占 24.50%，41~50 岁占 26.74%，51~60 岁占 16.92%，61~69 岁占 12.56%；在受教育程度上，文盲半文盲占 42.29%，小学占 22.26%，初中占 23.38%，高中占 8.46%，大学专科/本科及以上占 3.61%。

② 解彩霞：《三江源生态移民社会适应与回迁愿望分析》，《攀登》（藏文版）2010 年第 6 期，第 102 页。

搬迁后，没有因为水土不服而产生身体上的不舒服，24.88%的移民表示
"开始有些水土不服，现在基本习惯了"，仅有4.10%的移民表示"身体经
常会产生各种问题"。虽然宁夏南部地区水资源十分匮乏，但因其基本是海
拔较高的山区，不论是在气候还是在水质上都要优于人口和工业企业比较
集中的宁夏中部干旱带和北部平原地区。但宁夏中北部地区地势平坦、沟
渠纵横、水资源丰富，仍是比较适宜移民居住的。所以，绝大多数移民在
生理上能够较好地适应现居地的自然环境。

表5-1 生态移民搬迁前后对居住地自然环境的评价

单位：%

		不好	不太好	一般	比较好	非常好
空气	搬迁前	1.74	7.72	15.80	61.06	13.68
	搬迁后	1.50	4.92	15.20	64.46	13.92
水质	搬迁前	4.60	13.56	23.13	51.74	6.97
	搬迁后	2.86	12.44	44.90	37.31	2.49
气候	搬迁前	0.99	6.97	17.66	66.79	7.59
	搬迁后	1.49	12.31	56.59	28.86	0.75

二 饮食适应

关于"您觉得现居地和原居地饮食习惯和饮食结构差别大吗"，84.20%
的移民认为"差不多"，分别有12.69%和2.24%的移民认为"比较大"和
"非常大"；关于"您适应这种饮食习惯和结构上的差异吗"，分别有1.52%
和9.09%的移民表示"非常不适应"和"不太适应"。地理环境的变化虽然
导致农业产业结构的调整，但多数移民的饮食习惯并没有发生较大变化，
尤其是回族移民的饮食禁忌在很大程度上使其饮食习惯和饮食结构保持了
较好的稳定性和延续性。而且，即使面对饮食习惯和结构的一些变化，多
数移民也能够较好地进行自我调适。

三 衣着适应

关于"您觉得现居地和原居地在衣着方面差别大吗"，85.17%的移民

认为"差不多"，仅有 1.74% 和 11.19% 的移民认为"非常大"和"比较大"。对于衣着上的差异，分别有 67.96% 和 17.48% 的移民表示"比较适应"和"很适应"。受现代社会主流文化的影响，即使是回族移民，他们在日常生活中也很少穿着民族服饰，多数移民认为现居地和原居地的衣着差别并不明显，而且多数人也能够较好地适应衣着上的变化。

四　住房适应

关于"搬迁前后，您家的住房条件变化大吗"，分别有 18.91% 和 46.64% 的移民认为"非常大"和"比较大"，仅有 10.57% 的移民认为"没有变化"。关于"您对目前的住房条件满意吗"，分别有 50.75% 和 6.72% 的移民表示"比较满意"和"很满意"，但仍有 6.72% 和 18.53% 的移民表示"很不满意"和"不太满意"。关于不满意的原因，85.71% 的移民认为"面积小"，11.82% 的移民认为"设施条件差"。早期移民住房并非由政府统筹规划，而是根据各安置地土地存量情况由政府帮助移民自行筹建。近年来，随着迁入人口的增多，政府开始有计划地兴建移民新村，房屋及其配套设施严格按照规划方案执行。《宁夏回族自治区"十二五"中南部地区生态移民规划》中明确规定移民安置房屋按每户 54 平方米计，相较搬迁前，住房质量和设施条件均有所提升，但人均居住面积有所降低，还出现了"三代一户"共居一室的问题，这给人口较多家庭造成一定困扰，导致移民出现居住不适。

五　交通适应

关于"搬迁后，您觉得出门交通方便吗"，94.15% 的移民表示"比原居地方便多了"。移民被安置在地势较为平整的地区，尤其是宁夏中北部地区，交通发达，相比移民原居地交通条件更加优越。良好的交通条件、多样化的交通工具给移民生产生活带来极大便利。

六　生产技术条件适应

关于"现居地与原居地主要农作物的种类变化大吗"，77.19% 的移民表示"有一些变化，但能够适应"，20.80% 的移民表示"变化不大，以前种什么，现在基本还种什么"，仅有 2.01 的移民表示"变化非常大，根本

不适应"。关于"您是否能够适应现在的耕种方式吗"，67.84%和12.31%
的移民表示"比较适应"和"很适应"，表示"不太适应"和"很不适应"
的移民仅占2.77%。关于不适应的原因，20.20%的移民表示"劳动负担增
大"，6.67%的移民表示"耕地面积增加"，26.66%的移民表示"不习惯新
的耕作方式，不了解新的耕作技术"，还有6.67%的移民表示"缺乏劳动
力"。移民搬迁后，基于水源等土地条件的改善，由旱作农业向水浇农业转
变，种植作物发生了一些变化，过去"靠天吃饭"的传统农业也逐步向精
耕细作的节水高效农业转型，但这些变化要求移民必须具备较高的生产技
能，才能满足农业转型升级的需要。对此，政府采取了多种措施强化移民
的生产技能，但因宁夏南部地区移民受教育水平普遍偏低，文盲、半文盲
占相当比例，技能培训成效十分有限。同时，大量青壮年劳动力外出务工，
农村剩余劳动力也难以满足农业发展的需要。

七　人际关系适应

由表5-2可见，移民表示与留在原居地的亲戚朋友"交往比较多"和
"交往程度一般"的比例分别为49.25%和20.15%，与留在原居地的其他人
"交往比较多"和"交往程度一般"的比例分别为36.45%和24.25%。这
说明，搬迁后，移民脱离了原来的熟人社会，但基于亲缘关系及其他关系
的社会关系网络并没有完全瓦解，仍在一定程度上继续维持下来。搬迁后，
移民与现居地的亲戚朋友和邻居交往比较频繁，移民表示与现居地亲戚朋友
和邻居"交往比较多"的比例分别为59.58%和64.18%。基于血缘关系和地
缘关系，移民很快重构起个人的社会关系网络。另外，移民与现居地村干部
和其他人的交往仍不多见，但可以预见，随着时间的推移，一个新的熟人社
会将会出现。关于"您适应现居地的人际关系吗"，分别有67.42%和19.90%
的移民表示"比较适应"和"很适应"。在后期的生态移民搬迁中，政府优化
了搬迁安置方式，"整村搬迁、整村安置"的方式使移民的社会关系网络在现
居地获得较好的留存，移民在新的社会情境中并不会产生完全的陌生感和疏
离感。另外，基于共同的宗教信仰，回族移民通过迅速吸纳来自不同地区的
人，建立起除亲缘、地缘、业缘关系之外的社会联系。

表 5 - 2 移民人际交往情况

单位：%

	留在原居地的亲戚朋友	留在原居地的其他人	现居地的亲戚朋友	现居地的邻居	现居地的村干部	现居地的其他人
没有交往	10.82	14.18	1.74	0.25	32.58	11.57
交往不太多	11.94	21.89	7.71	4.73	36.94	20.52
交往程度一般	20.15	24.25	17.54	18.78	19.53	37.44
交往比较多	49.25	36.45	59.58	64.18	10.33	28.61
交往非常多	7.84	3.23	13.43	12.06	0.62	1.86

八 风俗习惯的适应

关于"您觉得现居地的风俗习惯和原居地相比差别大吗"，分别有 60.07% 和 28.11% 的移民认为"没有差别"和"差别不大"，仅有 9.33% 的移民认为"差别很大"。关于"其他移民或当地居民的风俗习惯对您是否造成了影响"，90.79% 的移民表示"没有影响"，仅有 4.98% 和 1.37% 的移民表示"有一些影响"和"影响很大"。关于"您是否能够适应这种影响"，仅有 0.10% 和 13.73% 的移民表示"很不适应"和"不太适应"。"十里不同风，百里不同俗"，移民原居地与现居地的风俗习惯确实存在一定的差异，但这种差异并不明显。对汉族移民而言，风俗习惯的核心内容是基本一致的，不同的只是某些表现形式；对回族移民而言，其风俗习惯多与宗教信仰相关，回族作为一个信仰伊斯兰教的民族，不论其身处何地，他们遵循的都是基本相同的风俗习惯。因此，无论是回族移民还是汉族移民，他们都能够较好地适应现居地的风俗习惯。

九 现居地社会认同

关于"现在您觉得对原居地的感情深还是对现居地的感情深"，47.57% 的移民表示对"原居地"感情深，35.12% 的移民表示对"现居地"感情深，还有 17.31% 的移民表示"说不清"。关于"搬迁后您回过原居地吗"，79.11% 的移民表示"回去过"，仅有 20.89% 的移民表示"没回去过"。关于回原居地的目的，80.79% 的移民主要是"看亲戚"，还有 10.71% 的人是回家"祭祖、上坟"。关于"一般情况下，您多久回原居地一次"，43.40%的移民表示"几个月"，52.83%的移民表示"几年"。以上可见，移民对现居地社会认同程度一般，有少数移民的心理正处于迁出和迁入的不稳定状态中，社会认同还比较模糊。亲缘等割舍不断的亲密关系，导致移民出现"一头有家，两头跑"的现象，此外，安土重迁的传统观念使部分移民在潜意识层面仍停留在原居地的社会生活中。

综上可见，移民对现居地自然环境、日常生活（衣食住行）以及风俗习惯的适应程度较高，人际关系的适应程度一般，心理层面的适应程度较低。总体来说，64.30%和16.67%的移民表示"比较适应"和"很适应"现居地的生活。心理层面的适应是社会适应的最高层次，移民的社会适应是一个由外而内、纵深推进的过程，只有随着时间的推移，以及政策措施的积极推动，移民才能逐渐强化对现居地的认同感和归属感，适应并融入现居地的社会生活中。

第二节　生态移民社会适应影响因素探析

本节利用二元 logistic 回归模型对宁夏生态移民社会适应进行实证分析。二元 logistic 回归模型如下：

$$\ln\left(\frac{p}{1-p}\right) = \alpha + \beta_1 x_1 + \beta_2 x_2 + \cdots + \beta_m x_m$$

在模型中，因变量为生态移民社会适应变量，适应赋值为 1，不适应赋值为 0。自变量的设置具体如表 5 - 3 所示。

表 5 - 3　logistic 模型中相关变量描述说明

自变量	变量说明	最小值	最大值
性别	男 = 1，女 = 0	0	1
年龄	连续变量	18	69
民族	汉族 = 1，回族 = 0	0	1
受教育程度	小学及以上 = 1，文盲半文盲 = 0	0	1
外出务工经验	有 = 1，无 = 0	0	1

续表

自变量	变量说明	最小值	最大值
居住环境	满意 = 1，不满意 = 0	0	1
生活设施	满意 = 1，不满意 = 0	0	1
养老保险	有 = 1，无 = 0	0	1
医疗保险	有 = 1，无 = 0	0	1
移民期待	高 = 1，低 = 0	0	1
社会支持	强 = 1，弱 = 0	0	1
移民时间	连续变量	0	18
生产技能	强 = 1，弱 = 0	0	1
交往能力	强 = 1，弱 = 0	0	1
交往意愿	强 = 1，弱 = 0	0	1
家庭土地质量	中等及以下 = 1，肥沃 = 2	1	2
家庭土地面积（亩）	连续变量	0	13
家庭人口数（人）	连续变量	1	9
水资源情况	充足 = 1，不足 = 0	0	1
生态环境	一般及以下 = 1，好 = 2	1	2
因变量	变量说明	最小值	最大值
社会适应	适应 = 1，不适应 = 0	0	1

利用 SPSS17.0 将设定的相关变量一次性全部纳入二元 logistic 回归模型进行处理。我们以 p 值为变量入选标准，$p < 0.05$ 的变量为显著影响因素。如表 5 - 4 显示，在所有自变量中，有 8 个自变量对生态移民的社会适应有显著影响，模型的整体显著性为 0.000，表示模型的整体显著性非常好。其他因素对生态移民的社会适应影响并不明显。

表 5 - 4　模型全部自变量及主要结果

	系数值	标准误	卡方值	自由度	p 值	发生比率
性别	- 0.524	0.221	1.028	1	0.119	0.358
年龄	- 0.078	0.037	1.335	1	0.067	0.635

续表

	系数值	标准误	卡方值	自由度	p 值	发生比率
民族	0.268	0.520	1.085	1	0.368	1.195
受教育程度	0.156	0.441	0.063	1	0.810	2.692
外出务工经验	0.074	0.022	3.445	1	0.029 **	1.058
居住环境	0.486	0.420	0.269	1	0.215	0.395
生活设施	0.885	0.302	1.423	1	0.139	1.628
移民期待	-0.273	0.049	2.395	1	0.017 **	0.672
社会支持	0.684	0.028	0.152	1	0.091	1.620
移民时间	0.556	0.159	0.108	1	0.006 ***	0.920
生产技能	1.870	0.348	4.266	1	0.042 **	4.855
交往能力	0.201	0.287	0.295	1	0.067	0.958
交往意愿	1.017	0.730	0.525	1	0.034 **	0.263
家庭土地质量	1.205	0.682	4.804	1	0.029 **	0.448
家庭土地面积	0.226	0.055	0.091	1	0.364	1.301
家庭人口数	-0.349	0.860	2.351	1	0.168	1.624
水资源情况	3.116	0.563	49.260	1	0.003 ***	0.068
生态环境	0.526	0.238	2.347	1	0.013 **	0.693
常数	6.628	1.752	11.258	1	0.000 ***	128.028

* $p < 0.1$, ** $p < 0.05$, *** $p < 0.01$。

结合访谈结果，对影响生态移民社会适应的显著性因素进行分析。

（1）外出务工经验变量的 p 值为 0.029，对生态移民社会适应影响比较显著。其影响系数为正，说明有外出务工经验的移民，能更好地适应迁入地社会环境。调查显示，有外出务工经验的人，眼界更开阔、思维更活跃，更能体会到搬迁带来的潜在激励。而且，较之在临近迁出地务工的移民，有本省其他地区或外省务工经历的移民社会适应能力更强。

（2）移民期待变量的 p 值为 0.017，对生态移民社会适应影响比较显著。其影响系数为负，说明移民对搬迁后新生活的期待越高，越不能适应迁入地社会环境。虽然移民迁入地政府采取各种措施和优惠政策确保移民可以"搬得出、稳得住"，但在搬迁后续发展中，在社保、教育、务工、住房等具体实施环节仍存在不少问题。现实与预期的落差使移民在面临具体问题时显得手足无措，不能很好适应。

（3）移民时间变量的 p 值为 0.006，对生态移民社会适应影响非常显著。其影响系数为正，说明移民时间越长，越能适应当地社会环境。移民进入新的社会环境后，在较长的一段时间内其对当地社会环境的满意度会出现上升、下降、再上升、再下降的一系列波动，但在波动过后，移民满意度将维持在一个比较稳定的水平，这时移民就基本适应了当地的社会环境，而且移民迁入时间越长，越能适应当地的社会环境。当然，波动期的长短要视迁移前后社会环境差异大小及个人社会适应能力而定。

（4）生产技能变量的 p 值为 0.042，对生态移民社会适应影响比较显著。其影响系数为正，说明移民生产技能越强，越能适应当地社会环境。搬迁后，移民职业身份发生较大变化，但不论是农业劳动者，还是工商业从业者，都需要较强的生产技能才能获得较高的经济收入。为此，要想适应迁入地的经济生活，首先要具备较强的生产技能。

（5）交往意愿变量的 p 值为 0.034，对生态移民社会适应影响比较显著。其影响系数为正，说明移民交往意愿越强，越能适应当地社会环境。数据显示，37.24% 的被访移民的交往意愿偏弱。这部分人性格内向、交往能力弱，一般不常与他人交往。交往意愿是移民交往行为与相互适应的先决条件，弱交往意愿会阻碍移民尽快适应并融入当地社会环境。

（6）家庭土地质量变量的 p 值为 0.029，对生态移民社会适应影响比较显著。其影响系数为正，说明迁入地土地质量越好，移民越能适应当地社会环境。宁夏土地质量差异明显，相对北部平原地区，中部风沙干旱带因过载放牧、滥采乱挖，土地沙化严重，沙化土地面积约占自治区土地总面积的 1/4；① 而在南部黄土丘陵区，千百年来的流水切割及人为盲目垦殖导致严重的水土流失。因此，家庭土地质量对生态移民社会适应的影响要比土地面积显著得多。

（7）水资源情况变量的 p 值为 0.003，对生态移民社会适应影响非常显著。其影响系数为正，说明迁入地水资源越充足，移民越能适应当地的社

---

① 《宁夏回族自治区（1997—2010 年）土地利用总体规划》。

会环境。宁夏地带狭长，南高北低，水资源的时空分布极不平衡。北部平原因黄河流经，水源充沛。而中南部地区处于我国半干旱黄土高原向干旱风沙区过渡的农牧交错地带，"十年九旱"，为全国最干旱缺水的地区之一。[①]水资源的严重匮乏导致人们日常生活都不能保障，人们往往依靠"雨水""坏水""咸水"来维持生活。可见，水资源是否充足已成为影响移民社会适应的重要因素。

（8）生态环境变量的 p 值为 0.013，对生态移民社会适应影响比较显著。其影响系数为正，说明迁入地生态环境越好，移民越能适应当地社会环境。"移民搬迁的根本原因在于人口无序增长导致对区域资源的掠夺开发，以及对生态环境的过度破坏。"[②]"长期以来，这一地区干旱少雨、风沙肆虐、灾害频发，同时土地贫瘠、生态脆弱、收益低下，加之人口增长失控、人口密度较大，在这种人口与资源环境恶性循环的情况下，居民的生存环境和生存状态极为恶劣。"[③]生态环境的好坏对移民身体健康及社会适应均产生较大影响。

第三节　生态移民社会适应的对策建议

通过以上分析，笔者认为应当从以下方面推动生态移民的社会适应。

一　优化移民务工环境

注重移民创业能力的培养，引导移民面向市场，培养移民的市场意识，发挥移民的主观能动性，促进移民到沿黄经济区、重点城镇、工业园区、产业基地务工就业，实现移民收入来源由农业向第二、第三产业转变。抓好移民技能培训工作，全面整合就业、扶贫、教育、科技、农牧、林业等各类培训资源，搭建培训平台，集职业院校教育、职业技能培训、岗位实训和技术

---

① 《宁夏回族自治区"十二五"中南部地区生态移民规划》。
② 闵文义、束锡红、丁明俊等：《宁夏红寺堡生态移民区社会管理创新探索》，上海人民出版社，2013，第 249 页。
③ 李培林、王晓毅：《生态移民与发展转型——宁夏移民与扶贫研究》，社会科学文献出版社，2013，第 112 页。

人员现场传授等多种方式于一体，注重培训内容与移民及用工单位实际需求的衔接，组织移民进行分层、分期、分班培训。保证移民安置区每户都有人外出务工，增加移民的工资性收入，使劳务收入成为移民收入的主要来源。

二　完善移民社会保障

生态移民搬迁后，除保证移民与当地居民享有同等的教育、医疗卫生、养老保险、失业保险、社会救助、社会福利和慈善等社会保障政策外，要紧紧围绕移民对象的户籍核查、搬迁方式、安置模式以及移民培训、务工就业、子女教育、社会保障的接续等重点工作，积极开展迁入地与迁出地、市与县（区）的移民安置对接工作，主动征求移民意见和建议，完善搬迁安置方案。

三　实施迁入区资源合理配置

充分挖掘利用现有国有、集体、企业及个人经营的各类耕地和中北部土地整理新增耕地，并在引、扬黄灌区和库井灌区通过节水改造适度开发部分宜农荒地、对山区原耕地改造等多种途径，解决土地资源紧张问题。在北部引黄灌区，主要通过实施灌区节水改造，调整种植结构，提高水资源利用率，实现水资源优化配置；在中南部地区，主要通过对已建成的固海扬水、固海扩灌、盐环定扬水、红寺堡扬水灌区和库井灌区的节水改造，新建一批水源延伸工程，如水库、集雨场和田间水柜等，大力发展高效节水农业和集雨补灌农业，解决农业用水问题。

四　保护生态环境

在土地沙化及土壤盐渍化严重地区，采取营造农田防护林、草场改良与恢复、围栏封育、人工补播封育、固沙造林、庭院经济林建设等措施，使农田和林地免遭风蚀、水蚀，减少水土流失，防治土地退化，为移民营造良好的生产生活环境。此外，要合理规划移民安置区人口密度，寻找移民人口与资源环境的平衡，保持适度人口，避免移民人口的不断增加与资源环境承载力的不断减弱造成的人地关系紧张，同时加强环保宣传，提高移民环保意识，促使移民自觉保护生存空间。

第六章
宁夏生态移民的社会融入

束锡红　聂　君

　　1982 年，国务院决定开始实施"三西"农业建设项目，以根本解决甘肃、宁夏两省区集中连片特困地区群众的温饱问题。1983 年 9 月，"三西"地区农业建设领导小组进一步提出"有水路走水路，有旱路走旱路，水旱不通另找出路"的方针。根据这一扶贫方针，宁夏回族自治区政府制定了"兴河套之利，济西海固之贫"的策略，动员宁夏南部山区资源相对贫乏、生存空间狭小、缺乏基本生存条件地区的群众，搬迁到资源更为丰富的有灌溉条件的荒地上进行开发性生产建设。自此，宁夏扶贫工作实现了由救助式向开发式、由输血型向造血型的有利转变。面对宁夏贫困人口规模大、贫困程度深、生存条件差、发展难度大的现状，宁夏回族自治区政府在不同时期，先后实施了吊庄移民[①]、"1236"扬黄工程移民、生态移民等政策性移民工程，运用多种手段，采取灵活方式搬迁安置移民，形成了移民群众脱贫致富、生态环境有效改善的双赢局面。截至 2015 年，宁夏"累计移

---

① "吊庄"又称为"拉吊庄"，是晚清、民国时期西北黄土高原地区的一种农业经营方式。农民定居在一个村庄，在另一个村庄进行开垦生产，他们要在两地之间来回奔波，一个村庄吊两个地方，故称为"吊庄"。

民 116 万人，相当于宁夏总人口的六分之一"。① 宁夏生态移民人均可支配收入达 5638 元,② 少数富裕移民收入已赶超宁夏农村居民人均可支配收入。较之移民初期，人均可支配收入增长了十倍以上。宁夏生态移民的巨大建设成效证明，生态移民是从根本上解决宁夏贫困问题的战略举措，对宁夏加快扶贫攻坚进程、转变发展方式、实现民生改善、统筹区域协调发展、全面建成小康社会具有重大意义。但生态移民工程作为一项艰巨而复杂的社会系统工程，实施过程中也面临诸多问题。移民迁移不仅带来了生产生活空间位置的变化，也促使移民的生产生活方式、社会关系结构、风俗习惯、身份认同等发生变化。面对这些变化，多数移民在短时间内将产生各种不适感、被隔离感和被排斥感，从而难以在迁入地立足并安心发展经济。因此，只有通过一定途径帮助生态移民完成对迁入地自然、社会环境的适应，降低其返迁或二次搬迁的概率，使其尽快融入当地的社会生活和社区环境，确保移民搬迁后可以"稳得住"，才能使移民全心全意投入生产，实现 2020年与全国同步步入全面小康社会的目标。为此，本章将以问卷数据和访谈资料为基础，划分生态移民社会融入的维度，阐述生态移民社会融入现状，探究影响其社会融入的显著性因素，并提出促进其社会融入的路径选择。

第一节 生态移民社会融入概念界定及现状分析

一 社会融入概念的界定

由于研究出发点和视角的不同，学者们对社会融入的理解和界定也不尽相同。部分学者将移民视为弱势群体，认为社会排斥是移民社会生活中的一种客观存在。在消除社会不平等的前提下，"社会融入意味着积极促进参与机会，无论在工作、教育还是在更广泛的社会层面"。③ 刘建娥认为：

---

① 杨光：《宁夏：精准扶贫责任到人——生态移民"挪穷窝" 社会扶贫"聚合力"》，《经济日报》2015 年 12 月 22 日。

② 数据来自宁夏回族自治区统计局。

③ ESFP（European Structural Funds Program）. "Further Information：Social Inclusion." 2007 -
2013 European Structural Funds Program.

"社会融入是指特定社会中的个人与群体，通过结构调整与主体自我适应，能够享有就业、民主选举、政策决策、社会服务、城市文化生活等基本的经济、政治权利与广泛的社会权利，在平等参与的过程中逐步融入主流社会。"① 以上对社会融入的界定都是基于社会排斥理论，以及平等的生活环境和主动的参与意识这两个前提条件。在欧美社会，社会融入概念缘起于社会融合概念，并将其逐步取代。Park 和 Burgess 认为，个体或群体不断分享彼此的历史、记忆、情感、经验，并最终相互渗透整合于同一种文化生活中的过程就是社会融合。我国学者杨聪敏则认为："社会融合是指移民的原文化与流入地文化融合到一起，互相渗透，形成一种在某种程度上具有新意的社会文化体系。"② 可见，基于社会融合理论的社会融入更多的是一种彼此文化上的融合，强调的是一种目标平等的融合状态。陈成文等认为："社会融入是处于弱势地位的主体能动地与特定社区中的个体与群体进行反思性、持续性互动的社会行动过程。"③ 社会融入实质上是一种社会行动，具有能动性、反思性、持续性、互动性等特征。

综上所述，我们认为针对生态移民的社会融入概念应该是：基于政府营造的平等环境，生态移民主动获得且合理利用迁入地社会资源，通过持续不断的社会行动维护好各种社会关系，并在行动过程中及时反思、不断调整自己的行为和社会关系，重新获得社会认同和他人尊重、获得生活尊严感和满足感的过程。

二　生态移民社会融入现状分析

（一）经济生活融入

因移民自身条件限制，在经济生活融入过程中可能会面临受歧视、收入低等问题。在就业方面，61.69% 的被访移民表示，"从未因为自身的移民身份在找工作方面遭受到当地居民的歧视"，但有 53.11% 的被访移民表

---

① 刘建娥：《从欧盟社会融入政策视角看我国农民工的城市融入问题》，《城市发展研究》2010 年第 11 期，第 106～112 页。

② 杨聪敏：《农民工权利平等与社会融合》，浙江工商大学出版社，2010，第 96 页。

③ 陈成文、孙嘉悦：《社会融入：一个概念的社会学意义》，《湖南师范大学社会科学学报》2012 年第 6 期。

示"搬迁后工作不好找，机会太少"，这表明现居地的工作环境是比较公平的，移民基本可以获得平等的就业机会，但是就业机会和就业渠道较少。在收入方面，2015 年年收入在 1000 元以下、1001～5000 元、5001～9000 元、9000 元以上的移民分别占被访移民的 22.01%、20.02%、12.20%、45.77%。2015 年宁夏农村常住居民人均可支配收入为 9119 元，[①] 54.23% 的被访移民年收入低于宁夏全区平均水平，且存在较大差距，部分移民的经济地位不高。在职业培训方面，仅有 21.34% 的被访移民表示"参加过政府组织的各类劳动技能培训"，其中 41.38% 的人表示此类劳动技能培训"没帮助或没太大帮助"。技能培训与就业直接相关，职业技能培训薄弱不利于移民融入当地经济生活。

（二）社会行为融入

在生活交往方面，30.47% 的被访移民表示"经常到其他移民或当地居民家中做客"，而且有 84.83% 的被访移民表示"有其他移民或当地居民的朋友"，表明移民之间或移民与当地居民之间的社会交往比较频繁，且交往层次较深，这归功于社会关系网络的重构与完善。在社会活动参与方面，65.67% 的被访移民表示"经常或有时参加其他移民或当地居民的婚丧嫁娶活动"，多数移民通过参加婚丧嫁娶活动这样的社会行为来维持与他人的良好关系。在社区活动参与方面，25.27% 的被访移民表示"从不参加村委会组织的集体活动"，其中有 12.5% 的被访移民表示不参加集体活动的原因是"不想过多与人接触"。这表明移民的社区生活参与度普遍较低，而且少数人主动参加社区活动与他人交往的意愿较弱。在政治生活参与方面，关于"您在现居地的村委会选举中是否去投过票"，44.03% 的被访移民表示"没有"，还有 35.20% 的被访移民表示"有，但是村干部要求参加的"，表示"主动参加"的移民仅有 20.77%。可见，移民的政治参与度不高。

（三）文化接纳

在语言使用方面，由于回族与汉族共用汉语汉字，回汉移民间以及与当地居民间不会出现语言文字不通的情况，只存在方言的差异。80.72% 的

---

① 宁夏回族自治区统计局：《宁夏回族自治区 2015 年国民经济和社会发展统计公报》，中国统计信息网，2015 年 5 月 25 日。

被访移民表示"几乎都能听懂其他移民和当地居民的方言",多数移民在日常生活中也习惯用老家的方言与他人交流。至于"您是否愿意学习其他移民或当地居民的方言",61.32%的被访移民表示"愿意,这样才有利于与他人的交流"。这表明,多数移民有着开放交流的心态。在节日风俗方面,67.04%的被访移民表示"从来不会过其他移民或当地居民特有的节日",62.56%的被访移民(回族)表示"在婚丧嫁娶时,不会吸收借鉴汉族移民或当地居民的风俗",说明迁移行为并未对移民的节日风俗产生较大影响,他们仍然保持着固有的传统节日和婚丧嫁娶习俗,而且也不愿主动吸收借鉴异质性较强的他族文化和地域文化。回汉移民间及与当地居民间的深层次文化交流并不多见。不论是回族文化还是汉族文化,都是中华多元文化的重要组成部分,少数移民潜意识中存在文化认知的偏差,阻碍了自身对其他民族优秀文化的吸收和借鉴,也妨碍了移民交流。

(四) 心理融入

在交往感触方面,15.67%的被访移民表示"经常会或偶尔会因为自己的移民身份在与当地居民的交往中产生焦虑感",可见少数移民会因自身的特殊身份和弱势地位产生自卑心理和自我保护心理,可能导致其不愿与其他移民或当地居民发生接触。在居住地社会认同方面,有47.51%的被访移民表示"对原居地感情更深",有35.07%的被访移民表示"对现居地感情更深",还有17.42%的被访者表示"说不清"。一方面说明搬迁后移民仍有较深的故土情结;另一方面说明部分移民未能很好地适应现居地的生活,对现居地的社会认同程度不高。在身份认同方面,84.33%的被访移民更倾向于自己是"本地人",而且一般情况下,搬迁时间越久,"本地人"倾向越明显。还有94.03%的被访移民希望别人把自己当作"本地人",这说明部分移民即使尚未认可自身的"本地人"身份,但鉴于"本地人"身份带来的诸多社会资源,仍希望他人首先认可自己的"本地人"身份。在生活满意度方面,少数被访移民表示"很不满意或不太满意现居地生活",突出表现在不满意个人的经济收入方面,这部分人占被访移民的54.48%。对现居地生活的不满意增加了二次搬迁的风险,也不利于移民的心理融入。

第二节　生态移民社会融入影响因素

影响宁夏生态移民社会融入的因素既包括外部因素，又包括内部因素。外部因素主要指客观的社会环境因素，内部因素主要指移民个体的内在特征。

一　文化差异

"回族文化是伊斯兰文明与儒教文明在中国本土碰撞、对话、调适而逐渐形成的一种复合型文化，这种文化与以儒道文化为本体的汉文化有许多相通之处。"[①] 但即便如此，回族文化与汉族文化仍是异质性较强的两种文化，特别是在饮食、婚姻、宗教信仰和风俗习惯等方面，回汉文化的差异更是显而易见。搬迁重构了移民迁入地的居住格局，回汉移民的混居程度有所提高，这在一定程度上为回汉移民的交往交流提供了更多的机会。虽然基于日常生产生活需要的回汉交往日益广泛，但是彼此文化的交流仍停留在浅层次水平上。尤其是对那些搬迁前很少与他族发生接触的移民而言，与他族移民在居住场所、工作场所、学习场所等不同场景下的频繁接触容易使他们产生不适感，同时对他族文化的肤浅认知以及交往过程中的不适感会进一步减弱他们与他族进行交往交流的意愿。

二　经济贫困

经济生活的融入是指移民个体与居住地多数移民或原住民享受平等的就业、社保等权利和机会，并在经济上摆脱贫困，与他人保持较小的经济差距。数据显示，41.67%的被访移民表示其融入当地社会的最大困难是"经济困难"，这突出表现为搬迁后家庭收支的严重失衡。搬迁前，多数移民以传统农业为主要的生计方式，种植的农作物多是低价值的粮食作物，农业收益水平较低、家庭储蓄少。搬迁后，政府在经济上给予移民一些优

---

① 马宗宝：《求同存异 和而不同——论回族历史上的文化适应》，《回族研究》2001 年第 3 期。

惠政策和资金帮助，但限于财力，仅能在一定程度上缓解移民的经济压力。以"十二五"期间的移民住房为例，每户移民仍需承担建房费用的少部分，大概是 1.5 万元，这对贫困移民家庭而言仍是一笔不小的开支。"十二五"期间搬迁的部分移民村，土地全部流转出去，移民以外出务工为主要生计方式。但近年来，随着我国经济发展进入新常态，经济增速放缓，房地产等部分与移民生计息息相关的产业进入衰退期，移民生计深受影响，部分移民家庭陷入经济困境。以 2015 年为例，29.73% 的被访移民表示"家庭支出大于收入导致负债"，收不抵支的移民家庭不在少数，经济上的贫困已成为阻碍移民融入当地社会的一大障碍。

三　歧视与偏见

移民的社会融入不仅要强调移民个体的主动性，还要考虑到外界环境的客观性以及他者的接纳程度，平等公正的社会环境和开放包容的社会心态更能促进移民的社会融入。移民融入安置地社会的困难之一是"得不到承认和尊重"，究其原因是移民遭受了他者的歧视与偏见。这种歧视与偏见主要来自两个方面，从文化角度来看，回族与汉族对彼此文化差异的认知偏差往往会导致民族歧视与偏见。而且，这种认为本民族文化或民族自身优于他族的信条往往代代相传，成为一种传统的、习惯的而不易被觉察的看法，并伴有强烈的情感因素和行为倾向，潜移默化地影响着民族关系的发展。从经济角度看，不断迁入的移民在繁荣了地方经济的同时，也占据了大量的社会资源。部分原住居民认为是移民不断挤压着他们的生存空间，从而滋生不满情绪，很难客观公正地看待移民，其心理和情感上的负面影响无法消除，就不能采取积极策略接纳移民的融入。

四　缺乏社会支持

搬迁后，"在新的文化情境中，移民因与原来熟悉的文化环境脱节而产生失落感和无助感，或是被新文化情境中的人拒绝，在陌生的社会关系网络中无法给予自己恰当定位而体验到挫折感和失败感，类似的移民心理感知在得不到充分社会支持的情况下，往往会促使移民采用过激的方式去宣

泄负面情绪,严重威胁到移民安置地区的和谐稳定。"[1] 数据显示,77.61%
的被访移民表示遇到困难会找亲戚帮忙,其次是本民族的朋友(65.17%)
和邻居(33.08%)。血缘上的亲近感和民族感情上的归属感,给予搬迁初
期的移民不可或缺的心理支持和情感慰藉。移民搬迁初期,移民的个人社
会关系网络遭到一定程度的破坏,移民不仅失去了来自亲缘、地缘、业缘
等关系带来的精神慰藉,而且失去了社会关系网络赋予的各种资源。在
"分散搬迁,插花安置"阶段,移民个人社会关系网络的受破坏程度最为严
重,与亲戚、朋友、邻居、同事关系的剥离也更为彻底,多数移民仅能获
得来自家庭内部的支持,但这部分支持对于融入移民社会而言还远远不够。
在"整村搬迁,整村安置"阶段,移民的社会关系网络得以较好地保存,
尤其是部分亲友、邻里关系随移民空间位置的迁移也发生了整体"迁移",
新的文化情境中,"熟悉的人"给移民带来了一定的心理和精神支持,搬迁
给移民带来的负面影响大幅降低。移民不仅缺乏精神支持,也缺乏物质帮
助。很多被访移民表示目前发展经济最缺乏的就是生产资金。移民自有资
金极其有限、贷款门槛相对较高、生产资金来源渠道单一,无法有效支撑
生产或创业项目,政府部门和金融企业的支持作用尚未得到较好发挥。

五　自愿与非自愿

　　政策性移民有自愿移民与非自愿移民之分,两者在社会融入方面存在
一些明显差异。对自愿移民而言,他们与他人的交往心态更加积极、开放、
包容,在保持自身固有的一些文化传统基础上,愿意借鉴、吸收他人的长
处,在与他人发生矛盾冲突时,也更加理性,懂得妥协和退让。他们希望
与其他移民或原住民和睦相处,共同发展。而非自愿移民,本身就缺乏对
迁入地的向往,他们在情绪上往往悲观、消极,排斥他人,不愿与他人交
往,容易自我封闭、隔离,在处理问题时往往过于感性,容易与他人对立,
造成矛盾冲突。因此,在移民搬迁前,就应该制定完善的政策措施,促进
移民自愿搬迁,使其以更加积极的态度融入当地社会。

---

　　[1]　冯雪红、聂君:《基于多为模型的宁夏回族生态移民文化适应研究》,《吉首大学学报》
2013 年第 6 期。

六 人力资本匮乏

人力资本匮乏也是导致移民社会融入困难的重要因素之一。所谓人力资本，是指移民通过一定的教育和培训积累知识、提升技能，并以此获得工资等收益的一种特定资本。数据显示，被访移民中文盲半文盲占42.29%、小学占22.26%、初中占23.38%、高中及以上占12.07%。可见，移民是受教育程度普遍偏低的一个群体。这就意味着多数移民的知识积累比较匮乏，从而阻碍了他们习得新的劳动职业技能，导致其无法获得较高收入的工作，很难尽快融入当地经济生活。针对移民受教育程度偏低、劳动职业技能较差的问题，政府应多组织劳动技能培训，促进移民人力资本的提升。但由于培训时间短、培训针对性不强、培训覆盖面较窄等原因，实施效果并不理想。此外，移民子女虽然普遍接受了义务教育，但接受高层次教育仍面临诸多困难。部分移民家庭财富积累有限，难以负担高额的教育费用，甚至因子女教育而负债致贫。

七 现居地居住时间

西方学者从个体角度提出了许多文化适应理论。Oberg 将文化适应者遭受文化冲击的过程概括为四个阶段：蜜月期、危机期、恢复期和适应期。Lysgaard 提出了"U 形曲线假说"，认为个体进入新的文化情境中时，充满新奇与热情，其满意度处于较高点，随后会因为不适应而进入失落或失望期，处于满意度低谷，最后逐渐恢复，重新达到满意度高点。此外，还有 Gullahorn 的"W 形曲线假说"、Adler 的文化适应五阶段模型等。这些理论不管如何发展，都有一个共同点，就是以时间为主线。随着移民在迁入地居住时间的增加，他们会更加适应当地的异文化。一般情况下，当移民身处新的社会情境中，在初始的某一阶段必然会遭遇种种困难，会产生一定的失落感和无助感，对周围环境的满意度也将随之降低。而随着居住时间的延长、生活难题的解决以及对周边环境的适应，移民会逐渐走出失落期，其生活满意度也将有所提高，并能较好地融入当地社会生活。但这一过程也不是绝对的，而是以移民自身情况得到逐步改善为前提。调查发现，少数移民随着迁入时间的延长，并没有很好地融入当地社会，他们最终选择返迁或者二次搬迁，这是移民社会融入失败的突出表现。

八　交往意愿和交往能力

交往意愿是移民社会融入的前提条件之一。搬迁后，部分移民的经济地位和社会地位有所下降，搬迁前后的落差使其容易产生自卑感，并伴随着"自我封闭""排斥他人"的行为。加之原居民或其他移民的不认同，少数移民的自卑心理加剧，心理上的融入更加困难。而且，即使有交往意愿，也不代表交往行为可以顺利实施，其还要看移民人际交往能力的强弱。人际交往能力包括表达理解能力、人际融合能力和问题解决能力，其中表达理解能力与移民社会适应程度相关，而人际融合能力与移民社会融入程度相关。虽然生态移民来自宁夏中南部地区的不同县区，但整体而言，其不论是在语言使用还是在行为方式上均具有较强的一致性，相互间的表达理解不存在较大问题，移民间的相互适应程度较高。而人际融合能力决定了移民发展并维持与他人关系的能力，这一能力的高低则取决于移民在日常交往中是否能够与他人真诚相待，这与个人态度有极大关系。

九　年龄差异

不同年龄阶段移民的社会融入情况差异较大。调查发现，相比中老年移民，青壮年移民的社会融入时间更短，融入程度也更深。青壮年移民本身就对外部世界充满了渴望与需求，中老年移民体力不足，学习能力和对新事物的接纳能力较差，加之其故土情节较深，与青壮年移民相比不具有竞争优势，其适应陌生社会环境的时间相对较长，融入陌生社会环境的过程也更加艰难。

第三节　生态移民社会融入的路径选择

一　正视民族文化差异，促进回汉求同存异

首先要积极引导回汉移民正视民族文化差异与个性，夯实回族移民社会融入的文化基础。在平等互利的前提下，树立中华文化多元一体的意识，

认识中华文化的多元一体特征，承认和尊重回汉民族在发展演进过程中形成的历史传统、生活方式、风俗习惯、价值观念等方面的文化差异与民族特性，形成回汉移民相互理解、相互尊重、相互包容的良好氛围。其次要充分发掘回族传统文化中蕴含的现代政治理念，尤其是伊斯兰教教义中蕴藏的丰富的现代政治文明理念，如和谐观念、人人平等观念、公平正义观念、爱国主义观念等，通过对这些现代政治文明理念的挖掘整理和宣传，深化汉族移民对回族传统文化的认知。最后要以社会主义核心价值观为指导，凝聚回汉民族共同的文化认同与价值认同，增强回汉移民对中华文化的共同认同，从而强化回汉移民间"同休戚、共进退"的紧密联系，为回族移民社会融入创造稳定的民族心理条件。

二 推动后续产业发展，强化精准扶贫力度

在后续产业发展方面，整合各类涉农资金对不适宜耕种的土地进行改良，或面向企业进行大规模土地流转，提高农地产出效益；鼓励移民村引进"政府＋公司＋合作社＋农户"等新型养殖模式，形成"利益共享、风险共担"的利益联结机制，最大限度保护农户利益；发挥市场配置劳动力资源的作用，鼓励劳务经纪人、劳务中介机构等市场载体发展，根据移民特点多渠道促进劳动力输出，增强移民输出靶向性，稳定务工收入，同时鼓励企业入村，在移民村建设特色农产品加工和家庭作坊式企业，解决妇女和中老年劳动力就业问题。在精准扶贫方面，采取多级评议制度，完善扶贫对象识别程序；综合考虑移民家庭资产和户情，通过查收入、查资产和查户情，提高扶贫对象评定精准度；精准确定移民家庭致贫原因，根据因病、因学、因残、因丧失劳动力等不同原因采取与之相对应的扶贫措施。通过发展后续产业和精准扶贫两项措施，在提高移民收入的同时减少其支出，使收支达到平衡，解决经济困难，为社会融入奠定良好经济基础。

三 深化回汉民族认知，着力消除歧视偏见

着力从政治、经济、文化和社会多方面深化回汉移民彼此的认知和了解，创造一个平等、团结、互助、友爱的社会环境，从根本上消除民族间的歧视与偏见。在政治方面，依法全面推进移民村的村民自治工作，强化

村两委建设，通过加大对移民村的资金、人才扶持力度，加强回族干部培养，提高回族干部比例，使回族移民充分参与到乡村民主建设中，获得平等的权利与地位。同时注重提高干部处理回汉矛盾纠纷的能力，"坚决纠正和杜绝歧视或变相歧视少数民族群众、伤害民族感情的言行"，维护回汉民族团结。[①] 在经济方面，公平分配社会资源，根据回族移民自身优势促进其发展经济，在回汉移民共同的经济建设中逐步形成互补互惠的经济结构，缩小民族间经济发展差距，使回汉移民实现共同富裕。在文化方面，通过在重大节庆和民族传统节日举办移民群众喜闻乐见的文化娱乐活动，促进回汉移民及原住居民之间的文化交流，通过良性互动深化彼此的认知和了解，提高移民社区凝聚力。在社会方面，强化民族团结教育，利用各种媒体和渠道，牢牢把握回汉民族"共同团结奋斗、共同繁荣发展"这一主题，推进党和国家的民族理论、民族政策、民族法律法规、民族基本知识宣传，营造回汉移民、移民与原住居民和睦相处、和衷共济、和谐发展的良好氛围。

四　重建社会关系网络，提供必要社会支持

在精神支持方面，对于回族移民，可以根据移民村回族移民教派门宦的归属、人口规模的大小以及迁出区域的不同，合理规划建设清真寺，以宗教信仰为核心重新构建起回族移民的内部联系，使其逐渐获得来自本民族内部的精神支持。此外，激发回族移民与汉族移民及原住居民的共同体意识，"建立起平等的人际网络，实现成员之间的资源互享互换、信息交流和互助，逐渐形成亲缘、地缘和非血缘并重的社会资源配置体系"，[②] 缓解移民的失落感和无助感，助其度过"精神困难期"。在物质支持方面，积极拓宽移民融资渠道，鼓励组建生态移民小额贷款公司，重点支持移民种植、养殖及其他创业项目。同时，鼓励移民安置地银行创新贷款模式，推出"移民贷"等新产品，对融资困难的移民优先安排贷款，提供利率优惠，放宽贷款担保条件，有效破解移民生产资金短缺问题。

---

① 习近平：《明确目标　提高做好民族工作能力水平》，《解放日报》2014 年 9 月 30 日。
② 韦忠仁：《藏族生态移民的社会融合路径探究》，《中国藏学》2013 年第 1 期，第 125 页。

五 创新教育激励机制，提高移民文化技能

建立职业技能培训资金直补机制，将职业技能培训资金直接补贴给移民个人，根据个人时间和意愿，自主选择政府招标的培训机构参加专业培训，政府相关部门对其培训成效进行考核、登记和备案。按照企业用工需求由企业直接培训的回族移民，其培训资金直接补贴给用工企业。同时，对通过职业技能培训获得国家职业资格证书的移民，移民个人可再次获得政府给予的奖励性补贴。建立高等教育激励机制，对义务教育阶段以外继续接受高等教育的移民子女，由政府、村集体、慈善企业和个人共同筹资提供奖励性补助，根据教育层次高低，实施分档补助。通过教育激励机制，激发移民的学习积极性，提高其文化素质和职业技能。

第七章

宁夏生态移民养老保障创新研究[*]

孔丽霞　聂　君

多数生态移民是以家庭为单位实施搬迁的，两代及以上家庭搬迁的情况比较多见。许多老年人跟随自己的子孙从宁夏南部地区搬迁到中北部地区，寄希望于子孙可以摆脱贫困、走向富裕，同时希望自己可以"老有所养"，享受更加优越的养老条件。但调查发现，部分老年移民搬迁后养老条件不仅没有得到改善，反而陷入重重养老困境。只有创新移民个人养老保障机制，才能进一步化解生态移民养老困境。

第一节　生态移民的养老困境

养老保险手续的对接是生态移民这项重大惠民工程的主要内容之一。

---

[*] 本章数据来源于中国社会科学院社会学研究所与北方民族大学社会学与民族学研究所共同主持、联合实施的"宁夏生态移民社会适应与后续产业发展调查"项目。该项目调查范围覆盖宁夏回族自治区的3市5县/区的10个移民村，调查地点包括银川市永宁县闽宁镇木兰村、原隆村，西夏区镇北堡镇团结村、新华村；吴忠市红寺堡区大河乡大河村、红崖村，红寺堡镇梨花村、朝阳村；中卫市沙坡头区宣和镇兴海村，中宁县大战场镇杞海村。回收调查问卷804份。

自第一批生态移民开始，迁入地与迁出地政府之间就开始实施移民养老保险的对接工作。截至调研时，生态移民的养老保险已基本转入迁入地政府，并享受当地城乡居民养老保险待遇。移民迁入地一般是经济较为发达的川区，移民享受到的养老保险待遇更高。虽然移民搬迁后养老保险待遇有所提升，但仍很难满足老年移民日常生活的各项需求。

从收入角度看，除养老保险这一重要收入来源外，老年移民还可以通过从事农业和畜牧业生产、外出打工、子女赡养等方式获得养老保障。

土地是农民赖以生存的重要资源，随着我国粮食产量的逐年增加，粮食作物的价格持续走低，移民农业收入非常微薄。调查发现，2016 年移民迁入区玉米亩产纯收益仅有几百元。相对中青年移民而言，老年移民部分或全部丧失劳动力，随着时间推移，老年移民通过农业生产创收也变得愈加困难。数据显示，2015 年仅有 32.5% 的老年移民有农业收入，多数移民要么撂荒，要么将土地流转给企业进行规模化利用。在被访的十个移民村中，有四个移民村将土地全部流转出去，其中中宁县大战场镇杞海村与企业签订了八年的流转合同，合同规定前四年每人每年每亩地可获得 600 元流转费，后四年增长至 800 元；中卫市宣和镇兴海村每人每年每亩地可获得 400 元流转费。对失地的老年移民而言，每年几百元的微薄收入很难维持其基本生活，更为严重的是，土地流转合同的签订并不能保证流转费用按时兑现给移民，土地已经流转出去，但移民拿不到流转费的情况时有发生。闽宁镇原隆村 W 姓移民说："村上土地流转出去了，但是好几年了一直也没给钱，村上的一些老人也没啥收入，村里组织大家去企业找了几次，至今也没有什么结果。"

搬迁前，许多老年移民通过饲养牛羊等牲畜获得经济收入，但在迁入地社区因庭院狭小等原因，并不具备家庭养殖的条件，生产资金的短缺也导致规模化养殖模式难以推行，多数老年移民基本放弃了养殖创收这一渠道。杞海村 M 姓村民说："搬下山前，自己种的粮食够吃，还有富余，每年养几头牛、十几只羊，还可以收入一两万元。现在搬下来，卫生条件好了，但是地方小了，没法养（牲畜）了。"

还有部分老年移民依靠外出打工创收。数据显示，2015 年有 30.8% 的老年移民有打工收入。但相较青壮年移民，老年移民身体素质差、劳动技能弱，缺乏竞争力，在劳务市场上处于相对弱势地位，很难找到合适的工作。即使少数老年移民仍有能力外出务工，但这种创收方式是难以持续的。红崖村 L 姓移民说："刚搬来的时候，身体还好得很，能干点体力活，去工地上打打零工，这几年身体不行了，还得了病，啥都干不了了，也没啥收入。"

家庭式养老仍是目前绝大多数老年移民最能接受的养老模式，但家庭养老模式的运行需要子女具备足够的经济能力和浓厚的"孝悌"思想。调查发现，因子女无赡养能力或"孝悌"思想淡薄导致老年移民"老无所养"的现象比较突出，尤其是对已经丧失劳动能力的老年移民而言，多数只能依靠社会救助维持基本生活。梨花村 H 姓移民说："我们回民一般是小儿子养老，现在小儿子和儿媳都出去打工了，这几年打工难，挣不上什么钱，他们自己花都不够，也给不了我们什么钱，他们不问我要钱就很好了。"

从支出角度看，老年移民的日常支出主要用于饮食、医疗、婚丧嫁娶和照看子孙等方面。老年移民的饮食支出占日常支出的比例较小，多数老年移民仍从事农业生产，其自产粮食基本可以满足家庭饮食需要。但对失地老年移民而言，饮食支出较多。兴海村 H 姓移民说："以前在老家还有地，虽然是山地，但打的粮食够吃，还能有富余，搬过来以后没有地种，粮食和菜都要买着吃，贵得很。"

医疗支出也是老年移民日常支出中的常项。目前，多数移民已参加了城乡居民基本医疗保险，在住院医疗方面可以获得较高比例的报销费用，但对于日常的非住院医疗花费，老年移民仍要承担大部分甚至全部费用。尤其是对一些有慢性病，需要长期服药的老年移民而言，每个月的医疗费用就占去了其日常支出的大部分。大河村 N 姓移民说："我和老伴都有慢性病，每个月都要吃药，这些药也不能报销，但又不能不吃，平时都省着花钱，生怕不够钱吃药。"

老年移民比较重视婚丧嫁娶这类重大家庭事项，虽然这类重大家庭事项并不常有，但一旦发生就会使家庭财富减少，甚至使一个家庭背负大量债务，而发生的债务往往由老年移民承担，这无疑会降低老年移民的养老质量。固原地区的婚嫁习俗中对彩礼的要求比较高，一般男方要给女方 10 万~20 万元的彩礼。虽然移民已从固原地区迁出，但婚嫁习俗基本没有受到影响。华西村 M 姓移民说："去年儿子结婚，找的是海原的姑娘，彩礼给了 15 万元，加上杂七杂八的，不加房子，光结婚就花了 20 多万元，家里的钱都花光了，还跟亲戚借了五六万元。"

搬迁后，多数青壮年移民常年在外务工，抚养子女的责任完全由家里的留守老年移民承担。老年移民除要负担自己的日常支出外，还要抚育儿女的后代。木兰村 M 姓移民说："儿子儿媳都出去打工了，孙子孙女留给我们看，光看孩子也倒没什么，还要给孩子花钱，现在孩子金贵，哪天都少不了几块钱，每个月都得一两百元地花。"

从以上分析可见，现阶段，老年移民陷入严重的养老困境。一是受自然资源以及移民自身条件限制，部分老年移民在种植业和养殖业方面创收困难，也无法通过外出务工获得稳定的劳务收入，传统"孝悌"观念的弱化导致子女为老年移民提供经济、生活支持的力度不足。二是土地的丧失、医保政策的不健全、传统习俗的延续和家庭责任的转移导致老年移民生活支出较大。老年移民收入少、支出多，多数人只能依靠政府提供的基本养老金为生，维持较低生活水平。要改变老年移民的养老困境，必须努力提高其收入，但鉴于自然资源和自身条件的局限，帮助老年移民发展种养殖业和劳务产业实现创收并不可取，关键在于优化移民个人养老保障机制，探索出一条"项目收益提取、政府补贴与移民个人缴费相结合"的新路子，如此才能有效化解老年移民的养老困境。

第二节　构建生态移民个人养老保障机制的必要性

一　构建移民个人养老保险制度，强化老年移民生活信心

宁夏生态移民是由政府主导的大规模政策性移民。易地迁移带来了社会环境、生产生活方式的改变，使移民丧失了部分自我保障的能力。老年移民搬迁后面临各种不可预知的经济风险，没有足够的经济来源也就无法满足基本的生活需要。为保证生态移民的顺利实施，首先必须从政策上寻找解决移民养老问题的出路，构建移民个人养老保险制度，增强老年移民的生活信心。

二　构建最优化移民个人养老保险模式，确保移民"稳得住"

虽然从中央到地方各级政府都设立了专门的移民工作管理机构，在移民安置规划、移民搬迁实施、移民后续产业发展等方面做了大量工作，但由于移民安置补偿政策的缺位和实施力度不够、经济基础薄弱、交通通信不便、基础设施和技术管理落后、人员素质较低等不利条件的影响，移民生产生活条件改善、提升不明显，有些家庭甚至难以维系最基本的生产生活需要。尤其是部分老年移民，他们的生活水平尚不及搬迁前，以致返迁原居地或二次搬迁的事情时有发生。为此，要构建最优化的移民个人养老保险模式，实行一次性缴纳和个人继续缴纳相结合的方式，让老年移民可以在搬迁后就享受到养老保障，使其安心居住下来，老有所养。

三　为移民妥善安置及后续发展解除后顾之忧，使移民全心全意投入脱贫生产

生态移民搬迁对象涉及各年龄阶段，对中青年移民而言，在搬迁后，他们不仅面临发展生产的问题，还必须承担起扶老携幼的重担。由于大部分移民受教育水平低，自我发展能力较差，移民本身家庭经济条件不好，搬迁后，移民在劳动生产、子女教育、家庭养老、医疗保健等方面投入大量资金，负担加重，以致部分移民生产生活出现困难，严重影响了后续发展。通过构建移民个人养老保障机制，可以在家庭养老方面减轻移民的经济负担，使其有更多的资金投入经济生产中，这将成为移民脱贫致富的有力保障。

四　将移民个人养老保险打造成示范性项目，产生良好的示范效应

目前，在我国中西部地区实施了大量的生态移民项目，产生了数以万计的移民，他们为国家生态环境的恢复和经济建设做出了一定贡献，但其养老保障问题没有得到很好的解决，这突出表现在养老保险给付标准偏低，养老保险基金筹集渠道偏少、分配比例不合理，养老保险基金风险规避措施缺失等方面。针对以上不足，应从移民、政府、项目业主等几个层面出发，综合考虑移民个人基本生活水平、安置区经济发展水平、政府财政能

力、项目业主收益水平等，构建"移民满意、政府认可、业主可承受"的移民个人养老保障机制，将其打造成移民妥善安置及后续发展的示范性项目，为全国相关领域和区域的移民个人养老保险事业发展提供借鉴。

第三节　构建生态移民个人养老保障机制的原则

一　依法制定移民个人养老保险制度原则

遵循有关法律、法规、条例，是制定移民养老保险制度的应有之义。我国现阶段执行的有关水库移民的相关政策主要包括《关于易地扶贫搬迁试点工程的实施意见》《劳动保障部关于切实做好被征地农民社会保障工作有关问题的通知》《退耕还林条例》《国务院关于开展新型农村社会养老保险试点的指导意见》等。以上政策法规与生态移民的社会养老保障制度密切相关，所以在设计养老保险制度时首先应当遵循这些政策法规。

二　适当提高移民保障水平原则

生态移民实施在很大程度上有赖于移民所做的牺牲，这种牺牲理应得到相应回报。所以，在设计移民养老保险制度时，必须保障移民基本生活水平不低于搬迁前。同时，养老保障水平必须适应安置地的经济发展水平，充分考虑到当地物价等经济因素，使移民养老保险金给付标准既不落后于当地的经济发展水平，又不超出地方政府等各方面的承受能力。

三　动态性原则

移民安置区的经济发展水平不是一成不变的，移民养老保障水平与当地经济发展水平相适应的原则决定了移民养老保障水平必须具备一定的动态性。需要在移民养老金给付标准基准年基础上，利用动态模型测算目标年的养老保险金水平，并适时调整，使移民生活在动态变化的社会经济发展中，真正实现老有所养，分享到经济发展成果。

四　合理分担原则

移民个人、中央和地方政府、集体经济组织、项目业主等主体应合理分担责任，权利与义务相适应，探索出一条政府补贴、项目收益提取、集体经济组织补助、移民个人与子女缴费相结合，社会统筹与个人账户相结合，促进移民养老滚动发展的新路子。

五　移民分享有关项目收益原则

移民搬迁为宁夏生态恢复和区域经济发展做出了一定牺牲，理应享受迁出区有关项目收益，从而维护移民的发展权和福利权。因此，可以从有关项目效益中提取一定比例资金用于移民养老保险基金。

六　强制性原则

因经济发展水平限制，部分移民参保意愿不强，农村集体经济组织和地方政府也不愿为移民缴纳养老保险金，如此势必影响移民群体的切身利益。所以，对于移民基本养老保险，应实行强制性原则，对超过基本需要的部分，则采用政府主导和移民自愿相结合的方式，引导移民普遍参保，提高保障水平。

七　属地管理原则

为避免多头管理弊端，生态移民养老保险基金的管理和运营应实施集中操作，由宁夏回族自治区政府确定基本原则和主要政策，各地方政府制订具体办法，对参保移民实行属地管理。

第四节　生态移民养老保障机制创新方案

一　移民养老保险适用对象

移民养老保险政策应遵循移民"养老、扶中、促青"的原则，对男性年满 60 周岁、女性年满 55 周岁及以上的移民实行基本生活保障；对年满

16 周岁，男性不满 60 周岁、女性不满 55 周岁的移民实行基本养老保险。符合参加基本养老保险条件的移民可分为三类：一是移民中男性年满 60 周岁或女性年满 55 周岁及以上参加基本生活保障安置的人员，即养老移民；二是移民中年满 16 周岁，男性不满 60 周岁、女性不满 55 周岁参加基本养老保险的人员，即中青年劳动力移民；三是移民中重度伤残、丧失劳动能力的人员，即保养移民。

二　移民个人基础养老保险给付标准

养老保险的目的是保障老年人的基本生活需求，为其提供稳定可靠的生活来源。对生态移民而言，养老保险制度是为保证其年老后的基本生活而建立的一种社会保险制度。所以，养老保险给付标准应该满足其基本生活需求，以移民生活消费支出作为基本生活标准。生态移民工程实施后，移民失去原有土地及其他生活资源而变成相对弱势群体，抵御各种社会风险的能力减弱，生产生活也面临一定困难，所以不能简单地以移民平均生活消费支出作为其基本生活标准，而应适当提高移民养老保障水平。因此，应将移民养老保险月给付标准设定为中等偏上户的家庭人均月生活消费支出，即移民家庭月人均生活消费支出额的 60%。

移民个人基础养老保险金测算静态模型为：

$$W = （Y_1 + Y_2 + Y_3 + Y_4 + Y_5 + Y_6 + Y_7 + Y_8） \times 60\% \tag{1}$$

其中 W 为移民月养老保险金，Y_1 = 衣着消费，Y_2 = 居住消费，Y_3 = 交通通信消费，Y_4 = 食品消费，Y_5 = 文化娱乐消费，Y_6 = 家庭设备用品服务消费，Y_7 = 医疗保健消费，Y_8 = 其他消费。

移民个人基础养老保险金不是一成不变的，需要根据经济发展和物价变动情况进行适时适当调整，以保障移民个人基础养老保险金的购买能力。为此，依据动态性原则引入消费物价指数 P_i。

$$P_i = P_{is} / P_{io} \tag{2}$$

其中 P_{is} 为移民安置区目标年消费物价指数，P_{io} 为移民安置区基准年消费物价指数。

通过引入消费物价指数 P_i，得到移民个人基础养老保险金测算动态模型为：

$$W_{动} = （Y_1 + Y_2 + Y_3 + Y_4 + Y_5 + Y_6 + Y_7 + Y_8）\times P_i \times 60\% \tag{3}$$

按照规范社会学抽样比例 1%~3%，以 16 周岁及以上的移民为抽样总体，通过随机抽样的方式，抽取样本 804 个。通过调查 2015 年移民月人均生活消费支出为 1179 元，将数据一次性代入公式（1）得：

$$W_{2015} = 1179 \times 60\% \approx 707$$

所以，根据 2015 年移民年人均生活消费支出情况，2015 年移民个人基础养老保险给付标准应为 707 元。之后，每年养老保险给付标准应随着物价水平，根据公式（2）进行适当调整。

移民按照 2015 年确定的养老保险给付标准，乘以计发月数，得出养老保险金总额，实行一次性缴费后，便可直接享受政府计发的养老保险金。计发月数是以移民年满 60 周岁为起点计算剩余寿命的月数。2015 年，宁夏人均寿命约为 75 岁，以此为标准则移民养老金计发月数应为 180 个月，每个移民所需养老保险金总额为 127260 元。

三　移民个人养老保险资金来源

移民个人基础养老保险资金来源包括移民个人及其子女缴纳、项目收益、国家和移民安置区政府缴费三部分，体现"多方共担"的基本原则。

（一）迁出地生态补偿项目收益可用于支付养老保险的资金

目前，移民迁出区闲置土地基本用于生态恢复，宁夏回族自治区可在该地区实施生态补偿项目，如泾河流域跨省水环境生态补偿项目、六盘山森林碳汇市场交易项目。通过生态补偿项目的实施，可从周边省区或全国其他省区获得生态补偿资金，并提取部分资金用于支付移民养老保险资金。

（二）国家及移民安置区政府可用于补贴养老保险的资金

国家和移民安置区政府缴费资金主要来源于政府用于统筹城乡居民养老保险的财政专项支出。2015 年，宁夏城乡居民基本养老保险金调整为每人 134 元/月，这部分资金可用于补贴老年移民养老保险金。

（三）移民个人可用于缴纳养老保险的资金

移民个人缴费资金来源于两部分：一是搬迁时按照《自治区人民政府印发关于加强生态移民迁出区生态修复与建设意见的通知》等有关规定，给予移民迁出区"四旁"林木的补偿和在原居住地享受退耕还林、退牧还草政策搬迁农户的补偿；二是移民自有资金。所有缴纳的资金全部计入移民个人账户。

此外，针对移民子女赡养力度不足的问题，还可以设立家庭养老孝心基金，作为移民养老保障机制的补充。原则上每位60岁以上移民的子女每月缴纳赡养资金应不低于100元，并由移民所在县级政府出资，引导爱心企业和个人捐资，共同设立专项基金，根据一定比例对子女每月缴纳的孝心资金进行补助奖励。

四　中青年移民继续缴费参保意愿及缴费标准

对于中青年劳动力移民而言，因经济发展与物价变动等因素的影响，一方面，一次性缴纳的养老保险金的购买能力可能会有所下降，另一方面，一次性缴纳的养老保险金很难满足移民日益增长的物质文化需求。所以，对中青年劳动力移民继续缴费参保意愿及缴费标准的调查，有助于确定是否采取一次性缴费和个人继续缴费相结合的方式，以及制定合理的缴费基本标准。

（一）移民个人继续缴费意愿调查

由表7-1可见，在所有被访移民中，有86.81%的被访移民明确表示愿意继续缴纳参保费用。这表明多数移民愿意通过个人继续缴纳养老保险金的方式进一步提高老年生活质量。

表7-1　移民个人继续缴费意愿调查统计

单位：%

意愿	非常愿意	比较愿意	不太愿意	很不愿意	说不清
占比	26.74	60.07	6.96	2.00	4.23

（二）移民个人继续缴费标准调查

目前，根据《宁夏回族自治区人民政府关于统筹城乡居民社会养老保险试点的实施意见》（以下简称《意见》），个人缴费标准设为 100~2000 元 12 档，但这一缴费标准是在宁夏基础养老金最低标准为 100 元基础上设定的，而移民基础养老金为 707 元，远超过宁夏基础养老金最低标准，所以以上 12 档标准不一定符合移民的实际需要。针对有继续缴费意愿的移民，对其每月愿意缴费金额进行调查，结果显示，近 95% 的数据集中在 100~1400 元，据此可设计出移民个人继续缴费标准，并按不同缴费标准，设定移民安置地政府给予的补贴标准。继续缴费具体标准从 100 至 1400 元不等，分为 100 元、200 元、300 元、400 元、500 元、600 元、700 元、800 元、900 元、1000 元、1100 元、1200 元、1300 元、1400 元 14 个档次。在政府补贴上则参照《意见》中的补贴标准，100 元给予 30 元补贴，档次每增加 100 元，补贴增加 10 元。另外，1000 元以上档次，每增加 100 元，补贴增加 5 元（具体情况如表 7-2 所示）。

表 7-2 政府补贴对应缴费档次标准

单位：元

缴费档次	100	200	300	400	500	600	700	800	900	1000	1100	1200	1300	1400
补贴标准	30	40	50	60	70	80	90	100	110	120	125	130	135	140

综上所述，对于养老移民和保养移民，应实行一次性缴费，纳入统筹账户，并于缴费次月按月领取养老金；而对于中青年移民，应实行一次性缴费和个人继续缴费相结合的方式，一次性缴费纳入统筹账户，个人继续缴费纳入个人账户，在移民达到养老年龄后从统筹账户和个人账户按月领取养老金。

五 移民个人养老保险资金筹集方案

（一）统筹账户养老保险资金筹集方案

统筹账户养老保险资金应采取项目收益提取、移民个人缴纳与政府补贴相结合的方案，但在分摊比例上要符合"受损方少承担、受益方多承担"的原则。因移民是利益受损方，所以分摊比例不应超过 30%，政府作为受益方，分摊比例应超过 30%。限于三方各自能提供的资金总额，移民个人缴纳、项目收益和政府补贴三部分应分别承担移民个人基础养老保险资金的 20%、30% 和 50%。

（二）个人账户养老保险资金筹集方案

根据统筹城乡居民社会养老保险的有关规定，居民采取自愿参保，个人按缴纳标准出资，政府根据不同标准给予相应补贴的方法筹集个人账户养老保险资金。移民个人出资部分完全由移民自己承担，缴纳标准视移民个人经济承受能力而定。按照移民意愿制定的个人缴费标准为 100～1400 元 14 个档次，对应补贴标准从 30 元至 140 元不等。关于养老金计发办法，参照国家及宁夏城乡居民基本养老保险制度的有关规定，个人账户养老金的月计发标准为个人账户全部储存额除以 139。领取养老金超过 139 个月后，由政府出资继续按月拨付。

六 移民个人养老保险基金转移接续、运营与监管

鉴于生态移民的特殊性，必须单独建立移民个人养老保险基金，并独立运营和管理。

（一）移民个人养老保险基金的转移接续

移民一次性缴纳的资金纳入统筹账户，一次性缴纳资金是强制性的，惠及每一个年满 16 周岁的移民。所以，一次性缴纳资金并不涉及移民搬迁前参与的养老保险金。而对于移民自愿继续缴纳部分，应采取"原路返还，另起炉灶"的做法。社保部门应将移民搬迁前所缴纳的养老保险金全部返还给移民，返还部分只包括移民个人缴纳部分及其收益。有继续缴纳意愿的移民，可将这笔返还的养老保险金用于安置移民个人养老保险基金的继续缴纳部分，纳入个人账户。

（二）移民个人养老保险基金的运营与管理

可由宁夏回族自治区政府成立专门负责移民个人养老保险基金的管理机构将基金委托给商业银行管理，由商业银行负责选择符合条件的私营机构对基金进行投资，确保基金的保值增值。基金的所有权与经营权分离，基金的法人是政府社会保障基金管理机构，基金的保管人是商业银行，基金的投资人是符合条件的私营性投资机构。

（三）移民个人养老保险基金的监管

构建专门的监管体系，建立以宁夏回族自治区政府基金管理机构、移民代表以及其他社会公益组织成员共同组成的监督委员会，监督基金的运营、管理和分配，维护各方的利益，加强财政、审计、司法、监察部门和社会舆论的监督力度。

"老有所养"是建设和谐移民新村的重要目标之一。现阶段，宁夏生态移民遭遇了多重养老困境，只有不断探索创新移民养老保障机制，才能使移民实现老有所依、老有所乐、老有所安。创新移民养老保障机制的关键在于多方筹措资金，提高移民养老标准，同时要强化移民子女对老人生活上的照料和精神上的慰藉，履行赡养老人的义务。只有全社会共同参与构建移民养老保障机制，才能解除移民的后顾之忧。

案例研究1:
生态移民社会适应性预测及分析

——以大柳树水利枢纽工程移民为个案

聂　君　任志军

大柳树水利枢纽工程位于宁夏中卫市境内的黄河干流黑山峡河段,是黄河上游最后一个能建高坝大库的理想坝址。该工程作为西部大开发中的一项重点工程,对推动宁、陕、甘、内蒙古等周边省区的经济发展具有重要的战略意义。而该工程能否顺利实施,首先取决于能否顺利完成移民安置。这些移民将被部分或全部安置在宁夏境内的生态移民区,所以,大柳树水利枢纽工程移民也是宁夏生态移民的一部分。库区淹没将直接影响到甘宁两省区7万多人的切身利益,他们将为工程实施做出巨大贡献,国家及安置区政府理应采取必要措施帮助他们尽快适应新的环境,恢复到搬迁前的生产生活水平。大柳树移民的社会适应是其在迁入地获得物质和精神满足的基本前提,对移民社会适应性的预测及影响因素分析,有利于制定具有针对性的移民安置与发展策略,可以使其尽快融入安置地社会生活,逐步实现致富奔小康的目标。在新的社会情境中,移民与原住民多方面的差异将可能引起彼此心里和行为上的反差与不适,导致一定的矛盾和冲突,从而影响安置区社会的和谐稳定。通过提前预设方案引导移民群体和原住民群体彼此适应,有助于缓解移民行为给双方生存和发展带来的不适,维护当地民族团结与社会稳定。

第一节　待迁移民社会适应性预测

一　身体对自然环境的适应

移民来自甘肃临近宁夏地区及宁夏中卫地区，其迁入地或在甘肃迁出地周边，或在宁夏境内。与迁出地相比，迁入地的自然环境有所改善。尤其是银川作为平原地带，地势平坦、沟渠纵横、气候宜人，非常适宜移民居住。所以，移民搬迁后将会很好地适应当地自然环境。

二　饮食的适应

地理环境与农业产业结构密切相关。迁入地农田以水浇地为主，少数待迁移民的饮食对象将由旱作农业农作物向水浇农业农作物转变。调查显示，72.93％的待迁移民认为他们的饮食结构仍将"以米面和蔬菜为主，肉类为辅"，能较好地适应迁入地饮食结构。尤其是回族移民的饮食禁忌使其饮食结构保持了较好的延续性，宁夏作为回族聚居区也为其提供了较好的饮食环境。

三　衣着的适应

移民迁出地与迁入地民众衣着没有显著差别。受现代社会的影响，即使是回族移民，他们在日常生活中也很少穿着民族服饰，他们与汉族人在衣着上的区别仅在头饰上。

四　住房的适应

近年来，随着生态移民工程的不断推进，宁夏回族自治区政府开始有计划地兴建移民新村，房屋及其配套设施严格按照规划方案执行。如按"十二五"期间宁夏生态移民安置房建设标准，每户仅有54平方米，大柳树待迁移民人均居住面积将大幅降低，这会给人口较多的家庭造成一定困扰，导致移民出现居住不适。

五　交通的适应

大柳树移民将被安置在地势较为平整的地区，尤其是宁夏中北部地区，交通发达，相比移民迁出地交通条件更优。良好的交通条件、多样化的交通工具将给他们的生产生活带来极大的便利。

六　生产技术条件的适应

地理环境的改变对农业发展提出了更高的要求，待迁移民生产技能也需要相应提升。对此，迁入地政府将会采取多种措施强化移民的生产技能，但48.55%的待迁移民表示，"由于自身文化素质不高，对现代化、机械化的耕作技术、灌溉技术不太熟悉，技能学习上可能会存在一些问题"。

七　人际关系的适应

移民搬迁后，原来的熟人社会将不复存在，相对稳定的社会网络也将瓦解，在搬迁后的较长时间内，移民之间、移民与原住民之间建立起关系和信任并不容易。尤其是劳务移民，他们的移民身份往往会遭受城市居民的偏见和歧视，人际关系适应将面临一定挑战。

八　民族关系的适应

在宁夏回族自治区，回汉民族关系是社会关系的重要组成部分。待迁移民如进入宁夏安置，将与回族群众发生广泛而深入的接触。由于回汉民族在宗教、饮食、风俗习惯上的较大差异，32.28%的被访汉族待迁移民表示，"与回族民众接触会存在一些顾虑"。汉族待迁移民与回族原住民之间将会出现一定的交往困难或不适。

九　风俗习惯的适应

"十里不同风，百里不同俗"，移民迁入地与迁出地在地理位置上较近，两地风俗习惯有所差异，但并不明显。调查显示，72.27%的待迁移民认为，"搬迁后，能较好地适应迁入地的风俗习惯"。对汉族待迁移民而言，风俗习惯的核心内容是基本一致的，不同的只是某些表现形式；对回族待迁移民而言，其风俗习惯多与宗教信仰相关，回族作为一个信仰伊斯兰教的民族，不论其身处何地，他们遵循的都是基本相同的风俗习惯。因此，无论是回族还是汉族待迁移民，多数人认为将会较好地适应迁入地的风俗习惯。

十　心理层面的适应

心理适应是社会适应的最高层面，移民的社会适应是一个由外而内、纵深推进的过程。搬迁初期，安土重迁的传统观念将使部分移民在潜意识层面仍停留在迁出地的社会生活中。只有随着时间的推移，以及某些政策措施的推动，移民才会逐渐强化对迁入地社区的认同感和归属感。

第二节　待迁移民社会适应影响因素分析

我们将原始问卷中的选项转化成待迁移民社会适应影响因素，并利用二元 logistic 回归模型对影响待迁移民社会适应的因素进行筛选。二元 logistic 回归模型如下：

$$\ln\left(\frac{p}{1-p}\right) = \alpha + \beta_1 x_1 + \beta_2 x_2 + \cdots + \beta_m x_m$$

在模型中，因变量为待迁移民对搬迁后自身适应能力的预估，适应为 2，不适应为 1。模型中相关变量描述如下，性别：男 = 2，女 = 1；民族：汉族与其他民族 = 2，回族 = 1；受教育程度：小学及以上 = 2，文盲半文盲 = 1；外出务工经验：有 = 2，无 = 1；居住环境：好 = 2，不好 = 1；基础设施：好 = 2，不好 = 1；养老保险：有 = 2，无 = 1；医疗保险：有 = 2，无 = 1；迁移距离：近 = 2，远 = 1；集中安置：是 = 2，否 = 1；移民期待：高 = 2，低 = 1；发展资金：多 = 2，少 = 1；社会偏见：强 = 2，弱 = 1；生产技能：强 = 2，弱 = 1；城镇吸纳劳动力能力：强 = 2，弱 = 1；交往意愿：强 = 2，弱 = 1；家庭土地质量：中等及以下 = 1，肥沃 = 2；水资源情况：充足 = 2，不充足 = 1；家庭土地面积（亩）、家庭住房面积（平方米）、移民时间（年）、年龄为连续变量。

$0.01 < p < 0.05$ 表示影响比较显著的自变量，$p < 0.01$ 表示影响非常显著的自变量，将各变量一次性代入模型进行分析，结果如表案 1 - 1 所示。

表案 1-1　logistic 模型分析结果

	p 值							
	不同迁移意愿待迁移民		不同安置方式待迁移民		不同民族待迁移民		不同年龄待迁移民	
	愿意迁移	不愿意迁移	农业有土安置	劳务无土安置	回族	汉族等民族	50周岁以下	50周岁及以上
性别	0.096	0.569	0.371	0.525	0.785	0.650	0.556	0.812
年龄	0.154	0.337	0.409	0.091	0.464	0.332	—	—
民族	0.867	0.551	0.127	0.086	—	—	0.792	0.067
受教育程度	0.885	0.370	0.581	0.662	0.480	0.077	0.341	0.082
外出务工经验	0.045	0.023	0.064	0.018	0.029	0.037	0.031	0.078
居住环境	0.569	0.025	0.128	0.651	0.387	0.224	0.385	0.455
基础设施	0.258	0.041	0.274	0.657	0.540	0.094	0.483	0.511
养老保险	0.009	0.012	0.008	0.000	0.009	0.007	0.305	0.001
医疗保险	0.223	0.696	0.505	0.221	0.236	0.904	0.559	0.613
迁移距离	0.058	0.764	0.258	0.433	0.649	0.221	0.641	0.029
集中安置	0.329	0.117	0.599	0.277	0.040	0.578	0.095	0.336
移民期待	0.023	0.017	0.035	0.029	0.032	0.040	0.038	0.098
发展资金	0.067	0.085	0.019	0.014	0.162	0.071	0.663	0.410
社会偏见	0.225	0.098	0.081	0.021	0.064	0.097	0.129	0.351
移民时间	0.039	0.156	0.028	0.017	0.022	0.034	0.046	0.041
生产技能	0.099	0.076	0.002	0.000	0.285	0.128	0.452	0.268
城镇吸纳劳动力能力	0.189	0.536	0.651	0.002	0.583	0.384	0.752	0.256
交往意愿	0.255	0.648	0.152	0.853	0.008	0.645	0.221	0.694
家庭土地质量	0.020	0.032	0.019	0.081	0.046	0.036	0.025	0.011
家庭土地面积	0.552	0.856	0.337	0.214	0.805	0.420	0.091	0.664
家庭住房面积	0.000	0.001	0.005	0.003	0.007	0.005	0.003	0.001
水资源情况	0.002	0.004	0.009	0.057	0.007	0.002	0.073	0.003

$^{*} p < 0.1, ^{**} p < 0.05, ^{***} p < 0.01$。

1. 对不同类型移民有共同显著影响的因素分析

（1）外出务工经验变量。调查显示，有外出务工经验的人，眼界更开阔、思维更活跃，搬迁带来的潜在激励将更加明显。而且，较之在临近迁出地务工的待迁移民，有本省其他地区或外省务工经历的待迁移民社会适应能力更强。

（2）养老保险变量。随着传统"子女养老"观念的淡化，全民覆盖的养老保险是达成"老有所养"目标的重要手段。而搬迁后生活的不可预知性更使养老保险成为待迁移民打消生存顾虑的重要前提条件。

（3）移民期待变量。待迁移民对搬迁后新生活的期待越高，越不能适应迁入地社会环境。虽然移民迁入地政府将会采取各种措施和优惠政策帮助移民安置，但在后续发展中移民仍将面临不少问题，并且这些问题在短时期内难以得到较好解决。现实与预期的落差往往使迁入移民在面临具体问题时显得手足无措，不能很好适应。

（4）移民时间变量。移民时间越长，越能适应迁入地社会环境。"移民进入新的社会环境后，在较长的一段时间内其对当地社会环境的满意度会出现较大波动"，[①]"特别是移民外迁的早期阶段，是移民适应外地生活最重要的时期，稍有不慎，便可能引起移民返迁问题"。[②] 随着移民迁入时间的延长，他们对当地社会环境的态度将趋于理性，情绪会变得比较平稳，并将逐步适应迁入地的社会环境。

（5）家庭土地质量变量。迁入地土地质量越好，待迁移民越能适应迁入地社会环境。宁夏北部平原区、中部风沙干旱带以及南部黄土丘陵区土地质量差别明显，而人均土地面积在搬迁前后不会有较大变化，家庭土地质量对待迁移民社会适应的影响要比土地面积显著得多。

（6）水资源情况变量。迁入地水资源越充足，待迁移民越能适应迁入地社会环境。宁夏北部得黄河之利，水源充沛，而中南部地区缺水情况较为严重。待迁移民十分关注迁入地的水资源情况，会极力避免水资源匮乏给他们生产生活带来的不便。

（7）家庭住房面积变量。家庭住房面积越大，待迁移民越能适应迁入

---

① 束锡红：《宁夏南部山区回族聚居区生态移民的社会适应研究》，《北方民族大学学报》2015 年第 4 期。

② 陈金明、李卫群：《非自愿移民安置模式的理性审视与创新选择》，《三峡大学学报》（人文社会科学版）2010 年第 3 期。

地社会环境。参照宁夏生态移民 40～54 平方米/户的标准,《宁夏"十二五"中南部地区生态移民规划》中劳务移民周转房每套为 40 平方米,生态移民住房每套为 54 平方米。对多数待迁移民而言,两代或三代多口共居的情况使其对家庭住房面积有着更高的要求。

2. 对不同搬迁意愿待迁移民有显著影响的因素分析

(1) 居住环境变量。迁入地居住环境越好,待迁移民越能适应迁入地社会环境。居住环境差将会给待迁移民带来最直观的不适感,迁入地居住环境差于迁出地可能会直接导致已搬迁移民的返迁或二次搬迁。

(2) 基础设施变量。迁入地基础设施越完善,待迁移民越能适应迁入地社会环境。移民迁入一个陌生的新环境中会遭遇很多困难,基础设施的不完善将进一步加剧待迁移民搬迁后的不适感,甚至导致其产生不满情绪。

3. 对不同安置方式待迁移民有显著影响的因素分析

(1) 发展资金变量。发展资金越充足,待迁移民越能适应迁入地社会环境。待迁移民搬迁后会获得适当的一次性补偿(安置补偿、征地补偿)及长期的国家补偿(水库移民补偿),但这些补偿难以满足后续产业发展的资金投入需求。尤其是对有创业意愿的移民而言,缺乏有效的融资渠道往往成为其创业失败的主要原因。

(2) 生产技能变量。生产技能越强,待迁移民越能适应迁入地社会环境。搬迁后,移民除继续从事农业外,部分移民会向第二、第三产业转移。相较农业,第二、第三产业对生产技能要求更高,无论从事何种职业,只有具备较强的生产技能,才能获得较高的经济收入,维持基本生活的同时,尽快脱贫致富。

(3) 社会偏见变量。社会偏见对劳务无土安置移民社会适应有比较显著的影响。社会偏见程度越深,待迁劳务移民越无法适应迁入地社会环境。城市居民有时会持有一种既定的偏见,这种偏见往往使劳务移民感到明显的不适应和局促,导致他们很难对城镇产生安全感和归属感。

(4) 城镇吸纳劳动力能力变量。城镇吸纳劳动力能力对劳务无土安置移民社会适应有非常显著的影响。城镇吸纳劳动力能力越强,劳务移民越能适应迁入地社会环境。劳务移民实行的是无土安置,其生活来源基本依赖务工收入。因此,迁入地第二、第三产业的发展情况,及各产业可以提供的就业岗位多少影响着劳务移民搬迁后的就业情况。

4. 对不同民族待迁移民有显著影响的因素分析

（1）集中安置变量。集中安置对回族待迁移民社会适应有比较显著的影响。回族待迁移民搬迁后居住得越集中，他们越能适应迁入地社会环境。"自古以来，回族人就有围寺而居的生活习惯。清真寺作为回族举行宗教仪式的场所，不仅处于他们生活家园的核心位置，更是他们精神家园的重要象征。"[①] 因此，集中居住无疑有助于维护其宗教信仰、缓解其心理层面的不适。

（2）交往意愿变量。交往意愿对回族待迁移民社会适应有非常显著的影响。回族待迁移民与他族民众交往意愿越强烈，越能适应迁入地社会环境。交往意愿对移民交往行为的产生起决定性作用。调查显示，回族待迁移民与他族的交往意愿弱于他族待迁移民与回族的交往意愿。交往意愿不强将对待迁移民搬迁后的社会适应造成一定阻碍。

5. 对不同年龄待迁移民有显著影响的因素分析

迁移距离变量。迁移距离对老年待迁移民的社会适应有比较显著的影响。迁移距离越近，老年待迁移民的社会适应能力越强。老年待迁移民有较强的故土情结，这种对故土的依恋情感会随着迁移距离的增加而愈加强烈，使其缺乏对迁入地的认同，造成心理层面的不适。

第三节　促进待迁移民社会适应的对策建议

待迁移民在搬迁意愿、期望安置方式、民族构成、年龄构成方面的不同，导致影响其社会适应的因素也不尽相同。在对策的具体设计中，除提出普适性对策外，还必须根据不同类型待迁移民社会适应的需要，提出差异化对策。

一　普适性对策

（一）利用大柳树水利枢纽工程收益，建立移民养老保险机制

应单独建立移民个人养老保险基金，并独立运营和管理。在适用对象

---

① 冯雪红、聂君：《宁夏回族生态移民迁移意愿与迁移行为调查分析》，《兰州大学学报》（社会科学版）2013 年第 6 期。

方面，凡男满 60 周岁、女满 55 周岁及以上的移民实行基本生活保障；其余 16 周岁以上的移民实行基本养老保险。在给付标准方面，应该满足移民基本生活需求，养老保险金月给付标准设定为中等偏上户的家庭平均每人的月生活消费支出，并根据经济发展和物价变动情况进行适时适当调整。养老保险资金的来源应包括移民个人缴纳、大柳树水利枢纽工程收益、国家和移民安置区政府补助三部分，承担比例分别为 20%、10% 和 70%。

（二）修建水利设施，整理土地资源，保证大农业安置方案的实施

除少部分劳务移民外，大部分移民在安置区以大农业安置为主。如在实行甘肃移民宁夏安置方案地区，农业移民将被安置在连湖农场等五地，由于为移民划拨和调配的土地多属荒地和牧草地，需要对其进行改造和改良，使之满足灌溉要求和耕作条件。在实行省（区）内移民安置方案地区，如靖远县双龙、兴隆、东湾等乡镇的库区周边，应根据地形条件，修建小型提灌站，采取土地整治等措施，发展灌溉农业。对外迁移民安置区，如景泰县的大格达提灌区等，应提前开展土地整治，建设提灌工程，挖潜配套，发展灌溉农田，为移民安置创造条件。通过发展灌溉使每个移民保证得到 1.5 亩水浇地。

（三）合理规划住房面积及资金筹集渠道，切实解决移民住房困难

在人均住房面积方面，农业移民人均应不低于 14 平方米，不高于 18 平方米；劳务移民人均应不低于 10 平方米，不高于 14 平方米，以切实解决二代或三代多人住房问题。在建房资金方面，农业移民住房由政府、农户及项目业主三方共同出资，政府补助部分不低于 70%，其余部分由农户及项目业主共同筹集，产权归农户所有，移民住房 10 年内个人不准出租、转让；劳务移民建房资金中自治区、市县和项目业主承担比例分别为 70% 和 30%，不得转租买卖。

二 差异化对策

（一）不同搬迁意愿待迁移民社会适应的对策

1. 合理选择安置地点，为移民提供良好的居住环境

如实行移民省（区）内安置方案，移民可以充分利用本乡、本县、本市的土地资源优势，选择移民安置区，通过平整土地、修建水利设施、发

展灌溉农业，实行大农业安置方式。如实行甘肃移民外迁宁夏安置方案，可充分利用宁夏农垦系统的闲置土地资源，发展灌溉农业。通过开垦荒地、宜林地、牧草地等后备土地资源，可以安置全部农业移民。劳务移民则全部安置在银川滨河新区，该地是宁夏回族自治区政府着力打造的集自然生态旅游、现代产业发展、高端服务产业为一体的新兴城镇，不仅具备良好的居住环境，还拥有强大的劳动力吸纳能力，是劳务移民安置的理想地点。

2. 合理编制安置区基础设施建设规划，优先解决移民生产生活突出问题

移民搬迁前，需合理编制安置区基础设施建设近期规划，将规划的重点放在农田水利、交通、卫生、教育等方面，着力解决移民村饮水、交通、电力、卫生、义务教育、劳务技能培训等问题。保证基本建成能满足移民农业安置的土地，省（区）内安置保证移民人均拥有 1.5 亩水浇地，省外安置保证移民人均拥有 2 亩水浇地。建设资金主要来自政策性资金、各类建设基金、专项资金和其他资金。

（二）不同安置方式待迁移民社会适应的对策

1. 构建长期补偿机制，为移民提供更多发展资金

针对大柳树水利枢纽工程，可以构建移民长期补偿机制。首先，建立上游梯级新增发电收益补偿机制。大柳树水利工程建成以后，带来的直接经济效益每年将增加 10.85 亿元（按照每度电 0.31 元计算），若拿出该笔收益的 30% 分给移民，平均每个移民每年将得到 4992 元，仅此一项就将极大提高黄河中上游地区水利水电工程的利用率和经济社会效益，并增加移民收入。其次，建立移民按适宜项目分红利益补偿机制。在平等自愿前提条件下，"水库移民以工程水库淹没处理投资概算中的安置补偿费、搬迁补偿费作股金，以水库移民管理的集体组织为经济实体，入股项目公司。参股的水库移民经济实体则以优先股的形式，不参与项目公司的经营决策和经营活动，按约定回报率每年从项目公司领取分红，使其生活得以保障"。[①]

2. 提高移民劳动生产技能，建立完善的就业体系

建立农村移民转产技能培训和子女接受职业教育特殊基金机制，从项

---

① 余波、熊丰萍：《水库移民新思路——以南水北调中线工程丹江口库区移民工作为例》，《中国软科学》2008 年第 7 期。

目后续扶持资金中拿出一定比例作为移民及其子女的转产技能培训和职业教育投入资金，"以'校企结合'、'校镇结合'、'校校结合'等形式，对安置移民子女进行职业技术教育"，① 提前开展转产技能培训并提供就业信息。搬迁后，移民安置地政府需建立"劳务移民人力资源库"和"企业用工岗位资源库"，并定期更新两库，使两库资源实现有效匹配和共享。针对用工单位需求，应成立移民劳动生产技能培训中心，经常性组织移民参加技能培训。全面整合当地各类培训资源，组织移民进行分层、分期、分班培训，代替传统临时的突击式培训。同时，积极引导用工单位建立定岗培训机制，让用工单位根据自身需求对劳务移民进行岗位培训。

3. 大力发展新兴城镇，提高劳务移民吸纳能力

移民迁出地所在县市的城镇化率普遍不高，缺乏足够的劳务移民吸纳能力，因此，并不具备就近安置劳务移民的充分条件。宁夏银川滨河新区作为一个新兴城镇包括四大板块（临空经济区、国际现代商贸区、生态旅游休闲区、新兴产业园区），以高端服务业为主导，坚持"产城一体"发展，重点发展文化旅游、对外贸易、电子商务、大数据、云计算等企业，具有较强的劳务移民吸纳能力和经济发展潜力。滨河新区远期规划（2030年）人口控制在 28 万人，扣除原有人口 0.5 万人，尚需迁入人口 27.5 万人。作为移民安置区，可以考虑以滨河新区规划人口的 1/10 对大柳树水利枢纽劳务移民进行安置。

4. 利用福利院与敬老院，安置特殊移民人群

对鳏寡孤独、残疾及丧失劳动能力的人口，按照移民安置地社会保障政策在福利院或敬老院安置。移民所得安置补偿、征地补偿、水库移民补偿及其他收益收归安置地民政部门或福利院、敬老院所有，并用于这部分移民的日常生活。

（三）不同民族待迁移民的社会适应对策

1. 集中安置回族移民，合理规划宗教场所

在移民搬迁前，对回族移民的人口数量及教派门宦归属等基本情况进行统计，根据回族移民的教派门宦归属进行集中安置，将同一教派门宦的

---

① 刘宗发、汪永良、李锦章等：《如何建立水库移民的长效机制》，《江汉论坛》2007 年第 5 期。

回族移民集中安置到同一地区。这样不仅能在一定程度上减少宗教冲突，有利于宗教管理，而且保证了回族移民群众宗教内部关系网络的维持。在移民迁入后，要根据回族移民人口数量合理规划宗教场所，一般同一教派门宦回族移民在 500 人以内可以建设一座小型清真寺，500～1000 人可以建设一座中型清真寺。同时，做好回族移民思想工作，打破地域格局，防止以来自不同县乡为借口，杜绝一村同派多寺现象的发生。

2. 混杂安置回汉移民，增进彼此交往与认知

在保证回族移民集中安置的同时，在同一安置区还要安置适当规模的汉族移民，即"插花"安置回汉移民。通过混杂居住格局增加回汉移民日常交往的机会，促进回汉移民彼此的交流和了解。同时，鉴于回汉移民在宗教信仰、风俗习惯方面的较大差异，尤其是回族移民在饮食方面有所禁忌，在搬迁初期，安置区政府需通过广播、宣传册等形式着力让汉族移民对回族的饮食禁忌、宗教信仰、风俗习惯有较深入的了解，并努力宣传党的民族宗教政策，使汉族移民形成尊重回族移民及其宗教信仰的意识，为回汉移民彼此适应提供良好的内部环境。

（四）不同年龄待迁移民的社会适应对策

在环境容量允许的情况下，尽量采取近距离的迁移。如采取移民省（区）内安置方案，对不愿意远迁的老年移民及其家庭成员，应本着就近安置的原则，通过配套水利设施建设、发展水浇地、提高灌溉面积等措施，安置这些移民。从各乡人均标准耕地须满足 1.5 亩情况分析，水库淹没后 13 个乡镇中仅中卫市长乐镇、迎水桥镇、香山乡，景泰县草窝滩镇、芦阳镇、中泉乡 6 个乡镇的人均耕地数量可以满足要求，其余 7 个乡镇中不愿远迁的移民占本乡镇移民的一部分，在环境容量允许的情况下，可以全部在本乡镇内安置，如超出容量，可以按照地理位置的远近及个人意愿，搬迁到本县其他乡镇或他县乡镇。但这种外迁仍要以同村、同乡、同县建制为基础，集中安置到同一地点。如采取甘肃移民外迁宁夏安置方案，除连湖农场安置区靠近移民迁出地外，其他五处安置区均离迁出地较远，难以满足就近安置的需求。

第三编

生态移民区的精准扶贫

第八章
生态移民的产业发展与贫困问题

荀丽丽

第一节　生态移民与产业扶贫

进入 21 世纪，与"西部大开发"同步，"生态治理"成为极为热门的国家政策话语和学术命题。"生态"一词所代表的"绿色"权威的兴起与以下事件相关：一是 2000 年威胁京津的强沙尘暴使西部边区的环境问题上升到危害国家安全的程度；二是 2001 年中国申办奥运会时"绿色奥运"的国际舆论。"生态治理"所包含的是国家对"边区"的一种新的"对象化"的方式，也是一种新的"问题化"的方式，更是一种新的国家干预的形式。"生态治理"意味着那些在国家视野中生态脆弱或环境恶化的地区都无可争议地成为国家"专项治理"的对象。概括而言，"专项治理"是指中央政府针对特定的"问题"而实施的对地方政府的政策供给和投资支持。在具体的政策实践中，"生态移民"是最受关注的"生态治理"方案，同时移民开发也是最重要的扶贫方式之一。在精准扶贫的"五个一批"中，易地扶贫搬迁是最重要的一项扶贫措施。就西部地区而言，脆弱的生态是当地最主要的致贫因素之一，生态移民不仅是生态治理的政策途径，更是扶贫发展的重要举措。

生态移民可以说是非自愿移民和自愿移民的结合体。在非自愿移民过程中只有"推力"而没有"拉力"，水库移民是典型的非自愿移民的例子，那些在大坝淹没区居住的人们是没有其他选择的。因此这些不得已而必须为之的搬迁通常伴随着更强烈的焦虑感和不安全感。在自愿性移民搬迁中，迁移者通常是那些对新环境更具适应能力的群体，比如年轻人群体，而且，迁移过程也是渐进的，人们可以在此过程中利用旧有的社会经济纽带重建新的生活。但非自愿移民是无差别化地将受影响区域的人们在同一时间置于同样的境地，基层社会中普遍存在的风险规避策略和社会保障机制会受到破坏。在人们同时被抛入一个资源受限的环境中时，在巨大的压力之下，地方性的应对策略很难奏效。发展项目导致的非自愿移民通常是出自理性的政治规划的结果，这些规划以"最大多数人的最大利益"为合法化宣称。受影响的人口并不是在迁入地暂住，而是要在新的土地上重新建立自己的生活，他们要面对如何在新的社区建立社会关系，如何对新环境建立认同等一系列问题。① 世界银行、亚洲开发银行等国家机构，以及中外学者已经达成共识，将非自愿移民视作"由于一定的经济发展方案所造成的深刻的社会问题"。在世界范围的现代化浪潮中，诱导型的经济发展确实有利于提高国家的生产力。中国是一个移民大国，据统计，新中国成立之后的50年间，中国大规模的经济建设带来了4000万以上的非自愿移民。在20世纪50~60年代，国家利益高于一切，要求移民为国家的项目做出牺牲，移民仅能得到一些象征性的补偿，很难在搬迁之后恢复和改善自己的生活。尽管在20世纪60年代后期，一些专家提出了兴建"移民工程"的设想，即通过移民投资来促进移民安置区的发展。但因为当时是在"文化大革命"期间，移民工程的设想并没有在现实的移民实践中得到落实。到20世纪80年代，中国才形成了较为明晰的开发性移民安置的思路。在此思路下，移民区域不仅仅局限于要将移民搬出去，而且要将移民区域作为开发和发展的一部分，让移民分享到发展的好处。开发性移民的前提是市场原则，"现

① Michael M. Cernea and Scott E. Guggenheim (eds.). *Anthropological Approaches to Resettlement: Policy, Practice, and Theory.* Boulder, Colo.: Westview Press, 1993.

代化发展"成为移民项目的合法化宣称。因此，生态移民的后续产业也成为移民工程成功的关键因素。

生态移民兼具非自愿移民和自愿移民的特点。一方面，生态移民是重要的扶贫开发方式，移民是与发展联系在一起的。生态移民是政府主导性发展的典范。生态移民规划通常是一个区域的发展规划，涉及城镇化和工业化的现代转型。这种政府推动的发展规划往往带有自上而下的强制性。另一方面，从迁移者的主体视角出发，生态移民迁出区基本上是生态脆弱、资源匮乏、经济落后的地区，移民规划的发展愿景也是来自经济落后区域的当地人的发展愿景。他们希望在政府的带动下参与现代化发展，在城镇化和工业化的浪潮中谋求家庭生计的新机遇，摆脱贫困。这种非自愿与自愿结合的属性令生态移民的政策实践和反贫困效益存在诸多不确定性。政策规划与政策过程、制度设计与生计实践之间的张力都可能诱发新的贫困问题。

"生态移民"是近年来西部地区广泛推行的反贫困政策和发展干预方式。2001 年，中央设立四个"易地扶贫搬迁"试点，宁夏即是其中之一。宁夏也素有移民开发的历史。"十二五"以来，宁夏的生态移民表现出一些新的历史特点，特别是生态移民规划与城镇化和工业化发展的深度结合，使生态移民的贫困问题也随之表现出新的特点。

第二节　生态移民后续产业的发展模式与贫困风险

生态移民的产业规划与发展是政府主导的产物，理解在产业形成过程中多方行动主体的角色与功能是本部分的研究目标。我们发现宁夏生态移民政策的产业规划包含两种产业形式：一是工业集中区，二是农业集中区。其中农业集中区通常是传统农业向现代农业的转型区。

一　工业发展、劳务移民与贫困风险

在宁夏"十二五"生态移民中，移民向工业区集中，尤其是劳务移民向工业集中区集中是一个显著的特点。在宁夏银川的金凤区、石嘴山等北部川区的传统工业强区，生态移民成为当地劳动力输入的一种形式。政府

在基础设施上的大力投入也吸引了众多年轻的劳务移民及其核心家庭。南部地区的工业发展受到水资源条件的极大限制，但是在地方政府的推动下，一些低能耗的工业企业也竞相发展起来。

（一）大都市工业园

在宁夏"十二五"生态移民规划中，劳务移民占 25%。劳务移民的对象是宁夏南部山区具有务工优势的年轻的核心家庭，其核心在于"城镇化"。政府投入在沿黄城市建设劳务移民安置区，劳务移民公寓的建设标准是每户 40 平方米。劳务移民在放弃迁出地的承包地后可以获得城镇户口，并享受相应的教育、医疗等社会保障。劳务移民可以在迁入的前五年以优惠的价格租住劳务移民公寓作为周转住房。但劳务移民的政策实践遭到许多阻力，移民普遍倾向于选择"生态移民"而不是"劳务移民"。因为生态移民通过土地置换的方式在迁入区为农民安排一定数量的土地，虽然是农业户口落户，但是有了土地保障和移民安置房的产权保障，农民更为安心。

银川是宁夏沿黄经济区的核心，也一直是宁夏中南部地区剩余劳动力的主要流入地之一。但是"十二五"期间，银川的劳务移民规划几乎流产。金凤区工业集中区（以下简称集中区）原是银川劳务移民的安置区之一，集中区位于金凤区西南部，规划为"一区两园"。"一区"即金凤区工业集中区中小企业产业园，北起长城中路、南至六盘山中路、东起通达南街、西至包兰铁路，规划建设面积 11115 亩。"两园"为银川科技园和金凤区综合产业园。银川科技园北起六盘山中路、南至南环高速公路、东起通达南街、西至包兰铁路，规划建设面积 5278 亩；金凤区综合产业园，北起银川市殡仪馆、南至芦草洼滞洪区、西起汉民公墓、东至银植路，规划建设面积 1154 亩。

自 2004 年启动建设以来，集中区始终围绕"打造环境服务一流、产业优势集聚、功能布局合理、规模效益显著"的现代化高新技术示范园区这一目标，累计投入建设资金 50 亿元，先后建成宝湖路等四纵六横道路及排水等基础设施工程，基本实现了园区基础设施"七通一平"。启动建设了农民安置区、外来务工人员公寓楼、公共服务中心、创业投资大厦，累计建成中小企业产业园厂房 153 栋 18 万平方米，集中区配套服务设施日趋完善，规模不断扩大，产业聚集程度不断提高，产业承载力不断增强。

2015 年上半年，集中区完成工业总产值 15.9 亿元，同比增长 11.9%；利税完成 1.43 亿元，同比增长 10.3%；完成固定资产投资 3.2 亿元，同比增长 14.3%。金凤汽车城建成运营 15 家 4S 店，完成主营业务收入 8.6 亿元。截至调查时，园区企业达 227 家，其中建成投产 166 家（含创业园 85 家）。入区企业渐显规模效应，逐渐形成了以宁夏机械研究院（有限公司）为代表的装备制造产业群、以德泓（宁夏）国际纺织有限公司为代表的服装纺织产业群、以宁夏俞家天人和豆业有限公司为代表的清真食品产业群、以银川建发门窗有限公司为代表的新型建筑门窗及家具产业群、以凯迪拉克与英菲尼迪为代表的品牌汽车经销产业群、以全力砼业公司为代表的商品混凝土产业群共六大产业集群。

2015 年以来，随着经济下行压力的加大，工业园区的企业出现停产，劳务吸纳能力下降，劳务移民无法在园区企业就业，有的再次到外地寻找就业机会。劳务移民公寓对劳务移民的意义是极为有限的，在某种程度上，劳务移民公寓可以看作政府为推动移民的城市融入而进行的公共服务供给，但劳务需求市场的不确定性与劳务移民政策规划的确定性是难以完美契合的。这降低了迁出区移民的参与意愿，加剧了劳务移民的贫困风险。

（二）东部产业转移

"隆湖模式"是宁夏以工业发展引导移民的典型。隆湖经济开发区是 1983 年自治区党委、政府按照"以川济山、山川共济"的扶贫开发方针确定的隆德县移民吊庄，1992 年经自治区人民政府批准，成立自治区级扶贫经济开发区，2003 年和 2004 年分别移交石嘴山市和大武口区管理，2009 年设立星海镇。开发区地处大武口区东南侧，东临包兰铁路，南与沙湖旅游景区接壤，西北紧邻星海湖，交通便利，地理位置优越。总面积有 140 平方公里，其中耕地 1.27 万亩，辖 8 个行政村、3 个社区，人口有 6 万人。辖区规模以上企业有 17 家，各类学校 6 所，在校学生 8000 余人。工商、税务、公安、医院、学校、法庭、邮电、农行、信用社等单位在开发区内均有派出机构。2014 年，农村居民可支配收入达 8560 元，同比增长 9.5%。开发区先后荣获"第五次全国民族团结进步模范集体""国家级生态文明示范乡镇""中国民间文化艺术之乡""自治区城乡居民社会养老保险工作先进单位"等称号。

近年来，开发区大力推进统筹城乡发展战略，按照市委、市政府建设"三个经济区"的决策部署，坚持高标准、高起点、城市化的要求规划建设了星海经济区。一是统筹城乡规划。按照"文化之窗，塞上水镇"的发展定位，投资 200 余万元，完成了星海经济区总体规划和控制性详规，城镇地名规划工作走在全市乃至全自治区前列。二是统筹城乡基础设施建设。按照"集中大庄点，建设大社区"的思路，实施了星海家园、康居花园、隆祥苑等工程，完成 1500 余户旧居改造、1 万多平方米的文化体育广场建设，率先在自治区实施了农村人饮工程，辖区居民生产生活条件明显改善。按照城市标准规划建设农村基础设施，累计投资近 10 亿元，建成了沙湖大道、星光大道、隆湖大道、浴山潭大街等 10 条 120 公里重点城市道路，协调开通了大武口市区至星海经济区的公交车，区域内纵横交错、四通八达的交通框架已经形成。目前，供水、电信、数字电视、互联网均实现了全覆盖，一站、六站雨水收集工程，天然气调压站、液化气储配站迁建项目已建成，从根本上提升了市政设施整体服务功能。

2011 年星海镇成为大武口区劳务移民安置区。"临湖、靠路、近城"是大武口移民安置区沐恩新居的建设特点，共建设 2514 套 13.04 万平方米移民周转房。与银川的劳务移民房分配政策不同，沐恩新居迁入的隆德县移民每户缴纳 12800 元费用五年后可以获得移民周转房的产权。隆德的劳务移民都放弃了家乡的土地和房产。星海镇因为移民人口的迁入，劳动力优势增加，原来在山东的纺织厂已将新厂房建在了移民区附近，移民家庭中妇女就业率大幅提高。大武口劳务移民迁入率高，但是在城市化的融入上，劳务移民依然没有完成市民化过程。因为石嘴山政府财政能力有限，新进人口的公共服务无法短时间内跟上，目前移民依然无法拿到城市户口，移民的子女教育、医疗保障无法实现。这极大地困扰着新移民的生活选择。由于政策设计与衔接不完善，移民的生活成本加大，生计风险提高。需要三代同居的家庭还因为住房面积太小而离开大武口，再次外出谋生。

（三）山区工业园

宁南山区的县内移民也是一个重要的移民形式和新型城镇化类型。西吉县的闽宁工业园在南部山区的工业发展与劳务移民中具有代表性。

西吉一直是劳务输出大县，劳务输出人口在 12 万人以上，形成了所谓

"打工经济"，劳务收入被认为是农民收入的"铁杆庄稼"。由于西吉水资源等各方面条件的约束，长期以来这里的工业发展都处于空白状态。同时，尽管这里的农业资源相对丰富，比如西吉被称为"中国的马铃薯之乡"，但农产品的深加工产业发展一直严重滞后。工业资源匮乏，农产品又难以实现高附加值的转化，这已成为制约西吉经济发展的瓶颈。利用"东西对口帮扶"政策，闽宁产业园借助福建厂商的投资，建立了具有地方特点的工业发展模式。

闽宁产业园位于西吉县县政府所在地吉强镇的水泉村和袁河村，规划占地面积12平方公里。按照特色农产品加工区、轻工区、电子工业区、物流区、商贸服务区"一园五区"的整体空间功能布局，重点发展马铃薯、胡萝卜、西红柿等优质果蔬精深加工和牛羊肉等清真肉制品加工，发展农资及民族服装鞋帽生产和电子产品加工，配套发展服务园区企业的商贸服务业及物流业。闽宁产业园旁边的"民生家园"即是为"十二五"期间的劳务移民建造的廉租房，计划建成劳务移民周转房1224套。在投资厂商的眼中，民生家园无疑是他们的"职工宿舍"。

山区的工业园同时靠近原料产地和劳动力密集区，其建设发展理论上具有较高的益贫性。在调查中我们发现，这一过程并非想象中那样简单易行，甚至发现，工业园的厂商并不完全愿意优先雇用本地的劳动力。其中"文化冲突"是一个主要因素。一方面，厂商希望按照市场规则推行计件工资，但是当地工人更愿意采用保底工资制。企业是市场主体，订单式生产需要灵活的用工制度，但是对工人来说，灵活意味着就业风险和不确定性。另一方面，宁南山区是回族聚居区，族群文化的特色也使企业在处理劳资关系上面临诸多棘手的问题。许多厂商反映当地的工人反对加班，复杂的非正式关系也使工人不服从老板的权威，在生产管理上带来混乱。

综上，在调查中我们发现，农民向产业工人的转型往往不是一蹴而就的。在回族人口聚居区的工业化发展中，还需要重视农民工族群文化背景差异带来的影响。东部地区向西部地区的产业转移是看到了当地丰富的劳动力资源，但是往往忽视了当地劳动力常常更多地嵌入在地方性的社区组织和文化网络当中，在一个较长的时期内都将处于一种由农民向工人转变的"半转型"状态。政府为县内劳务移民建设的周转房，有助于企业的稳定用工和劳动力工资成本的降低。在今后的发展中，应进一步重视打工者劳动权益的保护以及劳资双方的关系协调。

二　现代农业区

生态移民的安置区发展为现代农业集中区：一方面，政府推动的土地整理项目规划出大面积的土地，有助于现代农业企业的进驻与开发；另一方面，移民的迁入也为现代农业区提供了充足的劳动力。银川周边的生态移民依托都市消费的地利之便，发展现代农业，形成了都市周边特色农业带。

（一）移民主体性的虚化

位于宁夏银川市兴庆区月牙湖乡的滨河家园是本次"生态移民"最大的移民安置区。2011～2015 年，它共接纳 4000 户 1.68 万人入住。这些移民全部来自南部山区的彭阳县。移民搬迁是以"整村整组"的方式进行的，用当地农民的话说是，"划在圈里的都要搬，邻里乡亲都搬了，留一户在这里也没意思"。此外，地方政府还采取所谓"断根"的办法避免移民返迁——拆除迁移者在山区的住房。移民一离开，原来的窑洞和院落就被迅速地推平了。许多近两年新建住房的家庭也不得不将房屋建材廉价卖掉。

这些"断根"的农民没有了退路，在山区分散居住的他们被集中安置在新建的移民区。每户移民在新区分得一套 54 平方米的住房，住房造价 3.78 万元，移民支付 1.28 万元，五年后获得房屋产权。整个滨河家园横平竖直、整齐划一，并按照地理位置再划分为"一村"、"二村"、"三村"和"四村"，每户皆有门牌编号。每个新村通常由若干山区的自然村（组）构成，但大多数原来的村干部都失去了他们的职务。新村的村主任依然由当地人担任，新村的书记则是乡政府委派的年轻大学生村官。

这片坐落于银川市东部边缘的沙荒地，经移民的迁入而成为新增的"城市空间"。这一符合国家"管理主义"逻辑的空间规划无疑满足了治理者对"清晰化"和"简单化"视野的需求。但是，这一新建社区内部的多元而复杂的社会实践的空间面向（地域性）被极大地忽视了。移民新区中有近 1/3 的家庭是祖孙三辈人住在一起。在农村时，老年人的户口通常是与一个儿子的户口在一起的。移民住房是按照户口分配的，政府规定了家庭分户的时间限制，很多没有来得及在政府规定的固定日期之前办理分户手续的家庭，老年人没有独立的住房，只能与子女合住。因在农村时都是分开居住，合住给家庭成员的生活带来了很多不便。加之老年人不再经营土地，生活上要依靠子女，这给他们带来巨大的精神压力，代际矛盾凸显。此外，在移民新区不仅涉及回族和汉族的集中混居问题，而且涉及回族伊斯兰教不同教派（教坊）的集中居住问题。在南部山区，回族的不同教派有较强的地域性特征，不同教派各自建有自己的清真寺，"合坊"礼拜对他们来说是不可想象的。但在移民安置规划中，一个移民区原则上只建设一个清真寺，其规划选址也较靠近汉族聚集区，因此清真寺的选址和数量就成为当地回族移民争议的话题。

事实上，在宁夏"生态移民"工程的建设投资中，用于移民住房的投资所占的份额极少。投资的绝大部分用于与产业开发相关的土地整理与改造、水利建设以及与之相关的基础设施建设。

在生态移民规划中，月牙湖的移民每户可获得一头奶牛，每人分得一亩土地。奶牛由政府筹资购置，土地则是由政府投资进行整理并开展水利建设，将国有沙荒地改造为可利用农田。作为交换，移民在山区的土地将全部转为国有土地。与内蒙古的"奶牛村"不同的是，月牙湖的移民户并不直接参与奶牛养殖和土地耕种。政府将这些生产资料以"奶牛托管"和"土地流转"的方式集中到"万亩奶牛生态养殖示范区"，由大型的奶牛养殖企业和农业开发公司统一经营。每户移民每年可获得固定的奶牛收益2800元，6年后养殖公司一次性返还与被托管初始时同月龄、同体重、同胎次的优质健康奶牛。每户移民还依据人口数的不同领取固定的土地收益，每亩土地的固定收益为当年300斤小麦的折价。比如，一家有六口人，则该家庭就拥有6亩地，按照一斤小麦折价一元计算，一年可获得1800元的固定收入。"万亩奶牛生态养殖示范区"是与生态移民安置区配套的产业规划区。示范区距离滨河家园居住区5公里，占地1.28万亩，建有标准化规模奶牛养殖场15个、大型饲料配送中心1个、奶牛技术服务中心1个，并拥有万亩饲料种植基地。园区的水、电、路、棚圈等基础设施，饲草种植基地的土地改良整治都由生态移民项目投入资金建设。当地政府与蒙牛乳业等多家"龙头企业"建立合作关系，引进大型的奶牛养殖企业入驻园区，规划存栏奶牛 3.6 万头。万亩饲草料种植区则将土地出租（流转）给农业开发公司。换一个角度，正是由于奶牛养殖示范区被列为月牙湖 4000 户生态移民的配套产业，地方政府才得以借助"生态移民项目专项资金"进行基础设施建设，才得以吸引"龙头"养殖企业和种植企业入驻。不难理解，在某种意义上，养殖企业为每户移民提供的 2800 元收益，以及农业开发企业为每个移民提供的 300 元收益是一种与移民分享利益的做法。从移民的角度，奶牛养殖产业并不是劳动密集型产业，一家一户的分散养殖收益甚微；鉴于月牙湖迁入区的土地条件，一家一户的农业种植也难以满足温饱。政府依托"龙头企业"进行的规模化产业整合，不失为一种降低市场风险的有效办法。用移民自己的话说，他们现在是"有牛不见牛，有地不见地"，政府的产业规划将移民变成了"闲置劳动力"。奶牛托管和土地流转产生的固定收益显然无法满足一个家庭的正常开支，移民只能通过打工来满足家庭生计的需要。在某种程度上，滨河家园的生态移民村已成为一个潜在"打工者"的聚集区。生态移民村的建立形成了一种劳动力聚集效应，然而劳动力数量的增加却带来了工资价格的下跌。

在移民规划中完成的产业规划并没有充分体现移民自身发展的主体性，土地的"被动集中"使他们无法真正实现发展参与。2015 年以来，随着承包土地的农牧企业因效益不好而无法支付移民的土地租金，移民的生计安全受到威胁。经济下行后，移民区大量人口迁出、大量房屋被出租，治安状况恶化。

移民聚居区形成的"劳动力优势"成为地方政府在移民项目区进一步招商引资的重要筹码，很多劳动密集型企业尤其看重这里的廉价劳动力资源。在滨河家园住宅区的旁边，兴庆区政府投资建设了 100 栋日光温室和 300 栋移动拱棚用于发展特色种植。在兴庆区劳动就业服务局的牵线搭桥下，宁夏周景世荣花卉进出口有限公司与月牙湖生态移民村合作，利用移民点的温棚设施种植康乃馨。花卉公司将温棚承包给移民户，鲜花种植所需要的种子、化肥、农药全部由公司提供，技术指导也由公司的专业技术人员负责，农户在交纳一定的押金之后即获得鲜花种植的承包权，他们每天按照技术员的指导对鲜花进行管护。收获时节，公司按照鲜花的质量等级来进行收购。劳动投入多、技术过硬的承包户将获得更多的收入。宁夏中银绒业针织厂的引进也遵循了同样的模式。政府为针织厂提供免费的厂房，移民村大量闲置的女性劳动力则是吸引针织厂入驻的关键。针织厂先期招收了400多名女工进行实习培训，政府为了稳定企业的用工数量，给参加培训的女工每天每人补助22元。很多回族的年轻女性到针织厂打工。

（二）合作发展的困境

位于银川金凤区兴泾镇的和顺新村是一个"十二五"生态移民安置区，几年来的发展遇到了新的问题。一方面，由于当时移民安置项目的规划仓促，和顺新村的土地权属不清楚，移民无法如期获得房屋产权。移民区建设地基较浅，移民无法通过盖二层来解决居住面积狭小的问题，许多家庭在蔬菜大棚的旁边建设了住房来解决多代居住的难题。另一方面，当地的蔬菜种植从一开始就面临移民分散面对收购商的劣势，蔬菜合作社未发挥应有作用。由于移民区是多乡多村的"插花"组合，原来的地方精英难以发挥优势，村庄内部难以形成合力，而且原来分散经营的蔬菜大棚日益走向集中经营。移民在城市周边打工机会较多，大棚种植占用劳动力，在价格不稳定的情况下，许多家庭不愿意再投入基础设施而是将大棚转租给种植大户和能人。村庄内部渐趋分化，村庄公共事务的治理也陷入困境。政府在移民后续发展中的公共服务不足，尤其是以社会建设为基础的减贫措施严重滞后，导致移民安置区出现"去能"，而不是"赋能"，贫困风险加剧。一些移民开始返乡寻找发展出路，一些无法实现自我发展的移民成为新的贫困者。

迈克尔·塞尼在20世纪90年代提出了"贫困（impoverishment）、风险（risk）、重建（reconstruct）"模型，简称IRR模型。IRR模型将风险分析放在关注的中心，通过对移民安置过程中风险要素的确认来识别整个移民安置过程所需要注意的方面，从而有效地提高了对移民安置中的贫困状况进行预测、诊断和缓解的能力。根据IRR模型，非自愿移民中的贫困风险变量主要有八个：失去土地（landless）、失业（jobless）、无家可归（homeless）、被边缘化（marginalization）、高发病率（increased morbidity）、食品不安全（food insecurity）、缺乏公共服务（loss of access to common property）、社会断裂（social disarticulation）。塞尼的这个非自愿移民的风险模型成为一个有效地分析和解释非自愿移民过程的工具，使人们对移民过程中产生的难题有了更为清晰的认识。同时，它也是涉及移民的发展项目可资参考的规划与政策指南。这是社会学、人类学知识对非自愿移民乃至整个诱导式发展政策的贡献，它已成为其他对移民感兴趣的学者开展研究工作的一个框架。

移民贫困家庭有以下特征。第一，家庭的人力资本状况偏低，即全家的受教育水平偏低。第二，家庭的收入结构不合理，以农业收入为主的家庭比以工资性收入和经营性收入为主的家庭更容易陷入贫困，而依赖移民项目转移支付生活的家庭比以农业收入为主的家庭还要脆弱。以农业收入为主的家庭陷入贫困的概率是以工资性收入为主的家庭的 3.6 倍，是以经营性收入为主的家庭的 1.73 倍。搬迁之前，移民对搬迁之后的生活存在较高的期望，很多人认为搬迁会让他们的生活水平提高，并认为政府需要为他们搬迁之后的生活负责。这种对政府的高指靠性具有连续性，进而会发展成为我们熟知的"等、靠、要"思想。这在移民的贫困群体中更为突出。这种高指靠心理使移民面对搬迁后的生产生活风险时极易产生巨大的心理落差，同时极大地弱化了他们积极主动应对风险的心理基础。

第三节 反贫困干预与移民社区发展

当"反贫困干预"成为国家战略，"扶贫"的意义已经超越了社会保障与社会福利的范畴，不仅激发了政府、市场与社会多领域多元行动主体的"跨界协同"，更撬动了资本、技术、土地、劳动力等要素的再组合，进而重构了地方社会的图景。贫困治理的意义也超出减贫本身，拥有了更为深远的社会治理含义。在"扶贫"作为公共政策的实践中始终存在一个难以分割又颇具张力的命题：政策话语实践中作为"社会分类"的贫困者和政策干预过程中作为"行动者"的贫困者之间的张力一直存在。

作为"社会分类"的穷人是扶贫识别与瞄准机制的产物。长期以来，以"收入"为标准的贫困识别框架一直主宰着世界反贫困战略的制定与实施。"贫困线"在贫困人口规模测定以及减贫资源的投入中都是重要的操作性工具。可以说，作为"社会分类"的穷人群体通常是由抽象的统计数据来呈现的。

当我们进入具体的扶贫干预过程，面对具体的穷人，对贫困的理解便无法停留在收入的不足上。对贫困的理解经历了从单一的经济维度到综合性的多维贫困观的转变。在这一过程中，阿玛蒂亚·森的贡献具有里程碑式的意义，他认为贫困不仅是收入的不足，更是多重形式的被剥夺或边缘化造成的能力匮乏。这种能力表现为社会中的权利关系，而权利关系又决定于法律、经济、政治等社会特性。"穷人"绝不能简单地被看作庞大的穷人队伍中的一员，而要把他们看作特殊阶层的成员，属于特定的职业，有着不同的资源禀赋，并受到不同权利关系的支配。收入水平是重要的，但简单地提高收入并不是有效的减贫措施。

生态移民是 2000 年之后才为公众所熟知的概念，近年来更成为在西部生态脆弱地区广为流行的社会政策。内蒙古自治区、青海三江源地区以及宁夏回族自治区的生态移民工程尤为引人注目。关于生态移民的内涵曾在学者中间引起广泛的争议，引用较多的定义是，"生态移民是因为生态环境恶化或为了改善和保护生态环境所发生的迁移活动，以及由此活动而产生的迁移人口"。[①] 尽管的确存在因自然环境恶劣而自愿搬迁的人口，在西部生态脆弱地区广泛实践的生态移民也多冠以"保护生态"之名，但近年来的生态移民更多地与当地的城市化进程与扶贫发展项目联系在一起，很多学者也将生态移民看成是生态脆弱、自然资源受限制地区的一条重要的"反贫困"策略。[②] 在这样的指导思想下，国家巨额的生态治理资金和扶贫资金被用于"整村推进"的生态移民工程中的基础设施建设，涉及的移民搬迁人口也有数百万之众。世界范围内的大部分移民政策都是以征地和开发为中心，而不是以收入重建为中心的。更为重要的是，很多决策者或规划者并没有意识到经济补偿是一种非常有局限性的措施。补偿通常并不足以使受影响人口重置以前的土地和其他生活设施，补偿金额常因种种原因而被低估。很多国家的法律并不保障人们以"土地换土地"的方式获得补偿。

政府主导的政策体系一直被认为是中国反贫困干预中最重要的成功经

---

① 包智明：《关于生态移民的定义、分类及若干问题》，《中央民族大学学报》2006 年第 1 期。

② 倪瑛：《贫困、生态脆弱以及生态移民》，《生态经济》2007 年第 2 期。

验。自上而下的政府行政体系构成了中国减贫过程中最大和最具有能动性的行动主体。可以说，我国的农村反贫困干预从一开始便镶嵌在从中央到地方的层级与条块关系当中。政府内部的科层体系作为扶贫传递机制的主体，其运作机制、组织成本和沟通效率都直接决定了扶贫政策目标的实现情况。

尽管很多扶贫开发项目的主旨是"反贫困"，但项目本身也是资源重组和社会重构的过程，这些在短时间内发生的政治经济重组往往将部分人群置于边缘化的弱势地位，从而使他们陷入长期的贫困当中。因此，发展在"造福"的同时也可能制造"贫穷"，那么"发展"是谁的"发展"就成为一个值得反思的问题。① 笔者认为，怎样解决发展所带来的社会破坏性的一面，是发展项目的移民规划在设计时即必须深入研究和慎重决策的问题。生态移民项目也存在严重的"重工程、轻移民，重搬迁、轻安置"的问题。这些政策在战略思想上就没有将移民的收入重建放在一个相当重要的位置，在规划方案中低估了社会破坏给移民带来的经济挫伤，这给政策本身的实施和后续发展都带来严峻的困难和不可估量的损失。各国都用财政手段来解决移民的补偿问题，但分配给移民的财政资源通常非常有限，并面临巨大的资金缺口，再加上政府对收入恢复缺乏政治承诺，以及存在预算紧张和分配程序僵化等问题，用于移民重建的财政资源通常是非常有限的。目前普遍使用的关于移民代价的经济分析都是将成本外化而不是内化，也就是说，重建成本并没有作为项目预算的一部分。当然，当重建成本被严重低估时，这些损失只能由被迫迁移者自己承担，生活水平下降也就成为必然。在失去农业收入的基本保障后，农民抵御生活风险的能力大幅降低。很多家庭因为子女教育费用支出和疾病医疗费用支出很高，加之非农就业不稳定，而陷入贫困当中，这将危及社会的公平与公正以及以此为基础的社会稳定。

移民机构是移民搬迁过程中一个重要的利益相关者，它的角色与能力通常对移民重建工作发挥着重要的作用。塞尼认为，移民机构通常缺乏政策执行力、相应的组织能力以及恰当的社会工作技巧，这间接地加剧了移

①　许宝强、汪晖选编《发展的幻象》，中央编译出版社，2003。

民贫困的风险。中国移民安置的组织机构由三个层次组成。第一个层次是中央政府的管理部门，即国务院及所属的部委和其他办事机构。第二个层次是省、市、县级政府的行业主管部门及相关政府机构，包括行业主管部门、土地管理机构、城市房屋拆迁管理机构，监察、审计部门以及各级司法机关。第三个层次是实施服务机构，即建设项目业主（包括为业主服务的调查设计机构、监理监测评估机构和咨询机构）、受业主委托的移民安置实施机构。移民机构较之搬迁的人口来说通常处于"强势"地位。我们不难发现，在中国，很多的发展项目开发机构和移民安置的责任机构存在高度的重叠，它们的立场并不必然为移民的可持续安置负责，在"重工程、轻移民"的情况下，他们通常更倾向于组织完成搬迁工作，而搬迁后的生活重建则不在其工作范畴之列。移民机构在移民的社会调查和贫困监测上也缺乏有效的政策和行动。通常在移民前期会进行相关的社会调查以满足安置资金发放的需求，但在搬迁之后的生活重建与社会重构过程中少有长期的监测。在移民安置初期，移民家庭的收入增加、生活改善，这时的移民机构倾向于判定移民安置项目成功。但由于移民的抗风险能力减弱，长期监测会显示相当部分的移民陷入贫困，并积累了不少的不满情绪。然而这种长期动态的贫困监测机制是极为缺乏的。即使在移民前期安排的社会调查，也往往因为缺乏社会学和人类学专家的介入而忽视了家庭和社区社会组织方面的情况，而过度偏重于家庭收入情况的衡量，以便于货币补偿的测定，这给移民规划的设计带来了巨大的盲区。更有甚者，个别移民机构利用职权进行暗箱操作、侵吞移民安置资金，这不仅使原本有限的安置补偿金更为缩减，而且会激起移民的强烈不满和抗议，进而危及社会稳定。[①] 在我国，主要的移民机构是各级行政机构。在长期的计划体制的影响下，这些移民机构习惯于自上而下的行动方式，受影响人口的意见和想法很难进入其政策决策与执行的过程中。然而，行政机构这种自上而下的方式往往会忽视基层社区中复杂多样的特征和需求，在对地方性的信息缺乏了解的情况下诞生的规划方案很难适应当地的情况，后期执行的失败也就成为必然。再者，行政组织的威权主义使移民的意见和不满情绪缺乏制度

---

① 魏珊：《非自愿性移民可持续安置与发展研究》，武汉大学出版社，2010。

化的表达渠道，移民在重建生活中遇到的问题无法及时得到关注和解决，最终导致大量长期积聚的不满情绪爆发，引发大规模的群体性事件。事实上，移民积极地参与可以使移民规划更完善，同时参与过程本身也是移民机构与迁移者交流互动、共同寻找利益平衡机制的过程，这将有效地提高移民对项目的认知度，并有助于减轻其边缘感和弱势感，增加其面对新生活的勇气和信心，从而提高其应对贫困风险的能力。

　　在反贫困的社会行动中，我们需要关注的是作为"行动者"的贫困者。20 世纪 90 年代以来，响应国际反贫困干预思潮的转变，"参与式发展"理念的引入及其引发的关于发展主体和穷人主体性的讨论可以说在反贫困干预中实现了对以收入为中心的"抽象穷人"的超越，人们开始关注"具体穷人"对自身的社会境遇的理解、决策与行动。① 值得注意的是，这一时期关于贫困干预的社会学分析几乎不约而同地达成了共识，即强调反贫困与再建构社区、社区自组织和社区自我发展能力的必然联系。② 穷人的主体性并不是单一经济理性人意义上主客二分的"自我"，也包含穷人的社区嵌入性。如朱晓阳所言："这些穷人无法用外科手术式的脱贫手段来拯救，他们的交换活动或经济活动是镶嵌在他们所处的社区的社会关系中的，可以说他们的责任心也是以生于兹长于兹的社会关系和价值等为依托的。"③ 从"互为主体性"的理念出发，穷人的理性只能在一定的社区和一定的场域中被解读，也只能在一定的社区和一定的场域中得以整合与发展。扶贫的过程应该是一个引导穷人社区参与和社区建设的过程，穷人的主体性是扶贫政策成功的关键因素，并且穷人的参与本身应该成为扶贫的一个制度化目标。④

---

①　李小云：《论我国的扶贫治理：基于扶贫资源的瞄准和传递的分析》，《吉林大学社会科学学报》2015 年第 4 期；李小云：《参与式发展概论》，中国农业大学出版社，2001。

②　沈红：《扶贫传递与社区自组织》，《社会学研究》1997 年第 1 期。

③　朱晓阳：《施惠原则、垒大户与猫鼠共识》，《开放时代》2004 年第 6 期。

④　沈红：《扶贫传递与社区自组织》，《社会学研究》1997 年第 1 期。

第九章
非农就业、劳务派遣与非正式劳动

张劼颖

对生态移民而言，生活的转型不仅仅意味着地理上的迁移。与居住空间的改变相伴随的，还有生计的相应变化。从南部山区移居北部，这使农民不得不逐步改变耕作习惯，以适应大相径庭的气候、地貌与地理空间。更为重要的是，与移民政策并举的各种扶持、扶贫政策，也在深刻地改变着移民的劳作模式与生计。具体地说，一方面，在产业扶贫的推动下，移民迁入村落试图引入能够为农户增收的产业，从规模化的养殖场、经济作物农场，到光伏园区，乃至制造业工厂，甚是多样。这些产业的发展，为农户带来了非农就业的机会。另一方面，镇、村政府还积极推动农户打工就业来增加其收入、减少贫困，试图通过各种直接、间接的办法来增加农户就业的机会与渠道。此外，在劳务移民村当中，根据规划设计，这些劳务移民将完全脱离农业，依靠打工就业维持生计。

同样重要的是，迁移后的村落的土地状况已经大不同于迁出地。一般而言，移民安置村的土地情况有以下几种。第一种是较早的移民村，如"十二五"之前的移民村，人均拥有土地面积相对较多，村民更有条件从事种植、养殖业。不过，也面临土壤质量差，甚至逐年下降（如沙化、盐碱化），以及水源日益紧缺的困难，这都使得仅仅依靠务农维持家庭生计变得越来越艰难。第二种主要是新的移民村落，这些村庄大都面临人均土地面积小，且全村土地非常集中的状况。这些村落倾向于一开始就将土地集体流转给企业。在这种情况下，农户只知道自己的土地面积，无从得知自家土地的具体位置。农户在享受流转收益的同时，也失去了种植的机会。这就推动着农户更多地从事非农业劳动来赚取生计。第三种是劳务移民村，这样的村子专门安置有年轻劳动力的家庭。按照规划，村民直接"上楼"，住进小区的楼房，不再分配土地，因而也不再务农。无论上述哪种情况，土地状况的改变，都构成了移民从事非农就业的推动力。

不仅仅是土地状况，在迁移后，移民所处的地理空间也发生了变化。较之迁出地的南部山区，村庄坐落的迁入地往往交通便利、临近城区。空间上的变化，也给移民到城市地区就业创造了可能。最后，随着居住地变化的，是农民经济生活的变化。在迁入地，一方面，由于上述土地原因，农民很难再通过自给自足的方式满足饮食等基本生活需求；另一方面，消费品的供给更加便捷和丰富，如果被安置在楼房，移民还要开始习惯支付水电、环卫等费用。这都使农民不得不更多地依靠购买来满足生活必需，对现金的需求就大为增加。而这也构成了农户打工就业、即时赚取收入的一个驱动力。

简言之，来自政策、土地所有情况、居住地理空间、自身消费需求等的一系列推力和拉力，都使生态移民的非农就业成为一个显著的现象，而农户收入当中非农业收入占比的不断增加，也是一个可预见的趋势。

目前，非农就业已经非常普遍，在有中青年劳动力的家庭，很少存在不打工的情况。非农就业带来的收入，即使不是主要的，也构成了多数家庭重要的生活来源。根据统计，在我们所调查的村庄当中，迁移后60%以上的家庭的主要收入来源为非农就业，80%以上都有家庭成员在外打工，有50%左右的家庭有2人以上的打工者。而一半左右的受访者在上一年度有外出打工的经历，在这些打工者当中，打工收入占家庭总收入一半以上的有近70%。事实上，考虑到入户访谈的时间多为工作时间，有打工者可能在工作当中而不在家，所以，实际上移民群体当中从事非农就业的家庭、人数及其收入占比，都比入户调查所反映的情况更多。

那么，宁夏生态移民的非农就业有哪些特征？存在哪些机会和挑战？

在数据背后，农户在非农就业的过程中有着怎样的经验和考量，又面临什么困难和风险？本章试图通过质性的研究来回答这些问题：一方面，呈现移民非农就业的图景；另一方面，试图探讨农户非农就业的特征与问题，进一步思考宁夏生态移民的案例如何增进我们对贫困消除以及城市化的理解。换句话说，农户的非农就业与减贫有着怎样的关系？生态移民的非农就业与一般的农民工进城务工有何异同？是否构成了就地城市化的一部分？本章的资料主要为定性资料，来自 2016 年 8 月对宁夏七个移民迁入村的调查。七个村庄的选取，地理上涵盖北部和中部，类型上包括一般生态移民村、劳务移民村，以及新老移民村。资料的收集主要使用了小组座谈的方法，以及对村干部和农户的访谈，辅以对村庄、农户家庭以及产业园、工厂的观察。此外，研究辅以一部分的定量数据，资料来源于中国社会科学院社会学研究所和北方民族大学共同开展的大规模入户问卷调查。

第一节　生态移民非农就业的特征

一　非农就业概貌：差异化就业与多样化的新机会

生态移民的就业有着明显的年龄和性别差异。对 18 岁以上 50 岁以下的男性而言，建筑业是一大就业领域。就业的工种涵盖建筑工地上的几乎各种工作，从技术含量较高的电工，到木工、瓦工、粉刷工、钢筋工等。当然，从事建筑业并不是移民后才有的现象。事实上，在搬迁前，男性就有在建筑领域就业的传统。很多工人提到有十几年的建筑业打工经验，都是凭着多年建立的关系网络寻找活计。不过，搬迁至少在以下两个方面影响了男性在建筑行业的就业。首先，搬迁带来了更多就近打工的机会。尤其是在迁入地，随着移民的迁入，往往伴随着一轮相应的市政建设、产业园区建设，包括修路、绿化项目等。这些建筑项目就给本地居民带来了就业机会。此外，迁入地具有地理优势，远至省会银川市，近到本县县城和镇上，交通都更加便利。在上述条件下，就近打工可以住在自己家里，不但节约生活成本，还能够兼顾家里的农活。以闽宁镇原隆村为例，根据干部介绍，当地大多数建筑工都在镇区打工，最远也不出宁夏，用其原话说，

"男人们去银川是120元一天，还不如在家门口80元一天"。有村民表示以前去银川、吴忠打工，而搬迁后主要在镇上干活，表明搬迁确实增加了就近打工的机会。不过，也不乏村民认为搬迁前后对打工并没有什么影响。持这种观点的村民搬迁前后多在外省如陕西、河南、青海、内蒙古等省份打工，通常打工年限更长、经验丰富而且多从事技术工种。据此可以推断，移民搬迁对省外打工者并无太大影响，但对省内打工者来说，增加了就近打工的机会。当然，这个推断还有待统计数据的验证。

和男性不同，女性更多的是在兼顾家庭的农活、家务劳动之外，从事更为灵活的非正式工作。一个典型的工种是水果采摘。水果在采摘季需要大量的人工，这就给妇女带来了暂时性的就业机会。每年5月到7月，都会有劳务公司组织妇女前往青海采摘枸杞，为期40天到两个月不等。工钱根据采摘的重量结算，一般1.0～1.2元/斤。灵巧的妇女一天可以采摘100斤以上，整个工期可以赚取上万元的收入。当地人认为采摘不需要重体力而要"巧劲儿"，妇女心灵手巧，比男性采得更快、赚得更多，更加适合。事实上，此类工作具有季节性、短期性、工期灵活的特点，因而更适合需要兼顾家庭劳动的妇女。在当地，到了采摘季，老人和孩童也会加入采摘大军，打零工补贴家用。根据村民介绍，"连小孩一天都可以赚二三十块钱"。

移民搬迁加上产业扶贫举措给女性带来了更多的劳动就业机会。如在村庄附近新兴建设的种植和养殖产业园就提供了更多采摘的工作。村庄附近的枸杞、红树莓种植基地成为女人、老人就近打零工的新去处。如银川月牙湖区滨河家园三村的红树莓基地，村集体流转土地580亩给企业，在丰盛期可雇用1000多人。摘果以盘计量，每盘3.5元，据企业运营者介绍，摘得好的一天可赚取100～120元。不过据田间工作的老年男性介绍，从清晨工作到下午3点多尚未吃饭，共摘到了8盘红树莓，而自己一天最多摘17盘，这样的话，日收入仅为不到60元。

无论是对男性还是对女性来说，村庄附近的产业都带来了更多的就业机会，除了涉农企业，还有更多工业企业，如羊绒厂、纺织厂等。如平罗县庙庙湖村村干部指出，在本村的1400多户当中，从事非农就业者有2200多人，长期稳定打工者有1800多人，而高峰期有400～500人都在"家门口的工厂"工作，大多数青壮年在工厂工作，甚至超过了在建筑业的打工者。

大武口隆湖的星海镇新民社区，毗邻平罗工业园区，"恒大棉纺织厂"就带来了800多个用工岗位，目前就职者中有100多个是生态移民。纺织厂多招收年轻女工，工资为每月2000~3000元。对本村的7000多名劳动力来说，仍是机会有限。不过，工厂计划扩建，在扩大招工数量的同时，放宽招工标准，例如年龄从35岁以下提到45岁以下，并放宽身体健康标准，以此为移民提供更多的就业机会。类似的例子还有月牙湖滨河家园，这个村子通过引入红树莓种植、肉兔养殖、羊绒厂、服装厂等产业来解决扶贫问题。在这个村子的802户农户当中，有建档立卡贫困户378户，在计划中，其中1/3将在2016年底脱贫。目前，有40多户在红树莓园区打工，这些家庭在采摘期还可以雇用更多的村民加入；20多户在肉兔养殖园打工；20多人在绒业工厂打工；另有30多人进入服装厂工作。

除了以上工种，事实上移民在新的居住地周围还找到了各种零星的工作机会。这些活计包括搬运红砖、给厂子做饭、商业区的服务业、打扫卫生、刺绣、羊绒厂的缝合工作，以及农场的授粉、嫁接，还有绿化中的种树、除草，甚至是专职剥蒜。这些活计大多是短期零工，但对移民来说，也是重要的赚取现金收入的途径。用一位农户的话说，"只要人勤快，找到活，一天能挣八九十块钱，一袋面就出来了"。

二 非农就业的特征：就地化、兼业与非正式劳动

宁夏生态移民就业的一大特征在于分工：男性相对稳定就业，老人与妇女灵活就业，兼顾家庭农业劳动。此外，无论男女及年龄，大都从事季节性、非正式化的劳动。较之中国一般的农民工，他们与老家和农业的联系都更为紧密。除了在一开始的移民规划中就没有分配到土地的劳务移民，以及土地被集体流转出去因而无地可种的村民，大部分农户都试图兼顾家庭的养殖、种植以及外出打工这两部分的劳动。长期在外地从事建筑业的打工者，属于"候鸟型"，每年在外打工六七个月，然后回家乡度过漫长的冬季。事实上，中国大多数的建筑业农民工都是"候鸟型"的，平时在外打工，而过年或农忙季节回家。不过，比较而言，宁夏的建筑工人在外工作的时间更短，而冬季回家的时间更长。

就近打工者更有可能兼顾农业。家庭农业的规模，包括家里种几亩地、

养几头牛或羊、种植作物的种类（这是由于不同作物所需要投入的劳动力不同，例如种植玉米不需要劳动力密集持续照料，可以兼顾打工），都受到家庭可用劳动力的限制。每个家庭都会根据自己的劳动力情况，安排打工和务农的分工以及比例。与兼业劳动相关的，是劳动力再生产的方式。不同于外出打工者的"拆分型"——由于收入不足以支付家庭的再生产，农民工在流入地打工，而劳动力再生产、家庭养育则在老家完成——就近打工的移民，住在自己家里，可以不用"拆分"。①

生态移民就业的工种以及就业的形式也具有其独特性。如上文所言，除了建筑业以及一般的工业、服务业，很多农户实际上是在农业领域就业。虽然赚的是工资，但他们是在村庄附近的种植、养殖园区工作，从事的是农业劳动，如采摘、授粉这种季节性的工作。这一点就与一般的进城务工者大为不同。例如原隆村，有70%的劳动力都在村庄附近的农场、酒庄等涉农企业工作。此外，如前文所言，打零工的现象非常普遍，就近务工的男性以及大部分老年人、妇女，都不处于稳定长期的雇佣关系中，可以说是一种"散工"。②首先，务工是季节性的，一般从每年4月开始，持续到10月，最晚到11月结束，很少有人在冬季出来找活。其次，无论是工种、工作内容，还是工作时间，都非常灵活。工作的地点和内容时常变换，是打零工的常态。

当地人习惯的这种季节性的、灵活打工的就业方式，深刻地影响了当地政府对稳定就业与失业的理解。有村干部认为，"什么是稳定就业？在我们看来，每年有七八个月，经常能找到活，就叫稳定就业"。甚至每年工作四五个月，也可视为有活干。而每个月当中，"有十几天能找到活"，就等于"有活可干"。这种对"稳定就业"的理解相当普遍，无论是对干部还是对普通村民而言都是如此。这种理解也反映了村民对就业的期望是非常灵

---

① Michael Burawoy. "The Functions and Reproduction of Migrant Labor: Comparative Material from Southern Africa and the United States," *American Journal of Sociology*, Vol. 81, No. 10, 1976, pp. 1050 – 1087；沈原：《社会转型与工人阶级的再形成》，《社会学研究》2006年第2期；任焰、潘毅：《跨国劳动过程的空间政治：全球化时代的宿舍劳动体制》，《社会学研究》2006年第4期。

② 周大鸣：《"自由"的都市边缘人：中国东南沿海散工研究》，中山大学出版社，2007。

活的，对失业的容忍度非常之高。近些年经济下行，工作机会减少，不少村民指出以往每个月可以干20多天，而如今只能干十几天。不过，对他们而言，这最多只能算是"活不好找"了。和打零工的就业形式密切相关的，是劳务派遣的就业途径，关于这个制度，下文会做更为充分的分析。

三　劳务派遣制度

移民就业主要依靠两种途径。历史上，农户打工就业主要的途径是依靠熟人介绍及非正式的关系网络当中传递的用工信息，这一点在建筑行业尤为突出。而劳务派遣，即劳务派遣公司组织村民进入企业打工，是散工就业的一大新兴途径，在移民后的非农就业当中发挥着越来越大的作用。

在当地，劳务派遣公司有私人运营以及村委会运营两种。目前以私营为主。通常而言，私人公司向打工者的收费较高，而村委会运营的公司带有一定的公益性质，只收取交通和人力成本。派遣公司的主要作用是在需要用工的企业和需要工作的村民之间建立联系。其运作模式是：公司和企业洽谈，了解企业的用人需求，然后到村庄中招募相应数量的工人，将工人运输到企业工作。

劳务派遣公司需要走动、联络以获得企业的用工机会。不同公司之间存在竞争，在争取业务方面，私营的派遣公司有更丰富的经验和关系。而村集体的劳务派遣公司也有自身独特的优势。例如，村集体更有能力与使用本村土地的企业协商，为本村村民争取更多的工作机会，在流转土地、引入企业时，就可以把给本村村民提供就业岗位作为一个附加条件。

工人是每天招募的。每天清晨，村庄的空场上都聚集了今天想要做工的村民。劳务公司的大巴准时抵达，招到足够数量的人手，就运输他们去公司上工。有村干部描绘了这生动的一幕："每天清晨，农民们自己带着水和馍馍，背着铁锹，高高兴兴到广场上，希望能够找到活干。劳务公司的大车如期而至，叫人上车。坐上车了，就意味着这一天的工作机会到手了。没有人叫，搭不上车，只好垂头丧气地回家。"在打工的最初几天，工资日结。工人利用最初的几天熟悉工作，而企业会在这几天筛选更为满意的工人，"做活老实的，留下电话；好吃怕做的，就没活做"。几天后，这一轮的用工相对稳定下来，公司会给工人发记工卡，按日记工，工资每10～20

天结算一次。

对农户而言，劳务派遣制度可谓是"双刃剑"。一方面，毫无疑问，公司分走了村民劳动所得的部分收益。另一方面，劳务派遣公司给农户提供了信息、解决了交通，使得就业渠道更为畅通。此外，劳务公司在公司和农户之间扮演中间人的角色，缓冲了拖欠工资的情况。企业按月支付酬劳，一般到月底才结算工钱，而对劳务公司介绍的工人，有时候企业会提前垫付工钱给农户。事实上，劳务派遣制度既有可能损害农户利益、抽取村民收入，又有可能在保护农户、扶贫减困方面起到良性作用，有关这项制度的弊端与潜力，下面的章节还将做更多的分析。

第二节　生态移民非农就业的风险与挑战

一　就业机会不足

一方面，非农就业收入对移民家庭来说越来越重要。而不得不令人注意的是，2015 年以来工价下降、就业机会减少的情况也非常普遍。根据大武口隆湖的统计，2015～2016 年的劳务收入，比起 2013～2014 年，平均每人每个月下降 1000 多元，下降了 40% 左右。其中工价较高的企业用工，之前曾经达到 4000 多元，而现在只有 3000 多元。在服务业中，曾经的 3000 多元，降至现在的 2500 元左右。在建筑业方面，根据村民提供的数据，在 2013～2014 年每个月可以打工 20 多天，而 2015～2016 年"一个月有一半停工"。和"活不好找了"同时出现的现象是日工资的下降，技工之前每天可以赚得 280 元，2015 年变成 240 元，而 2016 年已经掉到 220 元，甚至 100 多元。相应地，小工的日工资已经从 120 元掉到了 80 元。农业务工方面的情况也是一样，"工价压下来了"，例如枸杞采摘，2015 年时每斤 1.5 元，每天每人可收入 90 元左右，2016 年每斤降至 1.2 元，日收入降至 70 元左右。

村民普遍反映的直观感受是，"人多了、活少了、钱少了"。这个现象的背后有着更为深刻的原因。首先是结构性的经济因素。经济下行，建筑业和工业萎缩，这构成了工作机会减少的一个根本原因。其次，伴随着移民迁入，这一轮市政建设日渐完结，例如道路、绿化设施，以及广场、商业街的修建陆续完成，相应的工作机会也日益减少。一方面是工作机会的减少，另一方面是移民的不断迁入，富余劳动力增加，移民相互之间构成了竞争，这就导致工价进一步下跌。

村庄的产业扶贫项目具有吸收劳动力的潜力，例如大武口隆湖引入的轻纺厂，闽宁镇原隆村引入的光伏发电企业、农牧科技企业以及葡萄酒庄，月牙湖滨河家园三村的红树莓种植园和肉兔养殖基地。村庄引入的项目确实给移民带来了新的就业机会。这些产业能够给出基本上和市场持平的工价，解决了部分村民的就业。而对村民来说，"在家门口打工"无疑比去远处打工要更好。目前来看，引入产业确实增加了工作机会。不过，由于产业扶贫项目展开的时间还不长，甚至很多项目才开展不到一年，这些产业的发展情况如何、面临哪些风险都有待观察。其中一个风险在于，目前的产业都得到了大量的政策扶持，然而大举推动的扶贫举措并不会长期持续，在未来失去政策大力支持的情况下，产业将面临市场风险和竞争，还能否生存下去，并持续稳定地提供就业机会，还有待观察。

事实上，和就业机会以及工价下降相伴随的，是农户的隐性失业。如前文所述，无论是当地村民还是政府，对何为"就业"以及"稳定就业"的理解是相当宽泛和灵活的，如一年中有半年上下持续工作、每个月当中有一半时间可以打上工，都被视为"稳定就业"，可以说他们对失业的容忍度颇高。然而，换一个角度看，这种当地理解的"稳定就业"实际上是一种"隐性失业"。当家庭的其他收入，如农业收入、各种政策性补偿和补助较为充分，家庭仅将打工收益作为补充的时候，隐性失业的问题不大。然而，随着搬迁的完成，扶贫工程告一段落，农业收入持续降低（对不再从事农业劳动的农户来说，这几乎是必然的），就业不足将使劳动力再生产受限，甚至可能导致贫困家庭的产生，尤其是当家庭对现金需求较大的时期，如子女上大学、老人生病时。

总之，非农就业对移民来说已经是越来越重要的收入来源，那么，稳定就业也就越来越重要。就业机会很大程度上是由宏观经济状况等结构性因素决定的，而扶贫政策是有时效性的。从长远来看，如何持续稳定地提供乃至增加就业机会，使移民可以真正稳定、充分地就业，是移民工程面临的一大挑战。

二 劳务派遣制度下的劳动权益保护与劳动保障的缺位

看起来，劳务派遣制度是企业和打工者间的桥梁，使劳动力资源得以有效配置。然而，对村民来说，劳务派遣打工方式也构成了潜在的问题。在劳务派遣制度下，打工者无法和正式的工人同工同酬，也缺乏应得的各种福利和保障。首先，劳务派遣看似灵活，实际上意味着最小限度地为劳动力再生产买单。对企业而言，劳动者"招之即来，挥之即去"，有需求的时候增加雇工，当销量、订单减少，或者进行中的工序所需人手较少的时候，则缩减雇工数量。只在有需要的时候雇用最适合的工人，就不用像一般企业一样"养活"着恒定数量的工人，这无疑是降低成本、利润最大化的一种方式。对打工者而言，劳务派遣是按日记工，干一天活拿一天钱，也就是说，只要不工作，就没有收入。在劳务派遣制度中，没有工作的时候"坐冷板凳"，这就把失业隐性化了。① 其次，与正式的雇佣关系不同，打工者无法像正式的雇工那样享受带薪的假日，更没有病假等福利。此外，企业还无须为雇工的劳动保障和社会福利买单，这部分的成本事实上被转嫁给了当地政府和劳动者本人。

和正式的工人比起来，劳务派遣的打工者不仅缺乏福利，还相应地缺乏劳动保障，特别是缺乏对用工安全、工伤的保障。对这一点，目前劳务派遣公司还认识不足，应对方式比较简单。如一个劳务公司负责人解释说，他们是这样防止安全隐患的，招工的时候，"一开始就说清楚，责任自负。有病提前说，今天身体不舒服，今天就不要去……有问题随时跟老板打招呼，互相不承担责任"。事实上，这样的"一开始就说清楚""互相不承担责任"并不具备法律效力，也不能取代应尽的劳动保障义务。在当下这种劳务派遣制度当中，雇佣关系不明确，没有签订劳动合同，打工者既没有工伤保险，面对企业也几乎没有维权和索赔的能力。虽然事故伤亡总是小概率事件，但一旦出现，对打工者及其家庭来说，就是毁灭性的打击，不

---

① Xiang Biao. *Global "Body Shopping": An Indian Labor System in the Information Technology Industry*. Princeton University Press. 2011.

但会造成家庭返贫，也会给当地政府带来更大的负担。在对精准扶贫户的走访中，我们就发现，很多贫困家庭的形成，正是因为家庭主要劳动力在以前的打工历史中发生了工伤、职业病等问题，造成残疾，过早地丧失了劳动力。

目前劳务派遣制度不失为一种灵活有效的用工方式。在现阶段，它非常符合移民灵活就业的方式和打零工的劳动习惯，也使劳动力资源与机会可以得到最大效率的有效配置。这些都是不应否定的。事实上，如果家庭以农业为主，有其他稳定收入来源，打零工仅仅作为补贴家用，那么，劳务派遣对农户的灵活就业是非常有帮助的。然而，如果家庭以非农就业为主，而且就业主要依赖劳务派遣，那么，就需要完善用工和社会保障制度，以进一步解决劳动者的福利和保障问题。以非正式就业、时不时"坐冷板凳"的打零工形式来作为养活家庭的主要手段和长久之计，无论是对农户还是对地方的社会保障系统来说，都将构成严峻挑战。关于如何完善劳务派遣制度，后文将会做更为详细的探讨。

三　特殊群体就业的困境

对生态移民非农就业构成最显著挑战的，是 50 岁以上的劳动力的就业。50 岁以上 65 岁以下的群体，并非丧失劳动能力的老龄群体，尤其是在移民非常熟悉的农业领域中，这个群体甚至可以作为家庭的主要劳动力。即使是年龄更大的老人，通过一些小规模的种植和养殖业，养活自己也不成问题。然而非农就业市场并不欢迎 50 岁以上的劳动力。几乎所有的村民和地方干部都确认了这样一个事实：50 岁以上的人在就业市场上几乎无法找到工作。只有少数 50 岁以上的长者能够找到打扫卫生、守门这样的工作，收入一个月从几百元到上千元不等，无法和正式的就业相比。即便如此，这样的工作机会也并不多。还有一些 50 岁以上的男性不得不加入妇女和儿童的队伍，从事短期的采摘工作，然而，即使是这样的工作，他们也缺乏竞争力，相同时长的劳动收入远不及妇女。对于还有地可种或者有空间可以进行养殖的移民家庭来说，这还不算是太严重的问题。但是对于迁移后家庭平均土地面积小，或者土地已经集体流转的家庭来说，50 岁以上中老年人无法就业，就会导致家庭负担的增加，进一步加剧贫困。而一个有劳动能力却无劳动机会的群体的出现，有可能给当地带来更多的社会问题。中老年人缺乏就业机会，固然和结构性的就业机会短缺有关，也与上述劳务派遣制度有关。劳务派遣制度总是在挑选最年富力强又顺从老实的打工者，不会给未到退休年龄但竞争力稍差的群体机会。

和老年人情况类似的还有残疾人等弱势群体。如果是在非农就业领域，他们相对还是有办法通过种植、养殖养活自己的，哪怕是维持低水平的生计。对于移民后缺乏土地，或者土地集体流转的村庄来说，这个群体无法再依赖农业自给自足，在非农就业市场上又找不到机会，想要维持生计就十分困难。

另一个就业面临阻碍的群体是少数民族群体。回民群体难以就业与当地普遍存在的对这个群体的刻板印象有关。一种是说回族"懒"，另一种是说回族"不好管理，容易闹事"。这些刻板印象，是在刚刚开始有打工现象，市场非常不规范，打工者也缺乏经验的时期形成的。一个本人是回族的村干部回忆，在20世纪90年代初，来自西海固的回族在内蒙古打工，"住上20天，嫌工资低、条件差，胡要工钱，不给就罢工，赖着不走，（雇主）只能多给补偿。少部分人把回族印象搞坏了"。不过，如果详加分析，就会注意到，一方面，正如这位村干部所说，这是"少部分人"，并不能代表所有的回族打工者；另一方面，所谓"闹事"事实上有着更为根本的原因。根据另一位回族村干部的解释，如果碰到压两个月工资的情况，回民就会要求拿到工资，如果要求得不到满足，就马上走人，乃至"打架、骂仗"，而且往往一呼百应、抱团行动，所以总是干不长久。加以分析，就会发现这并不能说明回族工人本身有什么固有的、不可改变的问题。事实上，在最容易发生劳资纠纷的建筑业，拖欠工资几乎是常态，宁夏的惯例往往是几个月到半年一结。回族工人不愿意忍受拖欠的状况，或者对雇用者并不信任，并不是他们本身的问题，只是他们更加倾向于相互联合、支持，倾向于采取集体行动，以表达自己的诉求。事实上，在建筑业，打工者有时不得不采取"暴力"的方式来维护自己的权益，这并不是宁夏回族工人才有的特例，而是建筑业层层转包、层层垫付、拖欠工资已成常态等问题所导致的。① 因此，如果建立更为良性的用工制度，保障工人的利益，提供合法的、非暴力的集体协商渠道，那么"闹事"的可能性就会大大降低。

事实上，在劳动力市场上较为弱势的群体缺乏工作机会，这是几乎所有劳动力市场所共有的问题。然而，对生态移民来说，还有另一些"弱势"者，他们的弱势并非由于年龄、劳动能力等客观条件，而是由于作为"新来者"，缺乏信息、经验和关系网。对一些村庄来说，如果村子本身没有很好的条件与企业进行协商，或者村子以往以务农为主，缺乏打工的历史，以及缺少有经验、门路广的带头工人和能人，那么就很难为村民争取到就业机会。而一些村民自身没有打工经验，为生手段突然从务农变成打工，在迁入地信息不灵通又缺乏关系，找工作就成了难题。例如一个劳务移民村，村子本身缺乏能力为村民寻求就业渠道，村民作为新移民又缺乏经验和信息，除了40%常年在外地或外省打工的家庭，60%留在本地的家庭就业都非常不充分。村民声称自己"大部分时间闲着"。而因为缺乏门路和议价的能力，本村的平均工资甚至比其他村略低，一般而言，打零工的工资是男性100元每天，女性70元每天，略低于其他村子的平均水平。此外，他们不得不从事相对而言更为"低端"的其他打工者不愿意做的工作，所从事的工种也更加缺乏技术性。而因为缺乏经验、关系以及有能力的带头人，他们也更容易担心"要不到钱"。由此可见，在经济下行、普遍缺乏工作机会的情况下，"新来者"更可能在竞争中处于劣势，也更易受到失业的冲击。此外，村集体以及带头人的作用非常重要。有经验的能人，可以为村民提供就业的门路和信息；有能力和资源的村集体可以引入项目，在土地流转的过程中与企业谈判，增加村民的就业机会。缺乏村集体支持、能人带动，自身又欠缺经验和信息的移民，很容易沦为就业市场上的弱势者。

四　"素质论"与"等靠要"话语的迷思

上文分析了生态移民非农就业当中所存在的结构性和制度性问题，下

---

① Pun Ngai and Lu Huilin. "A Culture of Violence: The Labor Subcontracting System and Collective Actions by Construction Workers in Post-Socialist China", *The China Journal*, No. 64, 2010, pp. 143 – 158.

文试图探讨两个无论是在当地的语境中、政府的文本中，还是在学术研究中，都常见的话语，即对移民"素质低""等靠要"的批评。这种话语将个人问题当作移民贫困的一大原因。在对如何推动移民脱贫致富、促进就业的讨论中，常有一种非常普遍的认识，即移民"素质低"，无法满足就业市场的需要；"懒""好吃怕做"，无法适应打工的强度和节奏；有"等靠要"思想，成为他们无法脱贫致富的关键性障碍。这样的说法固然不乏现实依据，但是其问题在于：一是把贫困、发展等结构性问题"个人化"了；二是把复杂的历史和现实简化为一种刻板印象、流行话语乃至"污名"。继续重复和强调这种话语，并不利于真正地减贫致富。

事实上，工作机会的多少是由市场和国家决定的，换句话说，这取决于经济的总体情况以及政策的具体方案和调控措施。如果就业机会的提供相对于劳动力来说是不足的，那么总是有一部分劳动力处于失业或隐性失业的状态。这部分劳动者无论多么勤劳与努力，都不会使总体的就业机会增加。反过来，如果这部分人抢到了饭碗，那么就会有一部分更缺乏竞争力的劳动者被挤出劳动力市场。

对南部山区农民，有一种流行的说法是，因为历史上他们"靠天吃饭"，"懒"和"散"已经成为一种根深蒂固的习惯。有身为村干部的移民认为，这完全是"误传"，他这样回应，"山区人更能吃苦，为什么？因为山区条件差，一年里边要付出得更多"。在另一个村子，村干部也习惯用"懒"来解释贫困。事实上，经过追问，表面上所谓"懒"，往往有着更为深远的背景和复杂的原因。举几个例子，有村干部解释，说回族男性"懒"，是因为他们"更爱发展养殖业，不爱打工"。这就说明，这种状况更多的是由于劳动习惯和方式的不同，且与回族缺乏打工机会的现状有关。还有干部这样解释村民"懒"，他们"款也不贷，项目资金也不要，靠两个人打工，不养牛羊"，在这个例子中，"两个人打工，不养牛羊"又成了"懒"的表现。实际上，家庭不愿意贷款、不愿意参与扶贫项目可能有着自己的考量。还有村干部指出，有的村民"懒"，"家里没老人，娃娃能上学，家里房子修好了，外面还能打工，一年不愁生活，可以了，不行动了"。在这个说法中，被指"懒"的村民，实际上是打工的，其"懒"是因为满足经济现状，不谋求更进一步的发展。由上述例子可见，每一个被指责为

"懒"的表现背后，都有着不同的原因。

和"懒"类似的，还有移民"思想观念落后"的说法。例如，有干部指出本村的一些年轻女性"（坚持）在家带孩子，按说是非常好的劳动力，（企业）就需要这样年轻的好的劳动力……一定要回家"，而"转变观念需要时间，慢慢引导……如果是双职工，一个月五六千块，生活还可以"。在这样的例子中，女性"思想观念落后"，实际上并非主观的"思想"问题，而是客观情况导致的。女性承担着抚育照料子女的家庭责任，无法兼顾打工和家务劳动。如果年轻女性外出打工，也不过是把抚育责任转嫁给了老人，制造了新的"留守儿童"。有贫困户家庭就提供了现实的例子，这个家庭有三个孩子，最小的 3 岁，去年为了补贴家庭收入，妻子去青海采摘枸杞两个月，这期间孩子由丈夫的父亲帮忙看管。今年指望不上老人再来帮忙，于是妻子就不得不放弃去青海打工了。而在另一个家庭中，丈夫在青海做电厂的技工，妻子在羊绒厂打工，同时照顾两个子女。她每天早晨五点起床，安排好子女一天的生活后才能出门工作。两个孩子当中稍大的姐姐负责做午饭、照顾自己和弟弟。这样的安排之所以可行，全靠自己超长的劳动时间和担负起一部分抚育责任的大女儿。然而，不同的家庭情况各异，不是所有的女性都可以借鉴这种安排。

至于移民难于管理、干活不长久，甚至"不好惹"的说法，事实上也有着复杂的原因。刚刚从农业走向非农就业领域，移民还不适应打工的节奏和劳动制度，并不奇怪。此外，移民不太适应企业拖欠工资的做法，渴望尽快拿到薪水，不信任雇佣者，又由于缺乏相应的经验、信息和协商的渠道，只好"闹事"或者工期尚未结束就一走了之。用一位村干部的话说，"不是我们不干活，慢慢地就适应了"。这位村干部指出，附近的化工企业平时会拖欠工资 3~4 个月，甚至还有压工资 5~6 个月的情况，不过"干惯了，接受了，舍不得，就会愿意一直干"。

和"低素质"类似的，还有在地方、官方文本和学术探讨中都颇为流行的"等靠要"的话语。所谓"等靠要"，即批评农民不会主动谋求脱贫致富，而等待、依靠政府的各种政策带来的福利、扶助和补偿，甚至向政府索要。在这种话语中，农民被描绘为被动、不依靠自身的能力谋求发展的人。不过，如果不只把农民当作批判的客体，而从农民主体的角度来理解，作为理性的行动者，他们能做的，只是在可见的机会空间当中做出行动，争取可能得到的资源，把自己的利益最大化。换句话说，"等靠要"恰恰是在村民能够看得到、可实现的机会空间和制度环境里，尽可能地增进家庭收益的选择。可以说，他们实际上并不是被动的，相反，尽可能地利用政策获利，是主动地理性权衡和谋划生计的结果。农户的行为事实上与政策环境密切相关。所以说，要解决村民政策依赖的问题，与其仅仅指责他们"等靠要"，不如优化政策设计、确保公平的利益分配机制，使村民的主观能动性等得到更好的发挥、积极性得到更好的调动。

上述的"素质论"和"等靠要"话语非常普遍。当然，笔者也承认移民并非天生就是有技术的、合格的、顺从的、符合企业需求的、习惯劳动制度的工人。在历史上，任何农业人口转化为工业劳动力都需要一个漫长的转化乃至形成（making）的过程。① 事实上，在任何工业化和城市化的过程当中，劳动者从自雇小农转变为雇佣工人，都不是轻易完成的。换句话说，作为合格工人的"素质"并不是先天的，而是需要时间甚至几代人来形成的。只是说，"素质论"作为一种中国独有的话语，② 把宏观的社会、经济结构转型过程当中工作机会的供给不足，或者劳动力与机会结构性不匹配的问题，给个人化了。而这种对个人的批判对推动就业、提高收入、减少贫困并无益处，也不利于决策者做出适当的准备和政策安排。另外，表面上的"懒"和"被动"，往往有着更为复杂的历史社会根源，唯有摒弃简单地将其客体化的批评，仔细分辨这些原因，才能够真正有效地动员移民更加自主地、积极地脱贫致富。

第三节　结论与对策：农工之间的生态移民

一　结论

目前，已经很少有移民家庭不涉及非农就业，非农就业已经构成了绝

---

① Thompson, E. P. *The Making of the English Working Class*. New York: Pantheon Books. 1963.

② Yan Hairong. *New Masters, New Servants: Migration, Development, and Women Workers in China*. Calif: Duke University Press. 2008.

大多数生态移民家庭的重要收入来源。只要是有劳动力，移民家庭都会有或长期或短期，或正式或灵活的打工行为。

宁夏生态移民的非农就业具有以下几个鲜明的特点。第一，有着显著的性别分工，男性更多从事长期性的工作，而女性以打零工为主；男性多从事建筑业，而女性从事的工种较为多样，季节性采摘是其中一个典型的工作，此类工作多数分布在村庄周边的涉农企业，如种植、养殖园区。第二，有着季节性、灵活性、"散工"的特征。即使是被认为"长期稳定就业"的男性，在一年中的工作时间一般也不会超过七个月。而女性和老人的打工方式和时限则更为灵活。这种兼业的方式使农户可以兼顾打工和农业。和典型的农民工"拆分型"的劳动力再生产方式不同，这种就业方式使当地对于"稳定就业"的理解相当灵活，对失业的容忍度比较高。第三，和零工、散工的就业模式相伴生的，是劳务派遣的雇佣形式。由私人或村集体运营的劳务派遣公司，每天把散工送到需要人手的工厂，构成了企业和农户之间的桥梁。第四，这一轮的扶贫政策，尤其是产业带动的扶贫发展项目，为移民带来了更多就近工作的机会。这些企业当中涉农的项目比例非常高。虽然是雇佣劳动，但是移民仍然可以在其中从事农业，他们或承包或打工，负责种养殖当中的部分工序。

生态移民的非农就业，作为越来越显著的事实，既承载着村庄和农户脱贫致富的希望和机会，又面临不小的困境和挑战。第一，对当地政府来说，最大的挑战无疑是如何创造就业机会，使大多数有打工意愿和能力的移民可以稳定、充分就业。根据村民和干部提供的信息，近两年的就业形势并不乐观，有机会减少、收入降低的趋势。近年来，在精准扶贫的政策背景下，有的村庄引进一些项目，试图通过产业带动发展，这些项目也确实给村民就业提供了机会。不过，当这一轮的扶贫工程结束，离开政策扶持，这些产业是否还能给村民带来稳定的就业机会，有待观察。第二，看似灵活、高效率的劳务派遣制度，也蕴含相应的风险。其中最主要的问题在于，没能充分承担打工者的权益和福利，无法确保劳动者得到充分的保障。在这种情况下，一个主要依赖非农就业收入的家庭，一旦发生失业、工伤等问题，返贫的可能性就非常大。第三，推动移民非农就业的一大困境在于，在年龄、劳动能力方面较为弱势，并缺乏信息、经验和关系网络的"新来者"群体难以得到工作机会。尤其是 50~65 岁的中老年群体，虽然既有劳动能力，又有劳动意愿，但是在劳动力市场上并不受欢迎。这一群体劳动力的闲置，既构成了家庭脱贫增收的一大障碍，也不利于地方社会的和谐稳定。

最后，无论是在当地的语境中，还是在学术研究中，都存在对村民"素质低""等靠要"的批评，将这些个人问题当作移民贫困的根源，本章分析了其中的一些话语，指出唯有超越这种将问题个人化、将农民客体化的批评，才能够据实分析贫困的根源和脱贫的障碍，在此基础上采取更能发挥移民主观能动性的政策设计。

除了部分劳务移民——在政策设计当中，这部分移民同时完成迁移和城市化，转变为工资劳动者——大部分生态移民依旧保持着和土地的联系，然而，他们所面临的不仅仅是自然环境的改变，更有地理位置、土地拥有和使用情况的改变，以及新的政策环境。搬迁的同时，或主动或被动的城镇化也在发生。所有这些情况都推动着移民在农业与非农劳动当中，重新安排家庭劳动力的投入与分工，以维持生计。他们不再是纯粹的农业劳动者，也和典型的农民工不一样，处于农业和工业之间、农民和工人之间，甚至是农民和农民工之间。

二　对策

（一）精准分析失业原因，提供精准化就业服务

本章认为，与扶贫工程类似，推动移民就业的服务和支持举措，也需要精准化。首先，精准化地推动就业，有赖在宏观的层次上更为准确地、敏锐地把握就业不足的原因。例如，对结构性的失业，即劳动力的供给与产业需求不匹配，就需要迅速反应，做出调整。其次，重要的是对移民个人和家庭失业原因识别的精准化，并且针对不同原因、不同群体，提供不同的就业服务方案。对就业市场上的弱势人群，地方政府应与被引入的企业协商，为他们创造更多的保障性就业机会。例如，对于残疾人就业，月牙湖滨河家园就通过和被引入的企业协商，使肉兔养殖基地以雇用本村残疾人为主。这样的做法无疑是值得效仿的。在为移民创造保障性就业机会的基础上，地方政府还应分析不同群体的特点，引导他们进入更能充分发

挥其优势的产业。例如，对 50 岁以上的劳动力，可能不适应新型的工业劳动，但是他们有着丰富的农业劳动经验，可以更多地进入涉农企业。

最后，精准化还意味着，需要超越"素质论""等靠要"话语，不再把移民当作懒惰又落后的客体、批评和思想教育的对象。在这样的理念下，首先，给移民提供更为实用的、符合就业市场现实的技能培训就非常关键。在我们的调查中，有 21.6% 的移民参加过政府组织的就业培训，而其中认为有帮助和有很大帮助的，只占到 40.5%。可见，在提供更为有效的而非形式化的就业培训方面，还大有提升空间。其次，精准分析表面上的"懒""思想观念落后""难以管理"背后的原因，并解决这些困难。例如，提供充分的公共育儿服务，才能使年轻女性更无后顾之忧地打工。为污名化的群体提供良好友善的工作环境，尤其是通畅的集体协商途径，才能免除他们的畏惧、障碍和后顾之忧。本地人由于维权方式激烈，给人不好组织管理的印象，以至于一些建筑工程更愿雇用外地农民工，甚至是来自南方的工人。针对这种情况，需要建立劳资之间更加正式化的集体协商机制，在保护打工者权益的同时，消除劳动者对雇主的不信任，也消除雇主对当地人"不好惹"的误解。

（二）发展公益性劳务派遣服务，推动建立劳动保障体系

如前文所述，目前的劳务派遣制度，一方面确实更有效率地链接了企业和打工者，另一方面也存在劳动权益和保障不足的问题。针对这个问题，一个有效的解决方案是：乡镇以及村集体更积极地在劳务派遣制度当中发挥作用。政府的劳务派遣组织，面对企业，比村民有更强的协商能力，同时，面对村民，也更能够获得他们的信任。根据我们的调查，有一半以上（54.9%）的村民希望在未来，能够通过政府介绍的渠道获得工作，而不是劳务派遣公司（4%）。

前文提及的原隆村村集体成立的劳务派遣公司，还有大武口隆湖星海镇新民社区的村集体劳务派遣公司，都有潜力在保护村民、集体协商方面发挥更大的作用。根据介绍，原隆村的公司只收取交通和组织成本，尽可能地降低对村民收入的抽取，并且在企业无法按时结清工资的情况下，还会为村民垫付工资。事实上，由乡镇政府或村集体主持的劳务派遣组织还可以在公益性方面走得更远。首先，将劳务派遣机构定性为"社会企业"

或者"非营利组织"。这就确保了公司和其他私营企业不一样，不与村民分利。此外，这种组织可以更多地承担集体协商的功能，帮助村民维护自身的权益，还可以在事故、纠纷出现的时候代表村民进行协商。如上文所述，和私营的公司相比，村集体的劳务派遣公司对于较远的打工机会没有什么竞争优势，但是对于附近的企业来说，村集体是有资源和能力与其协商的，可以在为村民争取更多工作机会的同时，兼顾对村民权益的保护。例如，大武口隆湖公司的一个设想是：监督企业与村民的签约，监督合约的履行；对于拖欠工资的情况，公司帮助村民出面讨要工资；如果出现工伤或其他劳动纠纷，则参与协调，或是为村民提供法律援助；出现其他问题，也愿意帮助村民解决。这些设想都是值得推广的。如果公益性的劳务派遣机构能够切实执行上述功能，那么其最显著的效果将是保护居民免受损失，使其不至于因伤返贫，从长远来看，也有利于移民的非农就业正常化和良性发展。

另外，生态移民的非农就业已经成为其主要的收入来源，无论是否预期，移民的非农化趋势已经是一个事实。如上文所言，处于农与工之间的移民，已经或正在转变为雇佣劳动者。与此情况并存的，是迁入地不同程度的社会保障负担，可以预见，随着移民的继续迁入、老去，这个负担还将继续加重。在这种情况下，将劳动保障纳入考虑，建设一个初步的劳动保障体系，就变得非常重要。一方面，有了充分的劳动保障，等于给移民提供了安全网，大大降低了其因病、因伤或失业返贫的风险。另一方面，这也大大减轻了地方的社会保障负担，有利于建立一个更为常态化的、良性的社会保障系统。

总之，移民搬迁工程一般会考虑迁入地的环境承载能力，包括土地和水源等资源承载人口的能力。我们的调查已经发现，目前生态移民的迁入地存在水资源紧张、土地灌溉不足的情况。事实上，劳动就业的问题亦是同理。毫无疑问，非农就业对移民来说已经是重要的收入来源。那么，对移民安置来说，确保就业机会就和确保环境资源同等重要。对生态移民的非农就业问题，尤其需要用动态的、长远的、结构性的眼光来看，移民在迁移的同时，也不同程度地被卷入农业现代化、工业化和城镇化的浪潮中。这就需要更具前瞻性的规划。面对迁入地劳动力供给的增加，不能简单地寄希望于把这些劳动力转移到东部和南部，而应该看到，与人口红利消失，东部、南部用工荒并存的，是经济新常态、产业结构转型与升级、机器换人乃至农业机器换人的新情况，以及"拆分型"就业作为权宜之计的不人道之处（造成家庭分离、导致大量留守老人与儿童）。所以，应结合本地的优势和特点，进一步探索当地的就近打工、兼顾农工的方式，开发特色农业领域，吸纳更多劳动力加入。当然，虽然农工之间的非正式劳动，有利于劳动力的有效配置和家庭收益的最大化，也符合当地人当前的劳动、生活习惯，但是在探索这种就业方式的过程中，劳动权益和福利保障不应缺位。反过来，不应使"非正式劳动"成为三不管领域，要具有统筹性和前瞻性，加大正式的劳动保障的建设。总之，安置并不是移民工程的终点，而是一个新的开始，要让劳动者有机会通过自身劳动，维持生计、脱贫致富，还要让他们有尊严地、体面地就业，保护他们免受失业风险，避免新贫困群体的形成。

案例研究2：
月牙湖生态移民

陈明昱

第一节 月牙湖乡基本情况与扶贫工作概况

银川市兴庆区月牙湖乡位于银川市东北部，距银川市中心58公里，地处毛乌素沙漠与黄河交接处，西临黄河与贺兰县为界，东与内蒙古鄂尔多斯鄂托克前旗接壤，南以明长城为界与灵武市毗邻，北与平罗县高仁乡相连。行政管辖面积为333平方公里，南北长58.8公里，东西宽9.3公里。该乡属内陆中温带干旱气候区，冬冷长，夏热短，太阳辐射强，全年干旱少雨，冬春多风，无霜期短，早晚温差大。地表东高西低，相差30米，东部需灌溉，西部盐碱化严重，土地主要由第四系风积沙组成，属平铺沙地，多为干燥型半固定浮沙地，有机质低，土壤肥力较差。月牙湖乡现有耕地4.28万亩（其中包括为生态移民开发的1.38万亩）、林地1120亩、黄河湿地2.3万亩。

月牙湖乡下辖12个行政村，共83个村民小组，现有6646户，30894人，其中回族16991人，占总人口的55%。1989年自治区党委、政府为推动南部山区群众脱贫致富，决定对海原县贫困乡镇实施整村搬迁，共搬迁

3000 户 15000 人。移民之初，由海原县成立月牙湖区公所进行管理；1999
年 12 月移交原陶乐县人民政府管理；2004 年 2 月经自治区规划调整，移交
银川市兴庆区人民政府管辖，共成立了七个行政村（其中六个村为早期移
民村，后文中称为老移民村，月牙湖村为原住民的村庄）。"十二五"期间，
宁夏回族自治区实施了生态移民项目，到 2015 年底，新移民已全部搬迁入
住，并成立了五个行政村（后文称为新移民村）。

　　总的来说，自生态移民稳定落户以来，全乡的经济情况逐年改善，社
会生产总值达到 9.1 亿元；全乡农业生产总值达到 1.1 亿元，比五年前增长
275%；农民人均可支配收入达到 8530 元，比 2011 年增长 113%。到 2016
年底，粮食总产量达到 93650 吨，其中小麦 34800 吨、玉米 50200 吨、其他
作物 8650 吨。"十二五"期间，全乡累计完成经果林种植 1.3 万亩，完成
饲草种植 1.5 万亩，完成中药材种植 1.1 万亩，完成苗圃种植 1500 亩，建
设现代农业科技示范园 2 处，占地 975 亩。在畜牧养殖方面，乡政府致力于
推动发展庭院养殖，并且推进养殖园区和养殖示范基地建设，累计养殖黄
牛 9900 头、羊 81370 只，奶牛现存栏 2056 头，蛋鸡存栏约 5 万只。除种
植、养殖之外，移民务工就业也是大力推动发展的一个方向，迄今为止，
月牙湖成立劳务协会 4 个，注册劳务派遣公司 1 个，培养劳务经纪人 50 名，
劳务输出创收累计达到 5.1 亿元（其中 2016 年达 1.1 亿元），劳务产业真正
成为群众收入的"铁杆庄稼"。为了更好地推动非农就业，本乡引进了多项
劳动密集型产业，如宁夏中银绒业月牙湖针织厂、宁夏周景世荣花卉进出
口有限公司、云南西月贸易有限公司、宁夏荣德百瑞农业科技开发有限公
司等，形成了五大支柱产业。2016 年底，乡镇企业生产总值达到 17.9 亿
元，实现利润 7000 万元。

　　在精准扶贫方面，月牙湖乡于 2014 年开始，展开对贫困户的精准识别
工作。2016 年 8 月，月牙湖乡与兴庆区 5 个街道形成"结对共建"的精准
识别工作机制，开展精准识别入户调查工作，完成对滨河家园五个村的精
准识别工作，达到"精准到户，精准到人，一户两档（一电子档，一纸质
档）"的目标要求。2016 年，月牙湖乡 12 个村录入"扶贫云"系统的建档
立卡户有 2022 户 8575 人，其中银川市定点扶贫村 5 个，均为新移民村，有
建档立卡户 1854 户 8021 人，占全乡总户数的 25.8%；有后进村 7 个，均为

老移民村，有建档立卡户 168 户 554 人，占全乡总户数的 2.3%。经过前期全乡干部职工入户摸底调查，初步掌握了全乡建档立卡户基本情况。调查发现，年平均可支配收入大于 2800 元的贫困户有 748 户 3300 人。针对这些收入超标户，月牙湖乡将通过"五看十步"法进行严格审核，并严格按照自治区脱贫手册中退出程序的步骤和要求，以群众申请、村民小组提名、乡村两级验收的程序按月逐步退出。

扶贫工作的具体举措主要有以下几个方面。首先，由兴庆区委、区政府牵头，扶贫办及月牙湖乡实施，结对共建街道及各业务局、企业、银行等参与，成立了月牙湖乡扶贫攻坚办公室，与此同时，细化了自治区、银川市、兴庆区三级驻点，完善了自治区、银川市、兴庆区、乡政府四级帮扶到户到人机制，实行了"村第一书记"和驻村工作队选派全覆盖。其次，为建立瞄准机制，对贫困户实行"靶向治疗"，月牙湖乡梳理出台了十个到户到人政策：订单培训到户到人、产业扶贫到户到人、助学到户到人、金融扶贫贴息到户到人、企业和专业合作社带动到户到人、基础设施建设（安全饮水、道路、生态家园建设等）到户到人、低保衔接到户到人、救助济医到户到人、责任帮扶到户到人、帮扶措施到户到人。此外的工作还有：联合中国人寿保险公司就建档立卡户精准扶贫"脱贫保"工作进行安排，为确保"脱贫保"工作顺利推进，政府全额承担保费金额；成立建档立卡户合作社，乡政府联合中国银行和宁夏骏华牧业，创新金融扶贫模式，确定各村有种植、养殖、店铺等产业的建档立卡户名单，依照扶贫政策，争取扶贫资金向有产业的贫困户每户补助 3000 元，用以推动建档立卡户发展。

第二节　自发移民的发展模式分析
——以海陶北村为例

一　基本情况

兴庆区月牙湖乡海陶北村东临毛乌素沙漠，西靠 203 省道，南面紧挨海陶南村，北接大塘南村，现有 6 个生产队，居住 430 户约 1800 人，党员 35 人，属纯回族聚集村。有耕地 3850 亩，牛存栏 1300 余头，羊存栏 3328 余只。2016 年，该村年农民人均可支配收入达 10090 元。海陶北村现有的 1800 人中，妇女、儿童、老人加起来有 800 多人，其中老人 150 多人，有建档立卡户 31 户 132 人。因海陶北村搬迁时间较早，在村干部的带领下，发展动力较足，各家积累的固定资产较多，人均 3 亩地供于种植，宅基地面积较大，适合发展庭院养殖。此外，该村大部分青壮年则是通过外出务工增加家庭收入。作为一个扶贫功效卓著的村子，海陶北村曾获得不少嘉奖，先后被评为扶贫开发先进村、平安村，脱贫致富先进村、文明村以及五创工作先进集体、先进党组织等，被自治区列为"整村推进"示范村。

事实上，这样一个"先进典型"的村庄，并没有什么得天独厚的条件。本村的移民都来自海原县山区，于 1985 年开始"吊庄移民"，属于政策性自发移民搬迁，村民的文化水平普遍不高。从村级的治理班子来看，海陶北村的支部书记是 12 个行政村两委班子里唯一不识字的村干部。虽然文化水平较低，丁支书却将海陶北村管理得井井有条，使其成为月牙湖乡村民增收较为稳定的一个模范村。究竟是什么原因能够让一个不识字的村干部，带领全村农户增加收入，成为全乡经济发展、社会管理的佼佼者呢？对这个问题，在丁支书对本村移民史的回顾中，我们似乎可以找到一些答案。

据丁支书的回忆，至 1989 年，共搬来 30 余户。丁支书是这样描述老家的情况的："我们就是在大山里长大的，是一个常年干旱少雨的地方，地处宁夏中南部干旱带上，年均降雨量仅有 200 多毫米，蒸发量却高达 2000 多毫米，而且经常连续多年没有有效降雨；又因属于山区，修路、通电、通水困难较大，种下麦子连种子钱都收不回来，为了能喝上一口干净的水，我们经常要跑到几十公里以外去拉，一桶水拉回来，一般都是先紧着人喝，然后淘米做饭、洗菜、喂牲畜，再洗衣服、拖地，最后用来浇地。那时候干旱就像挥之不去的梦魇，把那个地区的农民死死困住，农业、畜牧业都无法发展，始终摆脱不了贫困。后来看到周围的老乡都通过移民走出了大山，我们意识到，困守大山绝无出路，原来'故土难离、穷家难舍'的传统观念需要转变，于是大家的思想观念变为'与其愚公移山，不如走出大山'，全部按照政策搬迁到了现在的月牙湖乡，每人分得 2.5 亩土地，并领取政策补助 200 元（搬迁安置费用）。"不过，移民的进程并非一帆风顺，甚至令人始料未及。初来月牙湖乡，面对土壤贫瘠、黄沙满天、发展基础脆弱的现实，原来一起移民来的 30 余户心灰意冷，逐渐返回到海原老家，最后竟然仅剩丁支书一户坚持留了下来。丁支书将返回老家的那些人的地都低价买来，逐渐改造沙土。随着改造的不断深入，收入也逐渐增加，经过这番努力，生活要远远好于在海原老家。老家的亲戚朋友逐渐了解到丁支书的发展情况，便以血缘、亲缘、地缘为纽带，自主地、理性地依靠自己的力量和资源离开原住地，搬迁到月牙湖来安居、就业和生活。随后，搬迁而来的吊庄移民经历了"一年建成家园，三年解决温饱，五年逐步致富"，特别是随着搬迁移民人口规模的逐渐稳定，政府对基础设施、教育事业的投入加大，加上劳务产业的快速崛起，移民的经济、生活和自然条件都已经远非当初可比。

二　产业发展概况与分析

海陶北村的移民历史原因，使得本村的耕地分配并非绝对均匀。如上文所述，早期移民返回海原将土地廉价转让，这使得搬来较早、时间较长、肯下苦进行土地改造的农户家，现有可耕种土地面积较大。

在月牙湖乡调研这些日子来，听本地干部介绍当年改造这片生存家园的场景，就像是放映了一场老电影：1988 年，面对毛乌素沙漠边缘的高沙地，来到这里的移民群众多少都有些失望，随着一些人的返乡，多数人都动摇了，然而，一些敢于改造自然的人们留了下来，看着眼前的景象，接受这一切。他们逐步探索沙土地改良办法、提高扬黄灌溉利用率方法，并寻找适合沙土地种植的农作物。

1987 年，当地政府为保障自 1985 年开始搬迁而来的自发移民 3000 户 15000 人的农业生产问题，建设了二级扬黄灌溉设施，可供 2.2 万亩土地灌溉使用，预计使用寿命为 25 年。但随着一段时间的耕种，高沙地蒸发性高、灌溉用水量大，产量却少之又少。面对这种状况，村民对沙土地进行了逐步的改良：一是通过逐年拉土改良土质；二是铺垫防蒸发、防高渗地膜，保持水源；三是探索改良农压肥，增加土地肥力；四是种植防风固沙植被，扎草方格控制土地沙化；五是克服东高西低地势（东边接壤毛乌素沙漠，西边紧邻黄河），提高扬黄灌溉利用率。直至 2000 年，平均一亩地能产 600 ~ 700 斤小麦。同时，一些群众带领种植甘草、发菜、麻黄等中药材发家致富。

水土改造的不懈努力，给当地农业发展带来了生机，然而到了今天，种植条件又面临新的问题和限制：经过近 20 年的耕种，地膜保持水土同时，会反渗造成土地盐碱化，现在土地盐碱化程度已经非常高，全村 3800 亩土地均有不同程度的盐碱化。此外，随着时间的逐步推移，扬黄灌溉渡槽已超负荷运行，所有灌溉设备已老化，灌溉率较低、产率较低，在用水高峰期甚至难以保证全乡农作物灌溉量，大大降低了农作物的产量。干旱、土地沙化与盐碱化依然是农业发展的制约因素。

和其他一些新移民村相比，海陶北村宅基地面积较大，村民对养殖牛、羊有丰富经验，适合发展庭院养殖。现海陶北村共有牛存栏 1300 余头，羊存栏 3328 余只。其中黄牛庭院养殖发展效果良好，现有占地面积约 12500 平方米的养殖园区，有养殖户 120 户（其中有 13 户是带头人），圈棚 125 个，饲养肉牛、黄牛 853 头，淹草池等配套设施一应俱全；此外，还有散养户 200 余户，每户每年出栏 3 ~ 4 头牛，可获得 4 万 ~ 5 万元收益。

2016 年 4 月 13 日，全国政协副主席李海峰一行到月牙湖乡开展精准扶贫工作调研，重点实地调研了海陶北村庭院养殖情况，并与海陶北村养殖农户座谈，李海峰说：“从庭院养殖的情况和农户家庭状况来看，我们的精准扶贫效果显著，能够带动村民致富，这种经验可以多做交流。我们老移民懂得借力发力，跟随政府脚步自力更生的能力较强，才会有今天的变化。”

虽然海陶北村养殖业的发展处于良好的发展态势，但是当前养殖业的局限是不容忽视的：首先，现在养殖园区圈棚已破烂不堪，一些圈棚需改造重修；其次，农户养殖愿望强烈，已经开始养殖的农户都希望再扩大规模，发展规模养殖，实现集约化的经营，实行统一购买和销售的模式，但投入较大，贷款难度大，并且月牙湖乡建设用地寥寥无几，无法建设大规模的牛圈牛棚，只能在现有基础上发展。

对于发展劳务输出而言，月牙湖乡具有地理位置上的优势。本乡地处银川市东北角，兵沟大桥及滨河大桥的修建缩短了月牙湖至银川市区的车程，便利的交通为移民地区大量青壮年长期外出务工提供了短距劳务输出条件。此外，结合地理位置毗邻滨河新区、内蒙古上海庙等有利条件，积极对接用工地区，推动贫困人口进工厂、进工地，做保洁、做保安等。目前，用工市场除本乡企业外，主要集中在银东滨河新区、红墩子矿区、宁东能源化工基地、黄沙古渡景区、青海诺木洪枸杞种植基地、新疆棉花种植生产基地及银川周边餐饮、物流、建筑业集中地区。2016 年，海陶北村外出务工人员达 1100 人，其中在宁夏当地务工的有 800 人，劳务输出到省外的有 300 人，年人均收入可增加 3 万～4 万元。此外，该村有 20 余户开大车搞运输，这样的家庭收入会较其他家庭更高一些，家庭条件也较为优越。

当然，劳务输出发展所面临的问题也十分显著：随着滨河新区、上海庙的发展趋于稳定，用工信息来源越来越少，机会也越来越少，并且用工单位对学历、技术技能的要求越来越高，村民自身的文化素质与技术技能限制了其外出务工的范围和收入。

第三节　非自发移民的发展模式分析
——以滨河家园三村为例

一　基本情况

月牙湖乡滨河三村位于兴庆区与平罗县交界处，紧邻黄河，西到 203 省道红线，东到鄂尔多斯台地，距月牙湖乡政府 4 公里。该村成立于 2013 年 5 月，为回汉混居村，现有 803 户村民，共 3698 人，其中回族 380 户，汉族 423 户，全部为固原市彭阳县搬迁至此的生态移民，是典型的生态移民村。"十二五"期间，兴庆区月牙湖乡承担自治区实施中南部地区生态移民决策部署中的 3979 户 1.68 万人的移民安置任务，到 2015 年底，建成户均室内面积为 54 平方米（宅基地面积 0.33 亩）的安置房 3979 套，并全部搬迁入住。新开发整理土地 13820 亩，并配套完成了沟渠、农田林网、防洪坝、泄洪沟等农田水利设施，以及公路、幼儿园、中小学、2 万平方米的商业街等与民生相关的建设。

本村现有回族 1905 人，汉族 1879 人，劳动力 1682 人。规模流转耕地有 3408 亩，有奶牛 803 头。贫困建档立卡户有 378 户，共 1758 人。现有党员 81 人。滨河三村现有八个村民小组，全村收入主要以劳务输出为主，村民无土地，收入结构单一、收入低，属于典型的"空壳"村。

社会事业发展方面，滨河家园三村现有村级小学 1 所，学龄儿童 68 人，义务教育阶段人数为 418 人，卫生室 1 个，老年活动室 1 个。为了更好地带动农民增收和发展壮大，村集体推行"支部＋企业＋协会＋农户"的党建模式，村两委班子分别组织成立了滨河三村村级发展资金互助社、滨河家园三村劳务输出协会、红树莓种植合作社，每年能带动 1500 名建档立卡贫困户创业增收。2015 年该村先后被月牙湖乡评为"党建、精神文明先进集体"和"2015 年村级综合考评先进集体一等奖"，2016 年该村党支部被银川市评为优秀基层党组织。

为了使移民群众脱贫致富，月牙湖乡形成了"五个一保基础，多产业促增收"的致富产业模式，来解决不同层次移民群众的创业就业问题。为了增加移民群众的收入、推动劳务产业的发展，滨河家园三村党支部及劳务输出协会以为村民提供就业信息、开展技能培训、积极协调争取各类小额贷款支持青年创业等内容为宗旨，通过运用村级发展资金、增加融资渠道、联系工厂企业、创造就业岗位，充分带动村民外出务工。2016 年，该村农户人均可支配收入有 6850 元，比移民前人均收入 3500 元增加了95.7％。在该村 1600 多名青壮年劳动力中，除了一部分在家从事蔬菜、红树莓种植外，840 余人通过劳务输出协会在劳务经纪人的带领下分别在红树莓种植基地、青海枸杞基地（诺木洪农场、德令哈基地）、兰州铁路局、滨河经济开发区以及辖区重点工程施工地等打工，日平均每人工资在 80 元以上，月人均工资在 2400 元左右，全村每月仅劳务收入一项就达 19.2 万元。另外全村土地流转费为人均 380 元，奶牛托管费户均为 2800 元，其他人均收入为 580 元。

在推动经济发展、扶贫增收的过程中，村子还注意对特殊社会群体的支持：为使滨河三村在家部分老年人、残疾人、留守妇女等弱势人群在当地有稳定就业环境，2015 年 4 月村党支部成立了"兴庆区月牙湖乡滨河家园树莓、肉兔农民专业合作社"，通过就地务工，在减少基本生活开支的前提下，截至 2015 年底该部分村民为家庭平均增加补贴至少已达 4000 元，这不仅提高了农户家庭基本生活水平和生活质量，也增加了村集体经济收入。

二　产业发展概况与分析

和海陶北村不同，滨河三村人均土地面积比较小，政府承诺"人均一亩地"。对于这种情况，村庄试图推进土地规模经营，以此保证移民的基本收入。结合兴庆区提出的"现代农业精品区"发展目标，移民安置区土地全部以每亩300斤小麦的当年市场收购价进行流转，大面积推广畜草种植，为万亩生态奶牛养殖园区提供饲草供给。土地集体流转给移民带来了稳定的收入，同时把移民从土地上解放出来，促进了劳动力向第二、第三产业转移。这项举措也使移民的劳务收入占比增加。不过，这项举措也带来了一些尚未解决的问题。按照计划，人均的一亩地全部流转给企业集中经营，每年每亩地为移民发放与当年300斤小麦等价的流转费用，但由于用水、土质等因素，加之土地流转企业种植品种单一，土地流转费用很难在每年年末结清，存在拖欠现象，这致使群众生产生活需求难以保障，甚至造成群众上访。

除了"人均一亩地"外，移民还有"户均一亩经果林"。兴庆区将2500亩节水灌区分配给五个村作为村集体经济，原则上达到户均一亩自种地。这能够部分地解决50岁以上移民劳动力闲置问题。此外，月牙湖乡还引入宁夏荣德百瑞农业科技开发有限公司，其经营采取"公司＋合作社＋村委会＋农户"的模式。具体参与这个项目的，包括月牙湖乡滨河家园一、二、三、四、五村移民。经过近三年的建设，完成了月牙湖树莓生态产业园2500亩红树莓种植区及1800平方米冷库的建设工作。产业园每年从公司收益中为滨河家园五个村提供分红，作为村集体经济收入。除了集体收入，产业园还给当地移民带来了工作机会。一方面，从月牙湖乡树莓生态产业园建园初期，就开始从移民中选拔、培训移民，经过两年多的培养，选取一部分表现优秀的人员进入园区管理团队。目前，园区所有从业人员都基本掌握了树莓种植、采摘技术等就业技能。另一方面，在盛果采摘季从各村优先选用中老年人、妇女等剩余劳动力开展田间管理、收获采摘等工作。不过，产业园对实现移民的脱贫增收来说，效果非常有限。这是由于，该企业属于季节性用工企业，园区长期用工只有36人（其中建档立卡户24户），第四季度用工人数较少，4～10月采摘期用工600～800人，用工数量只占滨河家园建档立卡户总数的9%左右，对建档立卡贫困户增收、实现精准脱贫作用有限。

除了"一亩地""一亩林"外，滨河三村的移民还享有"户均一头牛"。其具体举措是，政府为移民户均购置一头成年奶牛，由万亩生态奶牛养殖园区企业进行托管饲养，目前 3979 头奶牛已经全部入园。每头奶牛的托管期限为 6 年，企业每年为每头奶牛返还 2800 元的固定收益分成，这项收入为移民的基础收入提供了一部分保障。此外，这个项目还致力于促进万亩奶牛园区逐步发展，成为全区乃至全国的优质奶源区。不过，虽然规划良好，但是实施过程中仍然存在难以解决的问题，自移民初期，共引进 11 家奶牛企业，托管费用拖后、延发、迟发现象严重。例如，2016 年 2 月才将 2015 年滨河一村至滨河四村全年奶牛托管费发放完毕。

另外，"户均一个庭院"也蕴含地方政府试图通过发展庭院经济，吸纳剩余劳动力，为移民增收的设想。通过招商引资，当地引进了集清真肉兔养殖、良繁、屠宰加工和销售为一体的企业在滨河家园建厂兴业。其经营采取"农户 + 合作社 + 企业"的模式：移民在庭院内利用立体空间养殖肉兔，企业提供统一的饲养和繁育技术并进行收购。不过，养殖庭院经济的发展受制于庭院的面积，滨河家园生态移民群众庭院住房按照统一规划、统一标准建设，住房面积为 54 平方米，宅基地为 0.33 亩。对于人口较多的家庭，需要在有限的庭院里扩建住房，导致庭院面积减少，庭院养殖难以发展；未建住房的庭院，可以饲养家禽、兔子等，牛、羊等大型家畜仍然无法饲养，并且无处放牧。

"户均一人外出务工"是移民增收的一项重要来源，甚至可谓移民家庭的"铁杆庄稼"。滨河家园毗邻滨河新区、红墩子煤矿、内蒙古上海庙、月牙湖万亩奶牛生态养殖园区，是本村移民外出务工的一个有利条件。为了促进和扶助移民务工，乡内组建移民劳务协会 4 个，培育劳务经纪人 36 名。2016 年，月牙湖移民外出务工达 6500 余人，户均达到 2 人，创收 7200 万元，劳务收入占家庭总收入的 65% 以上。虽然务工确实带来了切实可观的收入，不过在一定程度上，月牙湖乡滨河家园移民在就业市场上还处于较为弱势的地位。作为"初来乍到"的新移民，他们对新的就业环境还处于懵懂与试探状态，特别是缺乏对市场统一标准和工时工费标准的认识。在这样的信息不对等的情况下，一些包工头在将村民带出务工的过程中，收取不合理的中介费用，大大降低了移民务工应得的劳动报酬。而新移民缺乏经验、"胆小"，只能跟随这样的"包工头"外出。此外，还有少数打工者存在偷奸耍滑、偷工减料、偷时补休的问题。虽然只是少数，但这种问题的发生，大大降低了附近就业市场上滨河家园务工群众的声誉。这导致的一个后果是，即便有用工单位招工，也不会考虑月牙湖乡本地的村民。另外，月牙湖乡回族人口较多，外出务工受到饮食习惯的限制。最后，由于当地打工者吃苦耐劳精神较差、文化素质较低、技术技能匮乏，并且必须保证每天都可以回家，因此，即便外出务工也仅局限于打零工、短工，做苦力活，用工无保障且工费低，于是，又形成了恶性循环，工资低、活累而杂，导致群众不愿意外出务工。

除上述种植、养殖以及劳务输出的发展之外，兴庆区还引进了多项劳动密集型产业。①羊绒针织厂。宁夏中银绒业股份有限公司月牙湖分厂，年产 100 万件羊绒衫，年产值可达 2 亿元，可安排 1500 人就业，目前已解决 370 名移民就业问题，人均月工资 1600 元以上，并缴纳五险一金。②花卉种植园区。采取"基地 + 企业 + 农户"的合作模式，将建成的 400 栋温棚作为企业花卉生产基地，由移民免费承包生产，企业免费给移民提供生产资料和技术指导，并以固定价格收购销售。2014 年，花卉长势好、品质高，鲜花已进入北京以及日本、韩国等市场，每户花农平均收入达到 2.5 万元。③社区创业平台。结合"万村千乡市场工程"，全乡已经建成并投运 220 套 1.2 万平方米商业网点和占地 12 亩的社区农贸市场，引导移民创办家庭商铺，使 400 多户移民实现了自主创业，满足了移民日常生活需求、活跃了新老移民区的商贸流通。不过，现有当地企业支持扶贫工作的力量依然有限。目前，五家企业长期用工 601 人，其中建档立卡户 104 户 129 人，人均月工资 2000～2500 元。由此可见，已形成规模企业用工数远小于需要脱贫人数，暂时还不能在精准脱贫中发挥主导作用。

第四节　对自发与非自发移民
发展模式的比较分析

一　两种发展模式的优与劣

自发移民与非自发移民之间最大的差异在于后者进行了土地流转，而前者没有。土地流转无疑给移民带来了一定的挑战。一方面，生态移民群众在原有村落基础上，打乱、重组为现有新的委员会、新的村落、新的大家庭，面对陌生的地方、陌生的环境、陌生的人群，"归属感"需要重新建立。另一方面，生态移民须面对人均一亩地流转给企业统一承包。而土地是农民的根本，失去了土地，农民群众就失去了"命根子"，用较为贴切的词语形容就是失去了"安全感"。在"归属感""安全感"双失的现状下，便会引发一系列问题。农民一直以来是依靠土地维持生活的，虽然不宽裕，但充实了时间、贴补了家用，使他们找到自己存在的价值，一旦没有了土地，他们在短时间内很难找到自己的定位，难以在短时间内适应已经改变了的生活状况。但总体上农民土地流转，利大于弊。

　　首先，我们可以先来对比一下自发移民和生态移民种植业的发展状况。自发移民村如上述海陶北村，政府给予帮助解决农田灌溉基础设施问题，土地种植条件需要群众一步步摸索，一段时间形成了固有耕种模式，种植种类也是按照群众意愿发展的。土地不多，年轻人可以外出务工，家中老人、妇女可以在家做农活，但自耕自种方式下的农户与政府承担着极端天气等带来的损失。2016 年 7 月 3 日下午 7 点左右，月牙湖乡遭受大风袭击，七个老移民村（自发移民村）农作物受损严重，其中受损小麦达 4748.5 亩、受损玉米达 6187.1 亩。群众基本无法自身承担灾害的损失，于是集体向乡政府讨要灾害损失费用，要求政府赔偿，为确保群众损失降至最低，政府聘请专家、保险公司人员、农业技术人员等估算受灾损失，根据实际情况予以赔偿。

　　与海陶北村不同，滨河家园群众在移民至月牙湖乡时便获得了人均一亩地，由政府开荒改良，引进适合该土地性质的农作物，统一流转给企业，每年获得固定的土地流转费用，将农民彻底从土地上解放出来，这部分收入作为固定性收入，风险全部由企业自行承担，既减少了农民自己的生活压力，使其有了生活保障，又帮助政府分担了一部分社会责任和负担，可以让移民群众无后顾之忧地外出务工，增加收入。但农民意识还未跟上，认为没有了土地，便不知道自己该如何开始现在的生活，通过接触，从村干部到村民，都仍然认为，农民就是土地的儿子，就应该以种地为生，这种故步自封的思想让他们很难迈出走向城镇化的第一步。

　　对比自发移民和生态移民养殖业的发展。自发移民的家庭养殖，既有着好成绩，也伴生着一定的问题。前文中列举的海陶北村庭院养殖以及自建肉牛养殖园区，无疑有着成功的经验。基本上老移民村的养殖业发展都是以海陶北村为模板的。每个村都有十来户养殖大户，作为养殖带头人，带领周围群众发展养殖业，利用齿轮带动原理，打造了月牙湖乡清真特色牛肉市场，带动了全乡养殖业的发展。以海陶北村为例，庭院养殖以及园区养殖，均可以解决老年人及妇女的日常生产劳作问题，家里青壮年可以发展大车运输业，或者学习技术技能外出务工，家庭成员均有事可做，家庭收入是非常丰厚的。不过，养殖生产虽然增加了农户收入，也带来了各种风险，给农户增加了负担。如在 2015 年 12 月群众得到帮扶单位发放的羊只，2016 年 6 月羊却因病死亡，群众到乡政府哭诉，认为帮扶单位给的羊是病羊，要求政府赔偿，类似事件并不属于特殊事例，看似可笑、可叹，却实实在在在某种程度上让政府承担了"无头责任"。此外，老移民村养殖业较为分散，建设用地寥寥无几，很难发展为大规模养殖产业。月牙湖乡农户法律意识淡薄，导致偷牧现象严重，加大了乡政府工作压力（乡政府无执法权），又对生态造成了一定程度的破坏。

　　反观滨河家园这样的非自发生态移民村，农户庭院面积有限，难以复制海陶北村的经验。一方面，考虑到现实条件的限制，另一方面，经过了前期自发移民养殖业的发展历程，总结了经验和教训，区政府在做移民安置规划时，就探索了新的模式，直接兴建了规模化的养殖园。这个奶牛养殖园区投资 3 亿元，占地 1.28 万亩，可存栏 3.6 万头奶牛，以"高起点规划、高水平建设、高效率推进、高标准生产"的原则，按照现代农业示范区的建设标准进行规划设计。修建了道路、供排水、绿化、生产装备和工艺技术等配套设施，建成了 15 个标准化规模奶牛养殖园区，实现了对每头牛各生理阶段各项生理生产指标的全面跟踪监测和数据的计算机分析。目前，存栏奶牛 10860 头，日产鲜奶 84 吨，其中，已托养移民奶牛 3979 头，每年每户移民可获得奶牛托养收益 2800 元，提供就业岗位 187 个。按照兴庆区政府与万亩奶牛场入驻企业、农户签订的三方协议，由政府为每户购置一头奶牛，将 3979 头奶牛分别托管在月牙湖乡万亩奶牛场的 11 家企业，托管期为 6 年。托管期间，奶牛生产权归政府和移民所有。托管期满后，托管企业返还移民群众每户 15～18 月龄、身高不低于 1.2 米、体重在 350～400 千克的奶牛一头。从这个角度来看，这项规划在现实条件的基础上，全面保障了移民群众的利益，不但为生态移民群众置办了资产，还保障了固定性收入。虽然如此，在移民群众心里是这样的：有地不能种，有房不够住，有牛不能喂。他们认为，这些归属于他们的资产就应该由其自身管理，像老移民村一样自我发展。

二 两种发展模式中"人的因素"的异与同

在下文中，笔者将会试着分析两种发展模式当中的一个关键因素——人的因素。笔者认为，在发展中，人的思想观念是非常根本的因素。当然，这一结论仅仅来自地方工作中笔者个人角度的观察和体会。

首先来看自发移民。以海陶北村为代表的自发移民在迁入地已经扎根较长时间，对发展规律、生产生活环境、政府工作机制都较为了解。在移民初期，为了帮助移民群众改造自然环境、营造生活家园，政府尽量帮助群众以提高其自我发展内动力，完善发展所需外在设施，面对群众的诉求，基本上坚持"重点解决群众诉求，全面消除群众顾虑，帮助群众树立主人意识"的办事原则，导致部分群众产生了严重的"等、靠、要"思想，甚至个别群众认为"能讹就讹，讹上一次够用半年"，因此也就解释了人为什么是"冉"（胡搅蛮缠的意思）的。

而非自发移民，类似滨河家园的生态移民尚属于月牙湖乡的新近移民群体，对于他们来说，一切都还是陌生的。因此，生态移民群众还都有些胆怯。而政府在做规划时，就将生活、生产、发展的道路都设计规划清楚了，这无疑会使滨河家园群众再踏上"等、靠、要"的"致富之路"。比如土地流转费和奶牛托管费是政府承诺给移民群众的，政府还在积极组织培训，提高移民群众技术技能，联系各方寻找就业机会，扩大劳务输出，然而，老人不能工作的在家，女人要照顾孩子、老人的也被圈在家，一家仅靠一个人外出务工，对维持全家生计多少都有些吃力。政府和社会从各方面加大帮扶力度，导致逐步形成"一头热"的现状，即政府大刀阔斧地开展脱贫攻坚，移民群众在家坐等物资和"看得上眼"的工作。"等、靠、要"的社会现象逐步形成，可能会步老移民村后尘。

生态移民工作当中的经验让我们思考：为什么在生态移民当中，上述现象特别显著？更重要的是，要扶助生态移民的发展，到底应该先扶贫，还是先扶志？

第五节　扶贫工作中的"扶贫"与"扶志"

知道月牙湖乡的人都说月牙湖乡的情况"复杂"，这个复杂又从何说起？首先，移民从不同地方聚集而来，历史文化背景不同，移民享受的政策不同，经济社会发展进度不同。此外，人口文化素质较低。这都带来了种种复杂的社会景象。在这样复杂的社会条件下，月牙湖乡的扶贫工作面临不小的挑战。笔者认为，要想让月牙湖得到有效的管理和切实的发展，需要"因地制宜"。

一　贫困原因分析

月牙湖的贫困，最首要的原因是本地自然条件恶劣。上文已述，不再重复，只强调此处虽因靠河岸地下水源较丰富，但水质较差，每升水含氟超过 2 毫升。水资源对生活影响较大，因此，传统产业得不到增值提升，有效资源不能得到充分开发利用，未能形成增收致富的支柱产业。

此外，劳动力文化素质低，既是造成贫困的原因，又是贫困的结果。许多贫困人口因贫困而失学，又因失学而成为新一代贫困人口。由于群众文化素质相对较低，发展家庭经济缺计划、缺技术、缺能力，即便是外出打工，收入也与非贫困户有很大差距。加之贫困户"等、靠、要"意识根深蒂固，思维方式和行为方式落后，依赖政府和社会的救助思想严重。尽管有些贫困户有摆脱贫困的愿望，并不断努力尝试，但文化程度不高、知识不多、思路不清、观念不明，既无劳动力，又无技术，且缺少引导、缺乏干事创业的激情，观念比较传统、保守，导致群众对脱贫致富缺乏信心和勇气以及自我发展的内动力。

另外，月牙湖乡属移民乡镇，乡情较为复杂，而历史积淀较浅，产业、资产积累较少，收入渠道狭窄。一是种植业发展问题突出。月牙湖乡地势东西高、中间低，长时间的扬黄提灌设施进行大水漫灌及排水设施的不完善，导致全乡 1.2 万亩土地出现不同程度的盐碱化，占全部耕地的 28%。月牙湖乡种植业呈现的特点是：以传统农业为主，人均可耕地少、旱化盐碱化严重、整理难度大（3600 元/亩）、增加土地肥力程序复杂（5400 元/亩），因此投入高、产量差、收益低成为制约种植业发展的主要问题。二是养殖业发展受到限制。月牙湖乡已成规模的养殖场管理滞后，污水处理亟待解决。老移民村养殖较为分散，多以庭院养殖为主，难以发展为大规模养殖产业。滨河家园移民群众居住条件紧张，无法发展庭院养殖，仅靠"每户一头牛"托管在万亩奶牛场。三是产业结构调整缓慢。月牙湖乡地理位置偏远，产业结构调整缓慢，整体发展满足于自给自足现状，第二、第三产业发展受到限制，产业发展不成规模。目前，各村村级集体经济主要以土地流转、营业房出租等补偿性收入为主，老移民村村集体经济收入以营业房出租为主，年均可达 1.5 万元，滨河家园 5 个村以荣德百瑞公司返给各村的分红 3 万元（按企业营业收入情况逐年递增）为村集体经济收入。因此全乡村集体经济收入呈现渠道窄、形式单一、缺乏稳定性和持续性的特点。

二　扶贫如何扶志

"十三五"期间，实施"精准扶贫，精准脱贫"是党中央的重大战略部署，是一项"书记工程"。各地方扶贫工作都由各级书记主抓。因此，在各级党委、政府的坚强领导下，各帮扶单位及社会各界力量共同推动，从各个方面开展"扶贫攻坚"：不断拓宽劳务扶贫渠道，发挥产业扶贫优势，积极探索实施光伏产业扶贫模式，大胆尝试由政府担保、企业主导、银行支持、农民受益的扶贫模式，切实发挥社会保障和社会力量保障兜底脱贫，进一步开辟金融扶贫新道路，由政府为建档立卡户购买脱贫保险，有效建立精准扶贫成果的可持续模式，实施第三方效果评估机制，等等。兴庆区党委、政府针对月牙湖乡情况探索扶贫措施，认真落实各项惠农惠民政策，不断探索新的扶贫模式，全力提高移民群众家庭收入，确保如期脱贫，与全国同步步入小康社会。特别是在产业扶贫（如上文提到的红树莓基地产业扶贫）、金融扶贫（由政府担保、企业主导、银行支持、农民受益的扶贫模式）、脱贫险保障、第三方评估机制等方面，兴庆区党委、政府探索出了适合月牙湖乡移民群众的特色脱贫措施和新道路。

　　然而，做了这么多的工作，动用了大量的人力、物力、财力，为什么收效却不是那么显著呢？扶贫与扶志虽不能分主次，也不能辨先后，但是，本案例笔者认为，不论是扶贫还是扶志，要做的都是对准"思想贫困""志气虚弱"，定点滴灌、靶向治疗。政府既可以花费大量物力财力进行"扶智"，不断加强移民理论学习和技术技能培训，帮助移民提高生产技术水平和业务素质能力；也可以花费大量的人力和时间进行"扶志"，经常深入群众当中，多与群众交流沟通；还可以带领贫困群众到城市学习参观，积极引导他们认识世界，激发其改变现状的主观能动性，改变贫穷懒惰、不主动、不思进取等保守落后思想，调动人们的生产生活积极性。更重要的是，党委和政府要像优秀的老师一样，挖掘每一个贫困户不同的特点和特长，针对移民历史背景、生活习惯等发展各自潜在特质，从零开始培育，引导他们通过"自强、自立、自信"逐步改变现状，在发展致富的道路上不断前行。只有这样才能从根本上改变贫困群众落后的精神面貌和思想状态，形成一种意志坚定、思想开放、奋发有为、开拓进取且立志改变贫穷落后面貌的思想，加快脱贫进程，与全国同步迈入小康社会。

第四编

精准扶贫与生态移民社会治理

第十章
宁夏移民历史考察与中外比较

李保平　徐东海

第一节　宁夏移民治理的历史沿革及其路径选择

宁夏自古就是多民族聚居的地区，也是一个由移民发展起来的多元文化交融的区域，移民在宁夏历史文化发展中具有重要的作用，是宁夏经济社会文化发展的主要推动力量。

一　宁夏移民的历史脉络

宁夏是典型的移民输入地区，在中国历史发展的几千年中，移民及其文化，始终在宁夏经济社会发展中具有重要的地位与影响。

（一）新中国成立以前宁夏的移民开发

自古以来，宁夏所处的位置都有着十分重要的军事意义，因而出于军事考虑的移民开发是古代宁夏移民的重要动因。另外，宁夏北部地区气候湿润，农牧皆宜，向东紧邻黄河，不但地势平坦，而且土质良好，是少数民族的游牧之地，也为大规模移民开发创造了重要条件。

公元前 221 年，统一六国的秦始皇为加强边疆安防，命令蒙恬将军在宁夏黄河平原筑垣设郡，"以河为塞"修筑长城，沿黄河而上，在临河的 44 县派兵成守。至此，秦军占领河套地区至秦长城以北的广大地域。由此，宁夏及其周边地区成为历朝历代封建王朝防范、抵御北方游牧民族南下、屯垦戍边的重要地域。与此同时，从内地迁来宁夏的数十万贫民和罪犯与士卒一同戍守边防，开垦田地，发展水利修秦渠，变牧地为耕地，为宁夏开了屯垦的先河。

从公元前 127 年到公元 141 年，西汉抗击匈奴收复河南地设置朔方郡，改游牧区为农业区，直到东汉年间羌族起义，宁夏沦落为匈奴、鲜卑、羌族的游牧地，迁移至宁夏的人口约有 150 万。具体为：西汉元朔三年（公元前 126）朔方郡"屯田备胡"向内地招募移民约 10 万人；西汉元狩四年贫民迁移约 72 万人；西汉元狩五年还有部分"奸猾吏民与边"；西汉元鼎六年"上郡、朔方西河、河西开田官，斥塞卒六十万戍之"。如果说西汉为军屯，那么东汉永平八年则以罪屯的形式发展了宁夏移民。由此，百余万或约 150 万仅为保守说法，实际数字受史料限制，或将远远大于此。

三国两晋至南北朝时期的 300 余年里，由于战争不断，我国北方和中原地区百姓大量南逃至长江下游北岸以及淮水以南区域，这是我国历史上第一次人口大迁移。隋开皇五年发丁三万于宁夏和陕西修筑西起今灵武黄河东岸，东至今陕西绥德的长城，开始了隋唐时期的移民开发。到了唐朝，宁夏更是成为前来归顺的多民族聚居地。安史之乱后，随着国势衰落，退伍军士及百姓的自营田转变成民屯，宁夏平原地区的农业也得以恢复。

宋朝继续屯垦戍边政策，有军屯、营田、民兵屯种以及专管屯田的官吏。到宋真宗年间，宁夏的屯田有了较大发展。元朝时期，军屯、民屯遍及宁夏南北，中统元年还将新攻占地区的南京军民强制迁徙到宁夏屯田，受安西王阿难答影响，其率领的 15 万蒙古军队大都皈依了伊斯兰教，成为元朝屯田军的一支主要力量。在此期间，聚居在今陕甘宁内蒙古河套一带的党项族建立了西夏政权，伴随其统治中心北移，定都兴庆后，大量党项族也陆续迁徙至今宁夏银川地区。

到了明王朝时期，宁夏成为与北方鞑靼紧密相邻的边防前线，宁夏的开发与人口发展始终受到边防军务的影响。随着九边重镇的设立，宁夏及相邻地区的移民和屯垦无论是数量还是规模，都已达到了顶峰。清朝入主中原后，开始推行劝垦的政策，通过补给移民和借贷资金的方式，大量移民迁入垦殖区，尤其是道光年间大力推行的屯田开荒更是鼓励农民参加兴屯。值得一提的是，清朝期间，康熙十五年近 3500 名八旗兵丁及匠人首次驻防宁夏，使满族移居宁夏，成为人口仅次于汉族、回族的民族。民国时期，因军阀割据、抗日战争和国共内战，有规模不等的移民进入宁夏，对促进宁夏经济社会发展起到了重要作用。

（二）新中国成立后宁夏的移民开发

新中国成立后，党和国家非常重视民族地区的经济社会建设，新中国成立前一些行之有效的开发战略在新中国成立后得以延续，社会主义条件下有计划的移民开发为宁夏的经济社会发展做出了重大贡献。新中国成立初期，宁夏经济社会等各项事业百废待兴，除了民族问题外，国防建设也亟须加强。有目的、有计划的诸如大批干部援宁、垦荒屯田固边防、发达地区援宁、三线建设、库区移民等移民开发政策促进了宁夏各项事业的发展。据统计，当时从部队及华北抽调充实宁夏干部队伍的达 200 余人；1950 年 12 月 1 日，西北第一家国营灵武农场的建设正式拉开了宁夏现代垦殖事业的序幕，至 1958 年自治区成立前夕，建立军队所属国营农场 11个；20 世纪 50 年代前中期，仅从北京援宁建设的人口就达 4 次 2103 人；仅 1956 年 8 月中下旬就有 5000 多三门峡水库移民援宁开展社会主义事业建设。

1958 年 10 月 25 日，宁夏回族自治区正式成立，为宁夏社会主义事业建设开启了新的纪元，党和国家对宁夏在人、财、物等各方面给予大力的支持和帮助。这一时期，有自愿迁移宁夏参与开发的移民近 16 万人，其中 1958 年 5 月有 2 万余人，11 月已达 14 万人；为支援建立宁夏自己的工业体系，部分外地厂矿整体或部分迁入宁夏，50 年代的银川橡胶厂，60年代的吴忠配件厂、青山试验机厂、长城机床厂、银河仪表厂、吴忠仪表厂等就是那一时期的成果；知识青年日趋高涨的"支援边疆，建设边疆"的政治热情为有效提高宁夏移民开发效率、建设社会主义宁夏各项事业做出了巨大贡献。20 世纪 60 年代中后期开始的"文化大革命"，虽对各行各业都产生了巨大影响，但宁夏的移民开发仍在进行。具体体现为知识青年继续来宁、沿海工厂继续内迁、医疗卫生积极建设、下放干部参与开发建设。

宁夏西海固地区的西吉、海原、固原、泾源、隆德、彭阳,以及银南的盐池和同心,1995年时面积为3.9万平方公里,占宁夏回族自治区全面积的67.6%,人口占四成以上,其中回族人口约占66%,正是党中央1982年确定的"三西"专项建设国家计划地区。根据"水旱不通,另找出路"的战略方针,逐步形成了宁南山区人民群众脱贫致富和开发利用待开垦国土资源相结合的易地移民开发道路。一项旨在"用6年时间,投资30亿元,通过新建电力扬水灌溉工程,开发200万亩荒地,以吊庄移民方式,从根本上解决宁南山区100万人口贫困问题"的跨世纪工程——"1236"工程,从20世纪90年代中后期在宁夏回族自治区南部山区实施。进入2000年后,2001年至2007年,国家发改委开始在全国实施"易地扶贫搬迁试点工程",宁夏回族自治区是全国试点省区之一。在宁夏,该阶段被命名为"生态移民"工程,主要解决的是两类人群的移民:贫困人群和生产生活条件困难人群。该阶段采取"县外搬迁"的形式,共计移民12.6万人。这一举措收到了双重效应:第一,就是扶贫;第二,是改善了生态条件。2008年至2011年的移民被称为"中部干旱带县内移民"工程,规划移民16.08万人,所涉及迁出地为六盘山地区(即盐池、同心、红寺堡、固原、海原、隆德、泾源地带),迁移对象是宁夏中部干旱带居民。"十二五"前后,一场命名为"中南部地区生态移民"的工程拉开了帷幕,涉及地区为宁夏中部干旱带和南部山区(即盐池、同心、海原,以及固原、隆德、泾源等地),移民人数达32.9万人。目前,宁夏的生态移民已经进入"十三五"阶段,计划移民人数近9万人,主要为县内移民,移民对象为建档立卡户。

二 古代宁夏移民的治理实践

如前所述,古代宁夏移民主要与宁夏所处地理环境所赋予的军事地位密切相关。为加强统治、巩固边防,历代王朝在宁夏派驻了大量军队,为解决大军粮草供给,募民开发的屯田形式是古代宁夏移民治理的主要实践形式。屯田,是"从汉代开始,历代政权为取得军队给养,利用士兵和农民垦种的荒芜土地。一般可分为军屯、民屯和罪屯三种形式"。① 所谓军屯，是指"利用战争空隙组织军队士兵对荒芜土地进行开发，以弥补军队粮草不足的屯田形式。军屯以严密的组织形式遍布于宁夏山川，他们战时为武，闲时务农"。② 所谓民屯，是指"历代王朝大量迁移内地人口至边关地区，对大量的荒芜土地进行开发的形式"。③ 所谓罪屯，是指"将囚犯迁至边关地区，使其开发荒芜土地的形式"。④ 军屯的形式在西汉时期得以首创以来在元明两朝发展到了极致，不仅兵士屯田，他们的妻儿也随军屯田，构成了绝对人口数量的军事移民。然而，随着宁夏战事及各项情况的发展，单纯的军屯已不足以为戍边兵士供给粮草，迁徙大量内地居民进行农业开发的民屯形式也就自然发展了起来。至清末，原先地旷人稀的宁夏平原在人口方面得到了新发展。罪屯虽始于秦汉时期，但由于种种原因，数量较少。

在宁夏移民开发治理措施上，历朝历代虽各不相同，但归纳起来大致有招募劳动力、兴修水利、实行优惠政策和强化社会管理四大类。在不同的社会中，由于生产资料和劳动力结合的方式不同，劳动力的使用状况也不同。无论是何种目的的开发，人力因素或者说劳动力因素总是第一位的。在招募劳动力方面，大致可分为政局稳定时期的以经济发展为目的的移民措施、以军事目的和开发目的相辅相成的军事性移民措施以及以安置降服少数民族人口为目的的安置性移民措施。解决好劳动力问题后，充足的水源也是屯田的重要保证，因而兴修水利是宁夏移民开发治理的重要举措。除此之外，相应的生产资金和生活资金供应、减轻赋税、经营管理也是必要的治理措施。

三　近代以来宁夏移民的社会治理

近代以来，宁夏移民治理总体来说带有较为明显的"统治"特色。宁夏并未制定专门的移民治理政策，马鸿逵在宁夏统治时期，大力推行保甲制，加强对包括移民在内的人群进行控制。新中国成立后，宁夏移民的社

---

① 范建荣：《移民开发与区域发展》，宁夏人民出版社，2006，第24页。
② 范建荣：《移民开发与区域发展》，宁夏人民出版社，2006，第24页。
③ 范建荣：《移民开发与区域发展》，宁夏人民出版社，2006，第25页。
④ 范建荣：《移民开发与区域发展》，宁夏人民出版社，2006，第26页。

会治理，依据不同的行为主体、目的以及形式、地域和安置方式可以划分出若干类型。依据不同的行为主体，可以将宁夏移民分为政府移民和非政府移民，其含义与我们现在所指的政策性移民和自发移民大致相近；依据移民目的，可以将宁夏移民区分为政治型移民、经济型移民以及混合型移民；依据移民地域，可以将宁夏移民分为就地开发的县内移民和易地开发的县外移民；依据移民安置方式，可以将宁夏移民分为集中安置型移民和分散安置型移民；在形式上，宁夏移民开发有工业移民开发、农业移民开发和其他形式的移民开发。总体而言，宁夏工业移民开发在新中国成立之后、自治区成立之前，主要是部分内地厂矿迁至宁夏，随着宁夏经济社会进一步发展，部分军工企业以及重工业也迁至宁夏，行业涉及煤炭、化工、机械、冶金、轻纺等；宁夏农业移民开发涉及人员主要由部队现役和复转、大城市无业游民、库区移民、相关技术移民、知识青年等构成，其移民形式也不外乎插花安置、集中安置以及兴办国营农场三种。无论是农业移民开发还是工业移民开发，对宁夏的经济社会发展都做出了巨大贡献。宁夏的农业移民开发使宁夏的土地资源得到了充分有效的开发和利用，有力促进了宁夏农业生产力的合理布局；以农垦经济为首兴办起来的移民开发区，即国营农场已经成为宁夏商品粮和农副产品生产、加工的重要基地；以农业移民开发为主的国营农场在宁夏农业实现专业化、商品化、现代化的过程中起到了模范带头作用；农业移民开发同时还促进了边防部队的有效供给，增强了国防实力。宁夏的工业移民则填补了近代宁夏工业的空白，为宁夏工业体系的建立奠定了基础，进而带动了宁夏的地方工业发展、促进了宁夏经济社会的良性运行和协调发展，为宁夏巩固稳定国防事业做出了重要贡献。宁夏移民坚持自愿搬迁、国家扶持给予优惠、县外易地移民隶属关系不变、保护移民各项利益等各类移民开发优惠政策，充分利用相对适宜的自然环境、水资源及其他各项能源和各种丰富的移民实践经验，尊重移民的主观愿望等有利条件，有力破解移民素质低、规模大、能力弱及可依托的周边经济优势弱的不利因素，走出了一条帮助贫困移民脱贫、激发宁夏新的经济增长点的可行之路。

第二节　移民治理的中外比较及其启示

移民是一种自然现象，也是一种世界性的现象。从人类社会的发展历史考察，除"居无定所"的原始社会阶段不存在移民外，其余各个时期都广泛存在移民问题。移民不但增强了社会的流动性，拓展了人类生存的空间，也为社会经济的发展做出了巨大的贡献。从某种意义上说，人类社会的发展史就是一部移民奋斗史。

一　近代以来世界移民基本情况

早在奴隶社会和封建社会，就已经存在大量的移民。从奴隶社会和封建社会的制度本质来说，是需要将奴隶和农民固定在土地上的，因此，在奴隶社会和封建社会，人口的自由流动和迁徙是受到一定的限制的。但在特定的历史时期，也存在移民的现象，主要表现为以下几种情况。一是出于国防的需要移民实边。我国秦汉时期就存在大量移民实边的历史事实和文献记载，古希腊、古罗马也存在类似的情形。二是自然灾害引发的移民。自然灾害是人类必须要面对的挑战，在生产力发展水平较低的条件下，迁移觅食是一种生存策略，也是一种移民形式，闯关东、走西口都是在发生自然灾害后，人们的自然选择。三是战争引发的移民。不管是国内战争还是民族之间的冲突，都有可能引发难民潮。历史上的匈奴西迁和日耳曼人对罗马帝国的入侵都引发了大量的人口移动。我国历史上的"永嘉南渡""靖康南渡"都造成了数百万人的流动与迁徙。四是宗教迫害引起的移民迁移。宗教迫害引发的人口迁徙主要在欧洲地区，迁徙的主要方向是新大陆。五是商业移民。虽然在奴隶社会和封建社会，农业是支柱产业，但商业也有不同程度的发展，是推动移民的重要因素。古老的丝绸之路以及沿线的多元文化，都见证着早期的移民历史。唐宋时期阿拉伯、波斯商人来华经商，许多人留居中土，成为回族的早期先民。我国南方的广东、福建等地，有下南洋（东南亚）的传统，主要目的是经商。据孔飞力的《他者中的华人——中国近代移民史》一书记载，1990 年前后，世界上的华侨人口有3000 多万，居住在 130 多个国家。这些人口中有相当一部分是早期商业移民的后裔。

近代以来，随着工业化的推进和交通运输的便捷，移民的速度明显加快，移民的原因除上述五种因素外，劳务移民（契约移民）的数量明显增加，由于北美殖民地缺乏劳动力，美国成为接纳劳务移民的主要目的地。大量的移民涌入，不但开发了北美，而且形成了像美国这样的移民国家，正是在近代化的背景下，大量的华工来到美国，为美国的西部开发做出了重要贡献。近代以来，移民的主要变化还表现为移民的选择性、主动性增强。如果说奴隶社会、封建社会的移民具有一定的被动性和强制性的话，近代以来的移民更多表现为主动选择的结果，借助于地缘关系、亲缘关系、姻缘关系、业缘关系，许多人开始走出家乡，外出谋生。1848 年美国旧金山发现金矿后，许多中国公民作为契约劳工赴美挖金矿、修铁路，开启了近代中国人赴美的先河。在民族国家内部，随着现代工业化的建立，大批农民走出农村，成为产业工人。英国的圈地运动既是资本原始积累的过程，也是移民迁徙的过程。洋务运动是近代中国工业化的第一次尝试，创办了许多大型企业，吸收了大量的农村劳动力，后来随着官僚资本主义、民族资本主义的发展，现代企业的建立，许多农民走出农村，来到城市，成为市民或产业工人，改变了中国原有的社会结构和阶层结构，为中国社会现代化进程奠定了坚实的物质基础，也为中国共产党的成立奠定了阶级基础，开启了中国现代化的进程。

二 移民社会治理的理论研究

我国的移民社会治理研究基础较为薄弱，学术界对移民问题的关注是近几年的事，且主要是借鉴西方的移民（族群）理论对我国移民历史与现实进行研究。中国传统文化中是否具有移民治理的理论资源？答案是肯定的。近年来一些学者也从道家、儒家、法家的相关论述和近代以来一些学者官员的言论中总结提炼了一些有价值的内容，但这些内容许多都不是针对移民群体的，即使专门谈移民，也是政策性的。因此，要说中国古代就已经有了移民社会的治理理论，恐怕缺少基本的资料支持。美国是一个移民国家，所以，对移民的研究较早，许多移民研究的理论范式都来自美国。社会控制理论、熔炉理论、文化冲突理论、多元文化理论与后现代理论反映了美国移民研究的不同视角。需要注意的是，美国是一个多族群国家，美国的移民问题研究往往与族群研究是结合在一起的，许多移民问题的研究是以族群为背景和切入点的，用美国的移民（族群）理论指导中国的移民研究，会面临许多问题。

改革开放以来，我国的移民研究取得了一定程度的发展，许多学者从人类学、社会学、民族学等学科出发，对移民社会进行了较为深入的研究，特别是随着西部大开发和生态移民工程的实施，移民问题又一次引起学界和社会的广泛关注，形成了许多的研究成果。但总体来看，对生态移民的研究，偏重于经济发展和具体的社会管理，研究成果缺少本土理论支撑，许多西方的移民理论与中国实际之间有着较大的距离，存在时间、空间、情景的巨大差异。实际上，我们还没有形成和建立生态移民研究理论的中国范式。

三　主要发达国家的移民政策

移民是一种世界性现象，西方发达国家在长期的移民过程中，形成了许多移民政策，对我们而言不乏启发和借鉴意义。需要说明的是，西方发达国家的移民政策主要是针对境外移民而言，作为本国公民，在国家内部享有自由且不受限制的迁徙自由权。

美国及欧盟等发达国家或地区的移民政策，主要包括两个方面的内容：一个方面是入境管理；另一个方面是境内治理。在入境管理方面，1990 年美国制定了新的移民法——《合法移民改革法案》，是美国 1965 年制定"移民法"以来改动最大、设置类别最多的移民法案，该法对移民准入做了一系列规定，并规定了每年移民的数量。德国 2005 年制定新的移民法，采取积分制引进高层次专业人才，侧重技术移民。法国同德国一样，侧重技术移民，专门制定有技术移民方面的法规。在境内管理方面，美国和德国、法国有一些差别。在美国，一旦移民成功，成为美国公民，就享有美国公民所有的权利，并可保持自己的文化传统，保留自己的宗教信仰和语言文字，创建自己的学校，这些制度规定保证了美国文化的多元特色。与此形成对应的是，在德国和法国，移民在政治权利方面与本国公民存在差异，在文化权利方面排斥外来移民保持自身的文化独立性，法国要求移民学习法国文化,并在政治上认同法国。

四 发达国家的移民治理经验对我们的启示

发达国家的移民政策虽然针对的是境外移民,与我国的国内移民有较大的不同,但国外在治理移民方面的经验有些也是值得我们学习和借鉴的。

首先,发达国家非常注意移民管理的法治化建设,制定了专门性的移民法规,为移民管理提供了制度规范支持。从我国的实际看,移民特别是国内移民是一种常态,即使在管制比较严格的20世纪六七十年代,移民也没有被完全禁止。改革开放后,在政府的组织下,开展了大规模的移民工程,虽然经历了不同的发展阶段,但一直持续到现在。虽然各地在移民的过程中出台了许多政府规章和地方性法规,但多关注具体事务,缺少统筹规划,碎片化现象非常严重。因此,制定一部统一的全国性"移民法",规范移民工程,指导具体事务,成为一项十分迫切的工作。

其次,发达国家的移民政策非常注重与市场的接轨。移民的动因虽然较为复杂,但市场是决定移民的主要力量。20世纪以来的新自由主义者更是认为,国家的移民决策必须服从于市场的力量,违背市场力量的移民治理往往事与愿违、事倍功半。在我国加速城镇化的历史进程中,生态移民如何与市场接轨,不但关乎移民的生计,也影响生态移民的整体绩效。

再次,发达国家的移民政策非常关注移民的文化融入与文化需求。移民移入一个新的场域,一般都会面临文化适应、文化融入和构建新的文化认同等问题。不管是美国的多元文化政策还是欧盟的差异排斥文化政策,都说明他们非常重视文化在移民治理中的重要价值和作用。在保持原有文化生态的同时,构建新的文化认同,对生态移民社会治理意义重大。

最后,发达国家非常重视对移民的权利保护。权利包括政治权利、经济权利、社会权利和文化权利。针对早期资本主义强制搬迁对农民权利的侵害,马克思明确指出:"大量的人突然被强制地同自己的生存资料分离,被当作不受法律保护的无产者抛向市场。对农业生产者即农民的土地的剥夺,形成全部过程的基础。"[1] 经过几百年的发展,发达资本主义国家较为

---

[1] 马克思:《资本论》第1卷,人民出版社,2009,第823页。

重视对移民的权利保护，国民待遇是基本要求。尤其需要指出的是，发达资本主义国家比较重视文化权利的保护和新的文化认同的构建，这些都是我们在生态移民过程中关注不够和长期忽略的地方。

第三节　宁夏生态移民的社会治理

宁夏是西部地区、民族地区、革命老区、欠发达省区，尤其是西海固地区，素有"苦瘠甲天下"之称，自然条件和生态环境恶劣、经济社会发展缓慢，是国家确定的 14 个集中连片特困地区之一，也是宁夏脱贫攻坚的主战场。这一地区处于我国半干旱黄土高原向干旱风沙过渡的农牧交错地带，生态脆弱、干旱少雨、土地瘠薄、资源贫乏、自然灾害频发、水土流失严重。南部阴湿低温，北部干旱少雨，年平均气温为 5℃ ~ 8℃，昼夜温差大。年均降水量为 200 ~ 650 毫米，大气降水、地表水和地下水量少且质量差，区域水资源总量为 2.43 亿立方米，人均水资源占有量仅为 136.5 立方米，可利用水资源总量只有 0.758 亿立方米，是全国最干旱缺水的地区之一。

一　宁夏生态移民的基本情况

在宁夏实施生态移民，一方面，有利于优化产业布局和劳动力资源配置，促进山区农村人口的有序转移，推进灌区农业开发和沿黄经济区建设，以川济山，从而实现山川共建共享；另一方面，生态环境问题与贫困问题通常表现为互相制约、互为因果的关系，因而，只有坚定不移地实施生态移民，采取与传统扶贫方式不同的生态移民方法才能从根本上改善贫困群众的生产生活条件，逐步扭转山川差距扩大的趋势。

（一）宁夏生态移民整体情况

为使宁夏中南部地区贫困人口脱贫致富，有效遏制生态环境的恶化，自 20 世纪 80 年代开始，宁夏已累计搬迁安置移民 108.2 万人。1983 年，宁夏回族自治区党委、政府制定了"以川济山，山川共济"的扶贫开发政策，采取吊庄移民的方式，动员南部山区部分生产、生活条件比较落后的贫困群众，到引黄灌区有灌溉条件的荒地上进行开发性生产，创建新家园。截至 2000 年底，在引黄、扬黄灌区建设吊庄移民基地 24 处，开发配套土地 56 万亩，搬迁安置移民 19.8 万人（不含就地旱改水安置的 8.4 万人）。1995 年 12 月，国家批准宁夏扶贫扬黄灌溉一期工程立项。2005 年 9 月国家发改委又对宁夏扶贫扬黄灌溉一期工程建设规模及初步设计概算进行了调整，批复项目开发总规模为：开发土地 80 万亩，搬迁安置移民 40 万人，概算投资 36.69 亿元。该项目包括红寺堡扬水灌区和固海扩扬水灌区，涉及中南部八个县（区）。目前已在项目区建设了水利、供电、通信、学校、卫生院、道路、移民住房、土地开发、田间配套等工程，开发土地 80 万亩，搬迁安置移民 30.8 万人（不含就地旱改水的 9.35 万人）。2001 年，国家发改委在宁夏、内蒙古、云南、贵州四省区试行易地扶贫移民搬迁试点工作。宁夏坚持"政府引导、群众自愿、政策协调、讲求实效"的原则，按照"人随水走，人随水流"的思路，以居住在中南部山区偏远分散、生态失衡、干旱缺水、就地难以脱贫的贫困人口为搬迁对象，实施了易地扶贫移民，主要搬迁六盘山水源涵养林区、水库淹没区的困难群众。在红寺堡灌区、固海扩灌区、盐环定扬水灌区、彭阳县长城塬灌区、中卫市南山台灌区、南部山区库井灌区、平罗自流灌区以及农垦国营农场进行安置。累计批复建设了 31 个项目区，开发土地 10.76 万亩，搬迁安置移民 14.72 万人。2008 年，在总结多年移民经验的基础上，宁夏把西海固地区的扶贫开发纳入全区经济社会发展全局统筹考虑，实施了以劳务创收和特色种养业为主要收入来源，以改善生产生活条件为主要目标的中部干旱带县内生态移民工程。截至 2016 年，已开发土地 27.7 万亩，建设移民住房 190 万平方米，累计完成投资 26 亿元，搬迁安置移民 15.36 万人。在"十二五"期间，宁夏对中南部地区 7.88 万户 34.6 万人实施移民搬迁，涉及原州、西吉、隆德、泾源、彭阳、同心、盐池、海原、沙坡头 9 个县（区）91 个乡镇 684 个行政村 1655 个自然村。规划县内安置 2.84 万户 12.11 万人，占移民总规模的 35%，县外安置 5.04 万户 22.49 万人，占移民总规模的 65%。截至 2016 年，已经搬迁安置移民 32.96 万人。"十三五"期间，宁夏将进一步统筹推进移民住房、基础设施和公共服务设施建设，开展技能培训、产业培育等工作，计划到 2018 年完成 82060 人 20549 户（其中建档立卡贫困人口

80004 人 19980 户，非建档立卡人口 2056 人 569 户）易地扶贫搬迁，移民安置区基本公共服务达到贫困村脱贫标准，力争到 2020 年使移民生产生活条件得到明显改善，移民收入接近全区农民收入平均水平，与全区人民一道进入小康社会。

（二）"十二五"期间宁夏各地市生态移民情况

"十二五"期间，宁夏实施 35 万生态移民工程，银川市共承担 17956 户 7.8 万人安置任务，占全区总安置任务的 22.3%。五年来，银川市累计投资 30.8 亿元，调整开发土地 45901 亩，高标准规划建成了兴庆区月牙湖乡滨河新村、金凤区良田镇和顺新村、西夏区镇北堡同阳新村、贺兰县洪广镇欣荣新村和光荣村、永宁县闽宁镇原隆新村、灵武市郝家桥镇泾灵新村和泾兴村等 13 个生态移民行政村，以及灵武羊绒园区、龙凤家园安置点，贺兰县工业纺织园区、暖泉工业园区安置点，永宁县闽宁镇、广厦、望远安置点，兴庆区胜利南街安置点，金凤区工业集中区安置点和西夏区西轴劳务安置点等 13 个劳务移民安置点；累计建设移民安置房 17956 套，搬迁移民 17086 户 75123 人；建设中小学、幼儿园、村部、卫生室等公共设施 10.3 万平方米；架设供电线路 303.8 公里，通村公路 256 公里；建成日光温室 875 亩，大中型拱棚 1480 亩，养殖圈舍 7500 座，新村绿化面积达 6800 亩。

按照自治区统一规划，石嘴山市"十二五"期间安置移民 9822 户 44142 人，完成计划任务的 97%。其中安置生态移民 3771 户 19497 人（其中安置插花移民 1300 户 7280 人），完成任务的 100%，全部安置在平罗县红崖子乡红翔新村、鸿瑞新村和陶乐镇庙庙湖村。其中，红翔新村生态移民有 542 户 2447 人（汉族 312 户 1206 人），下辖七个村民小组；鸿瑞新村生态移民有 1808 户 9072 人，下辖十个村民小组；庙庙湖村生态移民有 1413 户 7925 人，下辖八个村民小组。

中卫市全面启动创建海原扶贫开发示范县。发放"双到"资金 3040 万元，扶持 1.5 万户建档立卡贫困户发展特色种养业。鼓励企业和民间资本开展产业帮扶，华润集团"基础母牛银行模式"得到汪洋副总理肯定。新建、续建生态移民住房 1156 套，搬迁安置移民 4855 人，全面完成"十二五"移民搬迁安置任务。通过整村推进、生态移民搬迁、产业扶贫、社会帮扶，全市 34 个重点贫困村实现脱贫销号，292 个贫困村实现定点帮扶全覆盖，减少贫困人口 2.3 万人。

吴忠市"十二五"期间共搬迁安置移民 15661 户 7.03 万人，其中利通区 1800 户 9000 人、红寺堡区 6744 户 30172 人、青铜峡市 3277 户 16500 人、盐池县 2251 户 8182 人、同心县 1589 户 6446 人，涉及吴忠市五个县市区。这其中，县内安置移民 3840 户 1.53 万人，县外安置移民 11821 户 5.5 万人。

固原市"十二五"期间规划搬迁 53463 户 224258 人，其中县内移民 19254 户 76849 人，县外移民 34209 户 147409 人。累计搬迁安置移民 51168 户 216441 人，完成总任务的 95.7%。其中搬迁安置县内移民 19575 户 79661 人，完成任务的 102%；搬迁县外移民 31593 户 136780 人，完成任务的 92.4%。

二 "十二五"期间宁夏生态移民社会治理的基本情况

随着移民的搬迁，自治区党委、政府非常重视移民新村的社会管理工作，在移民新村经济社会发展和社会管理方面做了大量的工作，也积累了许多宝贵的经验。

（一）以强化组织领导为保障，全面开展各项工作

全区各级党政组织高度重视，成立专门的领导小组和工作机构，自治区印发了"十二五"生态移民规划，出台了关于进一步促进生态移民发展的 23 条政策意见及一系列配套政策，各市县（区）结合实际出台了扶持移民发展的具体措施，形成了较为完善的生态移民政策保障体系。

（二）以优化资源配置为前提，科学审定建设方案

自治区发改、财政、水利等相关部门，通过对各市县上报的 140 个安置区建设方案实地踏勘和联合审查，结合新农村、沿黄经济区和工业园区的规划发展实际，调增了 3 个劳务移民安置区，取消了 3 个生态移民安置区和 1 个劳务移民安置区。通过优化安置区建设方案，核减土地 7.33 万亩，核减投资 2.4 亿元。

（三）以新村基础设施建设为基础，稳步实施移民搬迁

各市县（区）多措并举，把移民住房与农田水利、公共服务等各项基础设施建设同步推进。按照移民新村安置必须具备的七项前置条件和安全搬迁十项规定，注重移民搬迁安全、就业岗位、过冬取暖、户籍核转、

社保移交等问题。财政厅为每户定居移民发放取暖费和水费补助 1000 元，公安厅组织警力沿途开道，自治区交通厅开辟"移民搬迁通道"，并免除车辆通行费用，各级政府也开展多种形式的送温暖活动，确保移民搬迁工作顺利进行。

（四）以实现移民稳得住为重点，不断创新安置模式

宁夏"十二五"生态移民实行"235"的安置模式，"2"是指县内移民和县外移民两种途径，"3"是指生态移民、劳务移民和教育移民三种形式，"5"是指开发土地集中安置、适度集中就近安置、因地制宜插花安置、劳务移民务工安置和特殊人群敬老院安置五种模式。各地在实施移民工程中也纷纷创新安置模式，青铜峡市制定了"5 个 1"安置模式，红寺堡区依托弘德慈善工业园区建设制定了"1231"安置模式，金凤区确立了"3 个1"安置模式，惠农区确立了"3 + 1"劳务移民安置模式，这些举措对确保移民"搬得出、稳得住、能致富"发挥了积极作用。

（五）以促进移民增收为核心，大力发展致富产业

通过发展设施农业、设施养殖业和劳务产业，各地形成了独特的致富模式，如吴忠利通区的"订单式"养殖模式、兴庆区月牙湖龙头企业"托管经营"模式、金凤区和顺新村的设施农业模式、大武口区依托企业用工信息库和劳务移民人力资源库发展劳务产业模式等。通过致富产业的带动效应，增加移民收入，为社会管理夯实物质基础。

（六）以构建和谐新村为目标，强化移民社会管理

为加强生态移民新村社会管理，各市县（区）根据生态移民集中安置的实际，采取从移民中选拔优秀党员组建临时党支部，或选派大学生村官到移民村任职，或让具有管理能力、群众威信高的移民在村党组织的领导下代行村委会职责等方式，建立健全村级两委班子和群团组织。按照属地管理原则，各迁入地政府负责迁入移民的各项社会服务管理职能，从生产和生活两个方面对移民群众进行帮扶。移民搬迁当天，各市县移民办向移民群众发放盒饭、方便食品、米面油等日常生活必需品，让移民体会到"回家"的感觉。各地强化乡镇主体责任，建立乡村组干部包村包户包人制度。全力做好移民子女入学、育龄妇女健康普查等工作。在移民新村建设文化活动室，购置从事社火、秦腔表演及体育运动的设备器材，丰富群

众文化生活。加快发展各类协会和专业合作社，如组建了马铃薯产销合作社、养羊专业合作社，协调金融机构为养殖户提供信贷支持。建立健全移民新村农技推广服务体系，发展庭院经济，加快移民生产方式和观念的转变。贺兰县在全区率先试点为移民办理房产证，首批 496 户移民全部办理房产证，使移民可以向金融部门办理小额抵押贷款，筹集资金发展生产。兴庆区月牙湖乡滨河家园成立了全国首家生态移民心理健康服务中心，向生态移民普及和推广心理健康知识，帮助移民适应新环境。为解除移民的后顾之忧，各市县（区）及时为移民办理户籍迁移手续。抓好计划生育服务管理，落实好义务教育、医疗保险、养老保险、社会救助等社会保障政策。各市县（区）严格按照公安部、自治区公安厅以及《宁夏"十二五"期间中南部地区 35 万生态移民户籍管理办法》等规定，做好与迁出地的对接工作，确定迁移的户数、人数、迁移范围，要求迁出地公安机关在上报移民名单时做到"四个一致"，即户口簿、移民花名册、常住人口登记表、常住人口信息系统数据相一致，做到人户统一，及时办理迁移落户工作。各地配置好移民地区基层计生服务管理人员，为移民建好基础信息档案，加大对移民执行川区生育政策的宣传教育，对移民中的少生快富项目户进行项目或资金帮扶。主动及时为移民育龄妇女开展计生体检服务，提高移民的优生优育水平，杜绝违法超生现象。银川市在全区率先出台了生态移民养老保险关系转移接续办法，制定了移民养老保险关系转移接续办理程序，并在全区推广。2011 年 12 月 2 日金凤区良田镇和顺新村举行了首批 29 名生态移民养老金发放仪式。各市县在办理养老保险关系转移接续时，统筹推进社会保障卡"一卡通"建设，提高移民的参保信息质量。

（七）以增进文化融合、加快社区认同为目的，加强文化建设

为帮助生态移民尽快融入迁入地的生产生活，各市县以文化建设为抓手，开展丰富多彩的移民文化活动，教育新移民知恩感恩，艰苦创业。如同心县在移民村建设移民文化广场、移民剧院，配置体育活动及健身器材，设立图书馆。灵武市以"议今昔、话未来、感党恩"为主题，开展"共产党好、社会主义好、移民政策好"的"三好教育"活动，教育引导群众勤劳致富，凝聚共识，形成发展合力。移民入住新居后开展的第一次集体活

动是升国旗，并组织交通、教育、卫生、社保、就业等部门针对移民关心的问题面对面进行交流，解疑释惑。组建青年篮球队、自乐班等，建立文化活动室、广播室，开展送文艺下乡活动，增强移民的认同感、归属感。石嘴山大武口区针对劳务移民建立了移民信息档案，实行网格化管理，为移民发放"劳务移民证"，方便移民办理社会保险、社会救助、计划生育、子女就学等相关手续，加强新市民在思想观念、生活习惯、行为方式等方面的教育。固原市建立"五定四包"责任制，组织万名干部下乡宣传政策，最早实现了当年建设、当年搬迁、当年发展产业、当年恢复生态的目标。这些举措丰富了移民的文化生活、凝聚了人心、加快了新移民在迁入地的社会融合。

（八）以增进宗教和睦为抓手，强化宗教管理，化解矛盾纠纷

为维护移民新村的民族团结、宗教和睦、社会和谐，各市县区统战、宗教部门按照属地管理、分级负责的原则，在移民未搬迁之前就与迁出区联系，掌握信教群众的数量、教派结构等信息，对移民区清真寺建设进行摸底调查。各市县为做好清真寺筹建工作，挨家挨户了解群众建寺意愿，引导不同教派群众合理利用现有宗教活动场所，尽量合坊并寺。银川市月牙湖乡党委、政府经过与信教移民协商，在滨河家园二村新建滨河清真寺，占地4000平方米，计划建筑面积600平方米，预计减少资金投入98万元，全部通过群众自筹、社会捐助筹集解决。

三　宁夏生态移民社会治理的绩效评价

（一）宁夏"十二五"期间生态移民社会治理绩效评价

"十二五"期间，宁夏在总结以往扶贫移民经验的基础上，规划利用五年时间，对中南部地区7.88万户34.6万人实施移民搬迁，涉及原州、西吉、隆德、泾源、彭阳、同心、盐池、海原、沙坡头9个县（区）91个乡镇684个行政村1655个自然村。生态移民搬迁工作按照"搬得出、稳得住、能致富"的总体目标，稳步推进，健康发展，取得了阶段性成效，探索出一条山川共济、以城带乡、以工促农，并具有宁夏特色的生态移民成功之路。

1. "十二五"期间生态移民搬迁完成情况

在"十二五"期间，宁夏规划对中南部地区7.88万户34.6万人实施生态移民搬迁，涉及原州区、西吉县、隆德县等 9 个县（区）91 个乡镇 684 个行政村 1655 个自然村。为加快脱贫攻坚进程，2011 年全区启动了"十二五"中南部地区易地扶贫搬迁工程。五年来，在国家的大力支持下，在自治区党委、政府的坚强领导下，各地各部门精心组织、奋力拼搏，易地扶贫搬迁工作取得明显成效。全区累计完成投资 123 亿元，通过土地权属处置批准安置区用地 9 万亩，批复建设移民安置区 161 个，建成移民住房 7.75 万套，搬迁安置移民 7.65 万户 32.9 万人，完成"十二五"生态移民规划任务的 95.09%（见图 10 - 1）。

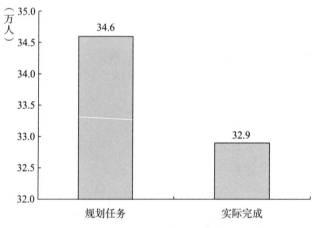

图 10 - 1　"十二五"生态移民搬迁完成情况

2. 生态移民职业结构

移民区通过大力发展设施农业、特色种植业、高效养殖业，使移民群众彻底从过去低效农业生产中解放出来；鼓励移民依托靠城、沿路居住的便利条件，从事加工、运输、建筑、餐饮、商贸以及旅游服务等第二、第三产业；通过培育发展劳务产业、特色产业，完善商贸服务设施等致富产业，培育后续发展产业。据调查统计，在生态移民中，大约有 20% 的搬迁户从事第三产业，45% 的搬迁户从事劳务输出，35% 的搬迁户从事种植业和养殖业，劳务输出成为生态移民增收的主要方式（见图 10 - 2）。

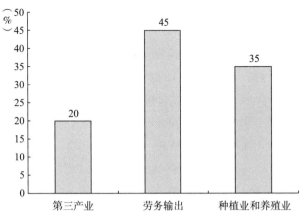

图 10 - 2　生态移民职业构成

3. 生态移民收入稳步增长

　　为了保证农户"搬得出、稳得住、能致富"，在移民安置时把培育产业作为重中之重，因地制宜、积极有效地促进移民产业发展。通过技能培训提高移民的生产技能，多方面、多途径拓宽增收渠道和致富空间。移民人均收入由原来的 1678 元提高到现在的 3415 元。移民年人均纯收入在 2000～2400 元的占搬迁总数的 12.6%，人均纯收入在 2400～2800 元的占搬迁总数的 45%，人均纯收入在 2800 元以上的占搬迁总数的 42.4%（见图 10 - 3）。

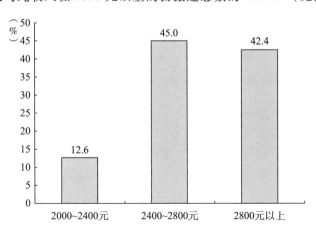

图 10 - 3　"十二五"期间生态移民收入水平情况

4. 生态移民增收途径明显拓宽

引导移民发展特色种养、交通运输、商贸服务等多种经营，拓宽增收渠道。加强移民实用技术和务工技能培训，提高转移就业能力。引进企业在移民安置区投资建厂或建设农业生产基地，发展劳动密集型产业，吸纳移民就近务工。移民收入结构明显变化，务工收入占家庭总收入的 67.8%，种养收入占 23.5%，转移支付等其他收入占 8.7%，形成了以特色种养收入为基础、劳务收入为主体的增收格局（见图 10-4）。移民收入水平稳步增长，绝大部分移民已初步跨越贫困线。移民村累计建设养殖圈棚 3.19 万个，大中型拱棚 1.28 万亩，日光温室 0.35 万亩；发展马铃薯、枸杞、葡萄、中药材等特色种植 21.68 万亩；开展移民培训 12.55 万人次，实现务工就业 11.85 万人。

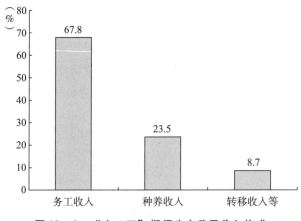

图 10-4　"十二五"期间生态移民收入构成

5. 区域收入不平衡性相对减弱

"十二五"期间，尽管宁夏城乡居民收入、山川农民可支配收入差距继续呈现不平衡的态势，但区域不平衡性相对减弱。2010~2015 年，宁夏城乡居民收入绝对差距从 9968 元扩大到 16067 元，灌区与中南部地区农民可支配收入绝对差距由 2010 年的 2610 元增至 2015 年的 4003 元。但城乡收入比从 2010 年的 2.94:1 下降到 2015 年的 2.76:1，灌区与山区收入比由 1.72:1 降为 1.59:1，差距均呈现相对缩小的态势（参见表 10-1、图 10-5）。

表 10 - 1　"十二五" 期间宁夏灌区与贫困地区农民可支配收入区域对比

单位：元

年份	全区农民平均可支配收入	灌区农民可支配收入	中南部贫困地区农民可支配收入	灌区、贫困地区农民收入比
2010 年	5125	6222	3612	1.72:1
2011 年	5931	7149	4193	1.70:1
2012 年	6776	8143	4856	1.68:1
2013 年	7599	9104	5550	1.64:1
2014 年	8410	10023	6227	1.61:1
2015 年	9119	10821	6818	1.59:1

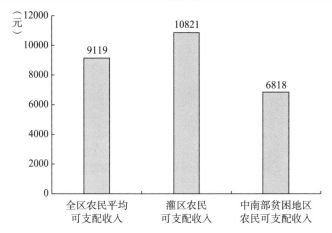

图 10 - 5　2015 年贫困地区农民可支配收入与全区、灌区比较

6. 生态移民迁出区生态修复状况良好

移民搬迁后，人为破坏生态环境的行为明显减少，大大减轻了迁出区的生态环境压力，既巩固了退耕还林成果，又达到了恢复生态的目的，实现了脱贫致富与生态建设的"双赢"，促进了人与自然的和谐发展。通过实施固原和中部干旱带黄土丘陵地区坡耕地水土流失综合治理工程，在葫芦河、茹河、洪河流域和海原、同心、盐池南部划定水土流失重点治理区域，实施封禁养育，加快了植被恢复。实施海原、同心、灵武、盐池北部沙漠化治理工程，进一步完善和落实退牧还草政策，综合治理退化草原、恢复草地植被，有效遏制了生态环境的恶化。

2013 年，自治区制定出台了对历次移民迁出区 1272.1 万亩土地进行生态修复和保护的意见，其中实施封禁保护自然修复 879.7 万亩，安排人工生态修复 380.1 万亩（见图 10-6）。对 12.3 万亩原水域、水利设施和道路进行保护并服务于生态修复。人工生态修复中，林业工程造林 76 万亩，经果林 2.1 万亩；草地建设与保护工程人工种草 56 万亩，补播改良 244 万亩。通过自然修复与人工修复相结合，全面加强生态移民迁出区生态建设与修复，切实改善了生态移民迁出区的生态环境质量。

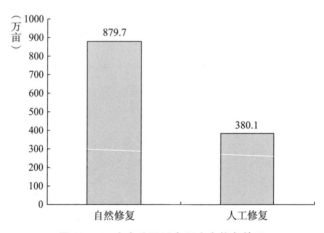

图 10-6　生态移民迁出区生态修复情况

（二）生态移民社会治理中需要解决的几个深层次问题

经过"十一五"和"十二五"初期的生态移民工程，宁夏在实施生态移民工作中取得成绩的同时也暴露出许多问题，诸如资源环境问题、资金问题、户籍问题、社保问题、移民的生产生活问题、宗教管理问题等。对上述问题应该怎样看？其产生的深层原因是什么？本研究通过对一些带有全局性问题的思考，希望能够对宁夏的生态移民工作有所裨益。

1. 宁夏生态移民的两种"模式"及其关系问题

宁夏的移民工作开始得比较早，早在 20 世纪 80 年代，宁夏就已开始移民搬迁工作，动员南部山区农民到条件较好的地区进行开发生产，建设新家园，当时称之为"吊庄"移民。吊庄移民以村民自愿为基础，政府负责给移民划分土地，提供农业所需的水利设施，给予少量的建房补助资金，并允许移民两头有家，来去自由。在移民村庄的管理上，先是由移民输出地代为管理，经过一定时期后交由属地管理或建立移民新区管委会实施管理。我们将这种移民方式称为"吊庄"移民模式。它的最大特点是周期长，移民规模较小，以移民的自我发展为主，移民与迁出地的社会关系相对延续，保证了政策和管理的连续性，减少了移民社会适应问题。从"十五"开始，宁夏开始实施生态移民搬迁工程，计划通过15年左右的时间，将南部山区和中部干旱带条件较差地区的近百万群众集中搬迁到条件相对较好地区安置。生态移民工程是由政府主导的，政府负责移民新村的建设，对移民的生产生活和社会管理实行统筹规划，移民一经搬迁就实行属地管理。由于移民一般都是整村搬迁，所以，除享有原居住地的各项优惠政策外，与原居住地的自然环境、社会环境彻底告别。我们将这种移民方式称为生态移民模式。它的特点是政府主导，建设时间短、见效快，有利于迁出地的生态恢复和移民生产生活条件的迅速改善，但这种移民模式也容易使问题在较短时间内聚集，造成各种资源的相对紧张，增加管理难度与成本，移民也存在一定的社会适应问题。

随着"十一五"生态移民工程的推进，生态移民工程对扶贫攻坚的意义日渐凸显，效果也逐步显现。宁夏计划"十二五"期间投资105亿元实施中南部山区34.6万人的生态移民规划，要求"五年搬迁、五年致富"，移民搬迁后，除享有原居住地的国家相关优惠政策外，与原住地基本脱离。这种移民模式是由政府集中财力、物力、人力，力争在较短时间内解决贫困人口的脱贫致富问题，相较于20世纪80年代初期开始一直持续到2000年的吊庄移民模式，这种模式搬迁规模大、建设速度快、资金需求量大，对迁入地的接受能力以及移民的社会适应都提出了更高的要求。从理论上讲，如果吊庄移民是一种经验型的渐进式的扶贫发展模式的话，"十二五"生态移民则是一种巨变式、规划式扶贫发展模式。吊庄移民模式在宁夏实施16年，搬迁安置移民35.3万人，规划式移民模式基本上是从"十五"开始，经历"十一五"，到"十二五"期间达到高峰，累计搬迁人口近百万。在宁夏的"十二五"生态移民工程实施过程中，出现了关于移民模式的争论，这种争论除吊庄移民模式的经验参照外，也与经过"十一五"和"十二五"初期的移民工程建设，许多深层次问题逐渐暴露出来有关。据课题组对宁夏五市生态移民工程建设调研，宁夏生态移民工程进展到调研时，许多问题逐渐显现。其一是迁入地的环境承载能力面临饱和或超载，有可能出现新的生态危机，导致二次搬迁问题。特别是中部干旱带的县内移民面临的水资源和土地紧缺问题更为突出，人畜饮水面临一定的困难。其二是大规模的移民新村导致社会管理成本上升、难度加大，公共资源严重短缺。其三是资金压力增大，资金拨付不能按时到位，影响了工程进度和质量。其四是移民生活和发展生产任务重，移民"稳得住"压力大，"能致富"问题多。其五是前期政策制度储备不足，导致出现许多问题，如相关政策的衔接配套问题，在水资源的分配、户籍管理、社会保障和宗教管理上表现得尤为明显。客观地讲，这些问题的产生原因是多方面的，但不可否认，多少与这种巨变式的规划扶贫发展模式有关。

2. 城镇化与移民新村建设之间的关系问题

宁夏的生态移民新村建设是在城镇化的背景下展开的。城镇化是扩大内需、实现现代化的必然方向，在城镇化的背景下建设移民新村，自然会引起人们对两者关系的思考。"十二五"期间，宁夏生态移民新村建设的规模不断加大，据我们了解，小的新村有 500~600 户，大的已有上千户，最大的有 1400 多户，已基本形成一个较大的市镇。在基础设施建设和公共服务配套方面，由于各地的条件差异，移民新村资源配置并非均等，条件较好的地区基础设施建设和所能提供的公共服务已基本上接近城市。从移民的就业看，移民的土地基本已经流转，大量移民依靠外出打工维持生计，真正从事传统农业的已经非常少，从目前情况看也不具备从事传统农业的条件。生产方式和生活方式都已发生重大变化，已非常接近城市市民。由于生态移民工程是在我国城镇化高速发展的背景下实施的，两者的关系怎样，不但影响着生态移民新村基础设施建设和公共服务的水平，而且关涉生态移民新村的未来。目前，宁夏在生态移民新村是城镇化还是新农村，生态移民工程是单纯一项扶贫工程抑或是城镇化的特有方式认识上还有一些争议，政策上也没有明确的界定和指向，导致实践中各地的建设标准和新村规划很不统一，标准差距的拉大也给移民搬迁工作造成一定的困难，给以后移民新村的社会建设与社会治理带来许多问题。

随着移民大量搬迁入住，移民新村的社会管理任务日渐艰巨、难度日渐增加，移民新村如何进行有效的社会管理成为摆在各级政府面前的重要工作。移民新村的组织建设、社会治安、环境整治、公共服务、基础设施管理等问题成为移民新村社会管理相对比较突出的问题。当前，在社会管理方面，移民新村面临的最大问题就是公共资源配置不足，由于管理主体不明确、管理方式没能及时跟进，公共资源浪费和损毁现象严重，其中以水资源的浪费和农田灌溉管网的损坏最为突出。上述现象出现的原因是多方面的，其中对生态移民新村的定位模糊、基础设施与公共工程建设不到位、管理方式没能跟进是较为重要的原因。

3. 移民新村建设中满足宗教需求与加强宗教管理的关系问题

宁夏是全国唯一的回族自治区，宗教信仰氛围浓厚。生态移民工程巨大，必然涉及一定规模的信教群众。因此，妥善处理移民新村中的宗教信仰问题十分重要。现阶段移民新村中最为突出的是宗教场所的设置问题。众所周知，伊斯兰教内部分为不同的教派和门宦，这些教派和门宦对教义的理解和礼拜的仪式具有程度不同的差别。因此，在条件允许的情况下，各教派和门宦都建有自己的清真寺。实施生态移民工程以来，对于清真寺的规划和建设，自治区党委 2010 年 46 号文件做出了专门规定，即"依法加强生态移民新村宗教事务管理，提倡不同教派合坊，原则上一村建一处清真寺，最多两处，以信教群众人数定宗教活动场所规模"，宗教场所的建设资金由社会捐助和群众自筹。从各地实践来看，基本都是按这一规定执行，但也有部分地方没有完全按照该规定执行，不但允许不同教派各自建清真寺，而且动用移民建设资金资助清真寺的建设。这种做法应该如何看？基层有不同的认识，也有不同的实践，许多问题值得我们思考。

4. 生态移民社会治理中移民的主体性地位与政府帮扶之间的关系问题

移民是整个生态移民工程的主体，这种主体性不但体现在移民全程参与生态移民工作，移民搬迁工作必须遵循自愿原则，而且体现在生产、致富和社会治理中。移民是生产主体，靠辛勤的劳动致富是移民主体性的最好体现。生态移民搬迁为移民创造了较好的生产生活条件，发展致富主要依靠移民的辛勤劳动。生态移民工程是政府主导并推动的一项惠民富民工程，为了完成这项利在当代、功在千秋的大业，政府投入大量的人力、物力和财力，解决了移民搬迁中遇到的各种困难和问题。在社会治理方面，实行政府一站式服务，尽可能考虑移民的实际困难、满足移民的生活需要。

这些政策和做法无疑是正确的，但如果不注意掌握必要的限度，拿捏不好也会使移民产生"等靠要"的思想，给生态移民发展生产、脱贫致富和自我管理造成一定的负面影响，并会间接影响移民新村的社会稳定。

第四节　精准扶贫背景下宁夏生态移民社会治理

贫困问题是当前世界面临的重要课题，据有关国际组织统计，在最近五年里，全世界贫困人口从 10 亿增加到 13 亿，有 10 多亿人缺乏安全饮水等基本生活条件，每天有 7.5 亿人挨饿。世界贫困人口大部分分布在非洲、南亚和东南亚。消除贫困是世界各国特别是发展中国家孜孜以求的梦想。探索解决贫困问题的道路、方法，对内构成这些国家社会政策的重要分野，对外则是形成发展道路的重要理据，具有重要的政治意义。我国是发展中国家，也是世界上贫困人口分布比较密集的地区。改革开放以来，虽然经济社会建设取得了举世瞩目的成绩，但反贫困问题仍然是我们面临的主要任务。2016 年全国农村贫困人口为 7017 万人，其中河南、湖南、广西、四川、贵州、云南 6 个省份的贫困人口都超过 500 万人。贫困区域分布广，全国不仅有 14 个连片特困地区，除京津沪 3 个直辖市外，其余 28 个省级行政区都存在相当数量的生活在贫困线以下的群众。全国还有 20 多万人用不上电，数千万农村家庭喝不上"干净水"，7.7 万个建档立卡的贫困村不通客运班车，83.5 万个自然村中不通沥青（水泥）路的有 33 万个，占 39.5%。贫困人口中因疾病贫困的比重超过 40%，需要搬迁的贫困人口近 1000 万。这还不算一定规模的城市贫困人口。所以，要实现"两个一百年"的奋斗目标和中华民族的伟大复兴，解决贫困问题是一道绕不开的坎儿、一段必须要走的路。所以，党的十八届五中全会提出"共享"发展理念，实施脱贫攻坚工程，实施精准扶贫、精准脱贫，通过多种方式，尽快解决农村贫困问题。《中共中央关于制定国民经济和社会发展第十三个五年规划的建议》明确要求实施脱贫攻坚工程。农村贫困人口脱贫是全面建成小康社会最艰巨的任务。必须充分发挥政治优势和制度优势，坚决打赢脱贫攻坚战，实施精准扶贫、精准脱贫，因人因地施策，提高扶贫实效。分类扶持贫困家庭，对有劳动能力的支持发展特色产业和转移就业，对"一方水土养不起一方人"的实施扶贫搬迁，对生态特别重要和脆弱的实行生态保护扶贫，对丧失劳动能力的实施兜底性保障政策，对因病致贫的提供医疗救助保障。实行低保政策和扶贫政策衔接，对贫困人口应保尽保。这些政策措施，为我们打赢扶贫攻坚战役奠定了坚实的政策基础和制度基础。

一 应注意经济新常态对生态移民社会治理的影响

宁夏"十一五"和"十二五"生态移民期间，适逢中国经济高速增长，移民区靠近城市，便捷的交通、土地流转将农民从土地中解放出来，为农民走出家庭、走向市场创造了较好的条件。因此，外出打工所带来的劳务收入构成生态移民收入的主要来源，在有些地方，移民的劳务收入在农民整体收入中已经接近九成。这种收入结构，大大缓解了由于生态移民土地短缺（平均人均一亩）和土地多为生地，开发难度大、见效慢带来的生活压力。随着中国经济进入新常态，一些移民的生活产生一定程度的困难，同时，大量农民返乡，无事可做也给社区管理带来较大压力。随着移民收入的减少，"稳得住"的问题开始出现，一些移民开始回迁或有较为强烈的回迁愿望，如何解决这些问题，是摆在各级党委、政府面前的一项重要任务，需要我们高度重视。

二 应重视精准扶贫政策的社会效益，建立精准扶贫政策社会道德风险评估机制

20世纪80年代以来，社会保障的道德风险与负激励问题日益受到许多国家政府和经济学家的关注。从福利国家的历史经验看，福利国家制度设计曾经在欧洲国家的经济发展与社会进步方面发挥了重要的作用。但是也不能否认，福利制度的缺陷曾给欧洲国家，特别是西北欧国家带来严重的负激励问题。自70年代以来，福利国家的制度性缺陷普遍出现。首先是发达国家经济出现财政赤字、"滞胀"现象迫使社会各界要求削减政府开支和社会福利，减少税收以刺激投资。但高税收是高福利的基础，减少税收，高福利将难以为继。其次是由于国际竞争日益激烈，福利国家高福利、高工资、高补贴、长假期的优越条件，削弱了他们产品的市场竞争力。经济全球化导致西方就业机会外流和第三世界廉价商品大量进入西方市场，福

利国家竞争力减弱，难以支撑高昂的福利开支。更严重的是，高福利还培养出一批批坐享其成的懒汉。据统计，在高福利政策下的欧洲，工人一年除了法定公休日外，还有大约 30 天的休假日。德国人一年工作时间仅为 1660 个小时，比美国人少 240 个小时，比日本人少 410 个小时。在英国，"三天打鱼，两天晒网"，拿着疾病津贴在海滨度假的大有人在。近年来，随着全球经济下滑、财政收入下降，西欧社会高福利的社会政策的不可持续性日益显现，希腊债务危机从某种意义上讲就是高福利政策带来的恶果。在公正与效率之间，西欧各国政府正面临艰难的选择。纵观西欧社会政策，我们可以发现，引发道德问题的原因有如下几点：第一，政府包得过多，从摇篮到坟墓，使个人失去了奋斗的动力；第二，福利标准过高，使个人可以不通过努力就过上相对舒服的生活，大大降低了奋斗创业的积极性；第三，社会福利的普惠性在解决了贫困人口生活保障的同时，使许多有劳动能力的人通过"搭便车"不劳而获，形成了一种逆向激励的社会氛围；第四，政策制定缺乏道德考量和市场化的制度设计，过分关注结果公平，而忽视了人性的弱点，使社会发展失去活力。这些经验，都是我们在制定社会政策时需要汲取的。

社会政策会产生一些道德问题，这是社会政策制定和执行过程中不可避免的一种现象，源于个体道德差异和人性的弱点，中外概莫能外。社会政策的出台应尽可能减少道德风险，如果一项政策的出台产生了较为严重的道德问题，需要检视的不是不道德者，而是政策本身。为克服社会政策的负面效应，许多国家建立了社会政策的道德风险评估制度，专门分析评估一项社会政策的道德风险以及预防措施，取得了较好的社会效果。党的十八大特别是十八届三中、四中全会都明确要建立风险评估制度。但从宁夏的实际看，风险评估的主要范围局限于基础设施建设、政府规范性文件等，主要关注的是社会稳定风险、环境生态风险，对社会政策的道德风险评估还没有引起重视，实践中也没有具体的实施案例。道德风险是社会政策风险的一种，虽然表面上看对社会稳定不会产生实质性的影响，但它对社会健康肌体的破坏是致命的，一种不健康的道德环境，往往会生成一种秩序形态，通过各种方式影响社会稳定，需要引起我们高度重视。建议在自治区层面成立社会政策道德风险咨询委员会，对全区出台的社会政策面临的道德风险进行评估，提出预防的措施，减少社会政策执行中的负面性。

三　应做好生态移民社会治理与城镇化推进的有机衔接，重视实现人的城镇化

城镇化是现代化的必然结果。移民工程必须以市场为导向，与城镇化发展统筹考虑，只有这样，生态移民的社会治理才能实现。宁夏的生态移民新村建设是在城镇化的背景下展开的。城镇化是宁夏扩大内需、实现现代化的必然方向，在城镇化的背景下建设移民新村，自然引起人们对两者关系的思考。

对"十三五"生态移民新村的建立，自治区相关部门要在充分考察、调研的基础上，正确、客观地认识安置区环境承载能力和水资源的配置水平，根据实际情况制定科学的可持续发展的移民规划。中部干旱带和南部山区的县内移民新村建设要依托当地资源优势，因地制宜，在生态环境较好、有较强的自我发展空间的区域建立，对自然禀赋较差地区，要严格限制或禁止移民区规划，避免由于移民区自然条件差而导致"二次移民"现象。移民新村的建设要立足现在，着眼长远，在城市化的大背景下，有条件的地方可以按照城镇化的要求建设移民新村，在新村规划、基础设施、公共资源配置方面可以适度超前。即使条件较差的区域，也要进一步完善移民新村水利设施、公共卫生间、垃圾处理站、闭路电视、电力供应等公共基础设施，为移民的生产、生活创造一个良好的发展环境，也为以后向城镇化发展奠定一定的基础。将生态移民新村建设同全区城镇化统筹考虑是因为城镇化是现代化的发展方向和必经阶段，如果按照农村、农民的定位建设移民新村，那么几年以后，移民又要面临新一轮城镇化的问题，弄不好还要面临城镇化引起的"二次搬迁"，给国家和群众造成巨大的财产损失。党的十八大报告明确指出：解决好农业农村农民问题是全党工作重中之重，城乡发展一体化是解决"三农"问题的根本途径。从当前移民的谋生手段看，家庭绝大部分收入依靠外出打工，家庭常住人口多为老弱病残妇，年轻人大部分在城市打工，生态移民新村也面临"空心化"的问题，城市对移民的吸纳效应非常明显。鉴于此，"十三五"移民

规划应将资金向劳务移民倾斜或将移民新村规划在城市周边，充分发挥城市的辐射带动效应，实现生态移民工程与城镇化的统筹规划和一体化发展。将移民新村与城镇化结合起来统筹规划建设，还有利于吸引社会资本投资移民新村建设，推动投资主体多元化，减少政府投资压力，缓解资金紧缺的局面。

四 走出社会政策"解决问题与制造问题叠加"的误区，以法治思维开展精准扶贫工作中生态移民的社会治理工作

精准扶贫是在新的历史条件下开展的一轮扶贫工作，同以往的扶贫工作相比，我国的经济实力有了巨大的飞跃，已经初步具备解决绝对贫困人口问题的能力。因此，投资力度大是精准扶贫工作的重要特征，也是我们解决贫困问题的巨大优势。但与此同时，我们也要看到，精准扶贫工作还面临许多的不利因素，除经济层面贫困面大外，还存在许多社会层面的制约因素。主要表现为人们的素质特别是道德水平还不高，社会缺少诚信和信任，利益导向造成的整个社会的逐利化倾向严重、法治观念淡薄、人治思想根深蒂固，腐败问题使党和政府的公信力受到一定程度的影响，存在一定程度的信任危机。这些问题，都会对我们的精准扶贫工作产生较大的负面影响，许多矛盾与问题的出现多与此有关。社会政策主要解决贫富差距问题和公共服务不均衡的问题，实际上也是要从根本上解决上述的社会问题。精准扶贫作为一项社会政策，在彻底改善贫困人口生存现状的同时，在具体实施过程中也产生了许多问题，特别是道德问题较为突出，这是我们必须予以正视的客观现实。为什么这样一个好的社会政策，却在实践中引发了一系列的道德问题呢？农民素质不高是原因之一，文化传统和社会大环境也是原因之一。我们在制定社会政策时是否考虑到这种情况的出现？是否有针对性地采取了一些预防措施？我们推进扶贫工作的方式是否存在问题？这些都是需要引起我们深入思考的。

扶贫工作既是一项政治任务，也是一项艰巨的经济工作和社会工作。我们党作为无产阶级政党，解决贫困人口的贫困问题是我们肩负的重要使命和义不容辞的责任，在实现中华民族伟大复兴和全面建成小康社会的征程中，全国人民一个都不能少，这是由党的性质决定的，对此必须要有高度的政治自觉。贫困问题是一项世界性的难题，解决贫困问题将是一项长期的政治任务。解决贫困问题的政治责任与解决贫困问题的具体实践是密切联系在一起的，只有两者相互配合、相互促进，才能找到解决问题的出路，不讲实践理性的政治理性或只讲实践理性而不讲政治理性，在工作中必然会造成许多问题。另外，由于特殊的国情，我们还需要注意的一种现象是政治理性在实践中的异化，这种情况在精准扶贫工作中也有反映。实际上，在精准扶贫实施中，政治理性已经异化为一种特定扶贫目标数字或时间排序，按时或提前完成任务就是最大的政治。导致各地争相提前脱贫，压缩脱贫时间，使实践理性的矫正作用根本没有实施的空间。这样必然会带来一种现象，那就是解决贫困完全是党和政府的责任，群众则游离于实践之外。因为在群众看来，脱贫虽然是要追求的，但更是政府的责任，政府比其自身更积极，完不成脱贫任务，受罚的是政府而不是他们自己。在这样一种氛围和语境下，开始出现脱贫主体责任从贫困者向政府的蜕变，扶贫主体开始错位运行，政府责任不断加大，贫困人口反而成为一个旁观者和成果的享用者，传统的"等靠要"思想进一步被强化。

多年来我们在扶贫工作中形成一种惯性思维，容易把扶贫与农民收入联系起来，认为收入是衡量扶贫效果的最主要指标，因此，大量的扶贫资金投入经济领域，形成经济理性主导扶贫工作的格局。在精准扶贫过程中，由于有具体的收入数字考核和时间要求，这种经济理性表现得尤为突出。为了短期内能够实现脱贫目标，大量资源聚集于建档立卡户家庭，虽然在较短时间内使得一个家庭摆脱贫困状态，但这种示范效应，在产生积极正面引导作用的同时，也相应产生一种负面激励效果。容易形成或固化一种不正确的认识：贫穷不再是一种劣势，而是一种资源，不努力也会致富，谁贫穷谁受益，谁贫穷谁光荣。如果这种思想在社会中不断蔓延，势必会对整个社会风气产生极大的负面影响，容易滋生"等靠要"的思想。同时，扶贫资金大量满足精准扶贫的经济指标，而社会领域的投入不足，如教育扶贫、技术培训、旅游扶贫、文化扶贫等领域的精准扶贫投入明显不足，导致精准扶贫效果的可持续性不强，贫困的代际传递无法消除，诚信、勤劳、宽容、敬老等社会资本在短时间内无法建立，影响了精准扶贫工作的实际效果。

扶贫工作就是要解决贫困家庭的生活困难问题，因此，存在工具理性本属正常。而如果把扶贫工作与具体时间要求、目标要求结合起来，就会加大扶贫工作的工具理性。如果时间要求规定得不科学，就会使扶贫工作变成一项政治任务，扶贫工作的最终目的和实施效果反而成为次要的东西。同时，在工具理性下，短期的目标要求极大压缩了市场发挥作用的空间，导致市场体系无法建立。我们在调研中发现，有些地方看似也进行了一些市场化的运作试点，但由于是在较短时间内完成的，市场化的质量无法保障，"拉郎配"等形式主义现象较为突出，实施效果并不理想。有些地方将扶贫资金投入企业、合作社等组织，农民参与分红，形式上看似是市场化运作，但实际上这些企业、合作社是在较短时间内建立起来的，经营情况并不理想，抵御市场风险的能力弱。在政府持续投入的情况下，短期内不会出现问题，当政府停止投入，真正开始市场化运作时，有些企业和合作社就可能面临许多问题，扶贫资金的安全也会面临一定的风险。今后一旦农民不能从企业、合作社取得分红，政府就会面临巨大的压力，农民对政府的不满就会增加，受害者心理也会进一步加剧。

精准扶贫工作应该依靠谁，以谁为主？这个问题看似清楚，但又一直模糊不清。从理论上讲，解决贫困问题是政府的责任，这是近代以来社会发展的一种趋势。但从我国的具体国情而言，问题并非这么简单。我国是社会主义国家，但长期处于初级阶段。初级阶段的基本国情决定了国家能力的有限性，决定了国家不能把所有问题都包下来。政府责任是针对近现代以来的工业化社会而言的，对一个以农业为主的国家，由于农民拥有一定数量的生产资料，因此，国家不能向对待城市工人一样，承担贫困的主要责任。另外，从世界反贫困多年实施的国内外经验看，政府包办代替或者直接给付实物（资金）是最没有效益的。因此，从理性的角度看，政府也不应该包揽扶贫的责任。我们认为，正确的认识应该是：解决农民的贫困问题应建立一种双重责任制，政府负有帮助、指导农民脱贫的责任，农民有通过自身努力，改变贫困的责任。但长期以来，我们在宣传和具体工作中，有意无意过多强调了政府的责任，对干部定指标、定要求，对农民自身的责任、义务、教育，要求不够，使得农民把解决贫困的希望不切实际地寄托在政府身上，一旦贫困问题没有解决或解决得不够理想，对政府的不满就会产生，一些道德问题就会出现。

而要解决上述问题，除对社会政策本身需要检视外，树立法治理念与法治思维，实现国家治理体系和治理能力的现代化是治本之策。从精准扶贫工程的实施情况看，虽然该项工程实施于党的十八大和十八届三中、四中全会之后，但推进方式表现出对传统治理路径的严重依赖，运动式治理的痕迹非常明显。运动式治理虽然可以在较短时间内产生效益，但从长期看，这种治理方式非但不科学、不经济，而且会产生一系列的社会问题，为以后的社会治理带来较大的难度，有的后果甚至是不可逆的，需要我们深刻反思。发达国家的治理经验表明，遵循法治化的治理路径，虽然时间较长，却是最为经济和有效的。法治国家建设是党的十八大确定的奋斗目标，我们不但要写在纸上，更要落实到具体的实际工作中，只有如此，法治国家建设才会取得实际的进展，中华民族伟大复兴的中国梦才会早日到来。

五　积极吸引社会资本投资生态移民建设工程，通过发挥社会组织在生态移民社会治理中的作用，调动起广大群众参与社区建设和治理的积极性

生态移民工程进展到目前的发展阶段，一些深层次的问题逐渐暴露，其中资金短缺和移民新村社会管理资源的匮乏，已成为制约生态移民工程健康发展的瓶颈。而要解决以上问题，就要彻底改变目前在生态移民工程建设中投资主体、管理主体单一的局面，要通过各种途径吸引社会资本投资生态移民公共工程。通过政府与社会的共建，不但可有效缓解政府的资金压力，也为社会组织参与社区管理创造了条件。由于生态移民工作千头万绪，工作量大，政府的管理资源严重不足，只有充分发挥社会组织在社区管理中的作用，才能解决政府行政管理资源紧缺的问题，对培养移民的自我管理意识和发展生产的积极性、主动性也有着非常重要的作用，并有助于从根本上克服"等靠要"等消极思想，实现移民的自我管理、自我发展。目前有些移民新村注重发挥村民委员会、专业合作社和各类协会在发展生产、社会管理中的作用就是一种很好的尝试。

六 依法依规管理宗教事务，提高生态移民区宗教治理法治化水平

宗教需求是移民群众的基本精神需求，生态移民搬迁使移民搬离了故土，也使他们原有的宗教生态难以持续，因此，满足群众的宗教需求有其合理性和合法性。由于宗教本身的敏感性、复杂性，依法加强对宗教事务的管理是保证宗教发展和社会稳定的重要条件。另外，生态移民工程本身就是一场大的社会变革，在经历了这样一场大的社会变革后，移民的生活方式、社会关系、族际关系、居住格局等都发生了巨大的变化，要求恢复原有的宗教生态，事实上已无法做到。在当前生态移民新村的宗教管理中，我们要正确处理好群众的宗教需求与依法治理的关系，要在以下几个方面增强认识、加强管理，保证移民新村的社会稳定。第一，在宗教问题上，既要提需求，也要讲管理，不能只提需求不讲管理，要通过扎扎实实的管理，使群众在宗教问题上养成良好的规则意识和法律意识。目前要加大对自治区有关移民区宗教管理相关制度的落实力度，加强对清真寺乱搭乱建问题的管理，对个别地方政府出资建设清真寺的做法应该坚决叫停并追究相关人员的责任。第二，在宗教文化生态布局上要科学规划，满足不同民族、不同信教群众的宗教需求，并制定有利于民族团结、宗教和睦、教派宽容的社会氛围。要在宗教场所的规划布局中考虑到不同民族群众的宗教需求，目前宁夏生态移民工程设计中考虑到了回族群众的宗教需求，但汉族和其他少数民族的宗教需求还没有被纳入考虑范围，对此问题应引起重视，以免导致宗教文化生态的严重失衡。同时要借鉴国外不同族群、宗教居住格局安排的经验，不同民族以及同一民族的不同教派群众在居住格局的安排上要尽可能按照人口比例插花安置，以利于通过长期的生产生活增进民族感情和宗教宽容，要避免为图简单省事而采取相对集中的安置措施，表面上看似解决了问题，但从长远来看，并不利于民族团结，对宗教和睦、教派宽容更无益处。在这方面，我们要认识到，"民族居住格局作为民族间社会交往的客观条件，反过来又会影响民族关系。一个特定区域（如某一省级行政区）内的民族构成（是单一民族还是多民族），人口比例及各民族居住空间的组合状况（是相对隔离居住还是明显交错居住），可反映民族凝

聚程度、民族间交流合作的空间条件和相应的发展动力"（马戎语）。第三，提高依法管理宗教事务的水平，进一步完善宗教活动场所的管理规范。当前，特别要加强对宪法中关于国家与宗教关系规定的学习，克服重需求、轻管理的思想倾向，纠正个别地方政府资助宗教场所建设的错误做法。我国是社会主义国家，政教分离是宗教管理的基本原则，要以宪法和相关法律为基础，结合生态移民实际和国际通行做法，进一步完善移民新村宗教管理政策和指导意见，并在条件成熟时将其上升为地方法规，做到在移民新村宗教管理上有法可依。

第十一章
生态移民与社会治理

李　霞

实施生态移民是宁夏回族自治区党委、政府统筹城乡发展、构建社会主义和谐社会的一项重大战略举措，是深入实施西部大开发战略的重要实践，是惠及特殊困难群体、实现贫困群众脱贫致富的重要途径。从实质上看，宁夏生态移民工程体现了党的十八大报告中"经济、政治、社会、文化、生态文明"五位一体建设的基本精神，即从经济、生态文明、文化建设角度出发，通过政治和社会管理体制机制建设，对那些生活在不适宜人类生产生活地区的群众进行搬迁，促进宁夏南部山区贫困人口向沿黄经济区转移，提高移民生产生活水平，从根本上解决南部山区的贫困问题，保障国家生态安全，实现可持续发展。生态移民作为社会治理的一种方式、手段或途径，是体现生态文明与美丽中国建设、创新新时期社会治理体制机制的一项重要内容。生态移民实施过程中，宁夏回族自治区党委、政府积极探索社会治理之路，有力地促进了宁夏社会经济的快速发展。

第一节　生态移民发展综述

一　生态移民的含义

自"生态移民"概念 1993 年首次出现在国内文献后，众多学者基于生态学、社会学、经济学等学科理论，针对生态移民的含义展开了广泛而深入的研究，其代表性的观点归纳起来主要有以下几种。

1. 从目标层面界定生态移民

学者王培先、刘学敏和陈静认为，生态移民就是从改善和保护生态环境、发展经济出发，把原来位于环境脆弱地区高度分散的人口，通过移民的方式集中起来，形成新的村镇，在生态脆弱地区达到人口、资源、环境和经济社会的协调发展。① 有的学者则强调生态移民的多目标性，方兵、彭志光认为，生态移民从保护生态脆弱区的生态环境出发，既考虑移民能致富奔小康，又考虑不能破坏迁入地近期和长远的生态环境，同时保护迁入地原居民利益不受损害，是多目标移民。② 李笑春、陈智等认为，生态移民包含两层含义：生态移民的动因是自然环境恶化、人口数量超过生态环境的承载容量，目的是保护和改善生态环境、提高移民整体的生产生活水平。③

2. 从形成原因角度定义生态移民

葛根高娃、乌云巴图认为，生态移民是指生态环境恶化，导致人们的短期或长期生存利益受到损害，从而迫使人们更换生活地点、调整生活方式的一种经济行为。④ 李宁、龚世俊认为，生态移民是指生态系统中多种原因造成了自然环境的恶劣和自然资源的枯竭，导致人与自源环境的矛盾激化，人类为生存而主动调整其自身与资源、环境之间的关系，以保持生态系统内部诸要素的相对平衡所进行的人口迁移。⑤

3. 从行为角度界定生态移民

皮海峰认为，所谓生态移民是指把那些生态条件不适合人类生存或因

---

① 王培先：《生态移民：小城镇建设与西部发展》，《国土经济》2000 年第 6 期；刘学敏、陈静：《生态移民、城镇化与产业发展——对西北地区城镇化的调查与思考》，《中国特色社会主义研究》2002 年第 2 期。

② 方兵、彭志光：《生态移民：西部脱贫与生态环境保护新思路》，广西人民出版社，2002。

③ 李笑春、陈智、叶立国、董华、刘敏、张君、聂馥玲：《对生态移民的理性思考——以浑善达克沙地为例》，《内蒙古大学学报》（人文社会科学版）2004 年第 9 期。

④ 葛根高娃、乌云巴图：《内蒙古牧区生态移民的概念、问题与对策》，《内蒙古社会科学》（汉文版）2003 年第 2 期。

⑤ 李宁、龚世俊：《论宁夏地区生态移民》，《哈尔滨工业大学学报》（社会科学版）2003 年第 1 期。

人类存在会对生态环境造成严重破坏的地区的群众进行迁移，将那些地区保护起来，全面禁耕、禁牧、禁渔、禁猎、禁伐、禁采，实行退耕还林、退耕还草、退耕还湿和退耕还水，以达到保护和恢复自然生态系统的目的。[①]

从以上观点可以看出，由于学者研究专业的不同和分析问题时着眼点不同，他们对生态移民概念的分析略有不同，但其核心内涵是一致的，即生态移民是因为迁出地生态环境遭到严重破坏，已经超出了其承载力，目的就是实现生态平衡，进而促进经济社会发展。

综上所述，本研究认为，生态移民是从保护和恢复生态环境、发展经济出发，把原来位于环境脆弱地区高度分散的人口通过移民的方式集中起来，形成新的村镇，在生态脆弱地区达到人口、资源、环境和经济社会的协调发展。

二 生态移民发展综述

（一）宁夏生态移民历史沿革

宁夏作为实施生态移民最早的省份，自改革开放以来，在国家针对区域社会经济发展宏观政策做出重大调整的大背景下，自治区党委、政府始终把中南部地区的脱贫致富作为促进全区发展的重中之重，特别是把移民工作作为解决自然条件恶劣地区群众生存和发展问题的一项重要扶贫举措。从20世纪80年代开始，主要由政府主导的生态移民实践经历了三个阶段。

1. 吊庄移民

宁夏的吊庄移民开始于1983年，是将西海固地区的农牧民迁移到引黄灌区，是改革开放以来具有宁夏地方特色乃至对西北地区产生重要影响的扶贫开发模式。吊庄移民可细分为县外移民吊庄、县外插户移民吊庄和县内移民吊庄。宁夏吊庄移民共投入近4亿元，建设"吊庄移民"基地25处，开发耕地0.553万亩，搬迁安置移民15万多人。在"吊庄移民"扶贫开发模式中，比较成功的典型是芦草洼吊庄、隆德县移民吊庄和华西村。

芦草洼吊庄始建于1983年7月，移民大多数来自六盘山麓的泾源县贫

---

① 皮海峰：《小康社会与生态移民》，《农村经济》2004年第6期。

困区。芦草洼（现已更名为兴泾镇和兴源乡）模式之所以成功，关键在于它的区位优势。该吊庄位于银川市郊并与工厂区为邻，工厂区为移民区劳动力提供了就业渠道。目前，银川市西夏区兴泾镇全镇总面积为 28.8 平方公里，辖 6 个行政村（38 个自然村）、1 个社区居委会、1 个流动移民管理服务站，总人口有 1.7 万多人，回族占总人口数的 98.8%。设有完全中学 1 所、完全小学 5 所、卫生院 1 所、伊斯兰职业技能培训学校 1 所、幼儿园 1 所。30 多年来，兴泾镇经济社会各项事业取得了长足进步，农业产业结构调整成效显著、基础设施建设步伐不断加快、农田水利设施逐步完善、伊斯兰风情旅游业和服务业稳步发展。

1983 年设立的隆德县移民吊庄，位于宁夏平罗县西北部，与石嘴山市相连。1992 年成立隆湖扶贫经济开发区，2003 年移交石嘴山市管辖，2009 年 2 月设立星海镇。全镇总面积为 140 平方公里，其中耕地面积 2.3 万亩；共辖 8 个村、3 个社区，总人口为 4.5 万人。星海镇依山邻水，旅游资源丰富，交通便捷，区位优势明显。经过 30 多年的开发建设，星海镇城市化建设步伐不断加快、生态环境进一步改善、公共服务日趋完善、产业结构逐步优化、社会事业蓬勃发展、经济实力不断壮大。

宁夏华西村是自治区政府借助江苏华西村的扶持，于 1996 年在地处贺兰山东麓的镇北堡林草试验场规划建设的 10 万亩移民综合开发试验区，移民来自西吉、固原、海原、同心等县。宁夏华西村注重利用位于沙湖、西部影视城、苏峪口森林公园、西夏王陵旅游长廊中心地带的优势，凭借华西村响亮的牌子和一系列移民开发扶贫政策，学习江苏华西村的致富经验，推广江苏华西村集团花园式城市建设布局，紧紧抓住旅游业，大力发展第三产业，建成了初具规模的奇珍艺术城、度假村等一批景点，形成了万亩枸杞园、万亩经果林、万间设施温棚的现代规模农业。基础设施日趋完善，生态环境不断改善，荒漠草原封育率达到 100%，林地面积达 8 万多亩，森林覆盖率达到 22%。已成为吸引商户投资、旅客游览的胜地，初步呈现现代化城镇的兴旺景象，是区域合作的成功典范。

2. 扶贫扬黄灌溉工程移民

宁夏扶贫扬黄灌溉工程是在国家实施"八七扶贫攻坚计划"的历史条件下，围绕解决温饱目标而设计的，其主要任务是开发土地、安置移民、增加粮食产量、解决山区贫困人口的温饱问题。红寺堡灌区是目前国内最大的扶贫移民开发区，工程总规划灌溉土地200万亩，投资33亿元，用六年时间建成，解决了宁南山区100万移民的贫困问题，因此被简称为"1236"工程。按照"边开发、边搬迁、边建设、边发展"的思路，及"搬得出、稳得住、能致富"的要求，力争实现"一年搬迁，两年定居，三年解决温饱，五年稳定脱贫，十年致富"的目标。从1998年第一批1172户6190名移民来到红寺堡至2007年底，红寺堡移民开发工程基本完成。10年间，陆续开发水浇地40万亩，共搬迁安置贫困群众19.4万人。移民迁入红寺堡后，农业生产方式由过去靠天吃饭的雨养农业转变为现代的灌溉农业，移民既可以在家种植、养殖，也可以就近打工、经商，拓宽了脱贫致富的空间。生活方式由过去的靠天喝水、基本的生活设施匮乏转变为喝自来水、用电器，享有政府提供的教育、医疗、文化等公共设施和服务，从根本上改变了生存条件，实现了生产方式和生活方式的跨越。

3. 生态移民

2001年，宁夏被国家发改委确定为实施易地扶贫搬迁试点工程项目区之一，目的是通过改善迁入地的生产条件，帮助移民脱贫致富，同时缓解迁出地的人口压力，为改善和恢复生态环境创造条件。自治区政府批转的《自治区实施国家易地扶贫移民开发试点项目的意见》中明确提出，生态移民来源主要是六盘山水源涵养林区、重点干旱风沙治理区和水库淹没区的贫困人口。2003年国家又将其扩大到地质灾害发生区。根据各县摸底调查，宁夏需要实施搬迁的总人口为302794人，其中六盘山水源涵养林区167764人、重点干旱风沙治理区104490人、地质灾害发生区30540人。因此，国家易地扶贫搬迁工程在宁夏又称作生态移民工程，该工程有以下几个特点。一是由以往插花搬迁、插花安置转变为整村整乡搬迁、集中安置。二是由以往跨县易地搬迁转变为县内就近安置。三是由以往人均2亩水浇地转变为依据安置地的水土资源条件确定人均耕地面积。四是由以往安置地传统农业生产方式转变为发展高效节水设施农业和旱作节水特色农业。五是按照新农村建设的要求，规划和建设县内生态移民新村，增加了村级活动场所、卫生室、科技服务站及农村商贸流通网络等，为移民户均安排了1亩设施农业，同时配套沼气和太阳灶。移民住房标准由原来的40平方米提高到54平方米，对移民的庭院进行统一规划和建设，为移民创造整齐、美观、实用的居住和生活条件。六是规划的移民迁出区，土地收归国家或集体，用于生态恢复和建设。

站在新的历史起点上，立足对形势和区情的深刻认识，自治区党委、政府围绕"水源、生态、开发、特色、转移"五个重点，以脱贫致富为目标、以改善民生为核心、以整合资源为保障，决定在"十二五"期间，对中南部地区 7.88 万户 34.6 万人实施移民搬迁，涉及原州、西吉、隆德、泾源、彭阳、同心、盐池、海原、沙坡头 9 个县（区）91 个乡镇 684 个行政村 1655 个自然村。规划县内安置 2.84 万户 12.11 万人，占移民总规模的 35%；县外安置 5.04 万户 22.49 万人，占 65%。规划移民安置区 274 个，其中生态移民安置区 234 个，安置移民 5.87 万户 25.95 万人，占移民总规模的 75%；劳务移民安置区 40 个，安置移民 2.01 万户 8.65 万人，占 25%。2011 年底，全区第一批生态移民工程累计完成投资 28.6 亿元，建成移民住房 2.46 万套，其中，已有 45 个安置区实施了搬迁，搬迁定居移民达 5.05 万人；配套基础设施完成节水主管道 705 公里，建成扬水泵站 15 座，砌护渠道 423 公里，建设防洪工程 13 处、调蓄水池 20 座，建成教育及村级活动场所 7.64 万平方米，铺设自来水入户主管道 985 公里，架设供电线路 582 公里，修建通村道路 450 公里；土地整治及生态恢复工程调整、改造土地 9.76 万亩，完成生态防护林和村庄绿化 1.28 万亩。2012 年实施第二批生态移民工程以来，各市县移民住房、农田开发、基础设施建设、产业开发相继开展，移民安置模式不断创新、政策保障体系不断完善、企业和社会各界广泛参与、协调服务和监管力度持续加强，举全区之力推进生态移民的局面已经形成。

（二）宁夏生态移民特点分析

1. 各级党政组织高度重视

由于自治区党委、政府的不懈努力，特别是 2010 年，胡锦涛同志来宁视察时，要求把生态移民这件民生大事办好，中央将给予支持。2016 年 7 月 18 ~ 20 日，习近平总书记来宁视察时指出，移民搬迁是脱贫攻坚的一种有效方式，要总结推广典型经验，把移民搬迁脱贫工作做好。国家发展改革委、财政部表示将列专项支持宁夏生态移民工程。自治区党委、政府成立了中南部地区生态移民领导小组及其办公室，组建了移民局，专门负责生态移民具体工作。自治区各市县（区）党政领导亲自抓生态移民规划，把任务分解到部门、落实到乡（村），建立起良好的工作机制。自治区各厅局积极发挥职能作用，研究出台配套政策，积极配合开展生态移民工作。各企（事）业单位、职业教育院校和社会各界以生态移民项目区为平台，通过建立产业基地、吸纳移民就业、开展移民培训以及捐款捐物等多种方式，积极参与生态移民攻坚，形成了"政府主导、部门协同、群众支持"的良好工作格局，为顺利推进中南部地区生态移民提供了强有力的组织保障。

2. 项目区建设方案科学合理

对生态移民项目区，以核查水、土资源为重点，自治区发改委、水利厅、国土资源厅等部门对每个项目区的灌溉水源、可用水量、水利工程布局、灌溉方式等逐一进行了落实，对项目区土地类型、权属进行了确认，并对土壤进行了适宜性评价，依据资源条件，最终确定了项目区建设地点。

3. 移民新村布局合理

以创建和谐优美人居环境为目标，坚持移民住房和配套设施同步建设、公益事业和社会事业同步实施的原则，全面对移民新村进行规划和建设。在移民村选址上，尽量选择近水、沿路、靠城，就医就学方便，各项公益和社会事业配套设施较为完善的区域，坚决避免选择地震断裂带、地质灾害区。在移民村建设用地上，本着有效利用土地资源的原则，移民住房、基础设施和公益设施建设不占用适宜农业生产的土地。在移民新村建设内容的安排上，本着因地制宜、突出地方特色的原则，注重把移民住房建设与公共活动场所结合、移民住房户型与庭院经济发展结合、住宅区与产业区结合，统一规划、统一建设移民住房和农田水利等工程设施；确定生态移民住房和劳务移民住房分别按户均54平方米、40平方米建设，增加了社会组织和专业站点服务室、太阳能热水器、光伏照明路灯等，努力为移民营造良好的生产生活环境。

4. 产业发展同步推进

以促进移民增收致富为出发点和落脚点，坚持优先发展产业，并与移民住房、基础设施、公益和社会事业设施同步进行规划和建设。一是突出抓好三大产业。本着因地制宜、突出特色、注重实效的原则，自治区制定了《宁夏"十二五"中南部地区生态移民农业产业布局规划》，重点发展设施农业和特色种养业、劳务产业。在设施种养业和特色产业方面，中南部地区可发展设施农业和圆枣、地膜玉米、马铃薯、西瓜、甜瓜等特色种植业和肉牛、肉羊养殖业。北部引黄灌区在重点发展设施农业、特色种植业的基础上，可安排建设枸杞、酿酒葡萄、高酸苹果等产业和奶牛、绒山羊养殖业。在劳务产业方面，依托沿黄经济区、工业园区、产业基地和重点城镇，采取能人带动、示范引导等措施，积极引导移民到建设工地打工，靠近工业园区务工，或进城从事第二、第三产业，着力使劳务收入成为移民收入的主要来源。二是突出抓好教育培训工作。各地各部门和企事业单位、职业技术培训机构要以推动移民工作、促进产业发展和移民增收致富为目标，积极整合各类培训资源，加大教育培训力度，积极推进移民培训工作。

5. 制定政策，为移民工程顺利实施保驾护航

为确保有计划、有步骤地实施生态移民工程，自治区政府制定了《宁夏"十二五"中南部地区生态移民规划》，自治区监察厅、党委宣传部以及自治区教育、审计、财政、国土、农牧等19个部门（单位）印发了《关于加强对生态移民工程监督检查的意见》《宁夏"十二五"中南部地区教育移民实施方案》《宁夏回族自治区生态移民土地权属处置实施办法》《宁夏"十二五"中南部地区生态移民农业产业布局规划》等19个涉及生态移民的意见、办法或行业规划、实施方案。自治区司法、林业等5个厅（局）制定了涉及生态移民法律服务、林业建设等方面的办法和实施方案。自治区人大依法通过了《关于中部干旱带县内生态移民涉及土地有关问题的决定》，自治区人民政府制定了《中部干旱带生态移民规划区土地权属处置的若干政策意见》《关于生态移民享受扶贫优惠政策的通知》，明确了生态移民在子女入学、农村低保、大病医疗救助、项目扶持等方面享受的各项扶贫优惠政策，进一步完善了移民政策保障体系，对维护安置区的社会稳定起到了积极的作用，有力推进了生态移民工程的顺利实施。

6. 移民安置模式不断创新

为确保移民搬迁后能够稳定发展，各市、县（区）依据当地资源条件，

从移民群众脱贫致富的需求出发，因地制宜、积极探索、大胆创新，不断优化安置模式，努力为移民尽快脱贫致富奠定基础。银川市金凤区确立了户均1套房、2亩设施温棚、1个就业岗位的"121"移民安置模式，并坚持用城市的理念和标准规划建设移民村、用市民的标准安置移民、用城市的要求管理村庄、用小康的标准谋划项目。

7. 协调服务和监管进一步加强

为了保证移民工程顺利进行，自治区移民局会同自治区建设厅联合印发了《关于加强生态移民工程建设质量管理的通知》，并组成联合检查组，对开工建设的移民项目区工程质量全面进行拉网式检查，确保把生态移民工程建设成为"质量放心工程"和"群众满意工程"。同时建立了生态移民工作进展情况通报制度，对各市、县区移民工作、工程进度、存在的问题等情况及时通报，对重大事项，以信息专报的形式向自治区党委、政府进行汇报，为自治区决策提供依据。

（三）宁夏生态移民取得的显著成效

宁夏实施的生态移民工程，极大地改善了贫困群众的生产生活条件，拓宽了移民群众的脱贫致富空间，有效地推进了生态保护和建设，实现了"搬得出、稳得住、能致富"的战略目标，为宁夏实现经济发展、脱贫致富、生态改善多赢目标探索出了一条成功之路。

1. 极大地改善了贫困群众的生产生活条件

南部山区是宁夏生态移民的主战场，居住在六盘山水源涵养林区内及边缘地区的群众，水、电、路都不通的占22.3%，就医、就学困难户占65.1%。易地搬迁后，在实现水、电、路三通的同时，配套建设的教育、医疗设施基本齐全，就医、就学便利，基本生产生活条件得到根本改变，为移民群众奠定了脱贫致富的基础。红寺堡区是宁夏较早的移民集中安置区，仅三年时间就引进资金9.52亿元，发展企业36家，年产值达三亿元。利用充足的风能资源，建成两个五万千瓦的风电项目，投资10亿元、50兆瓦的太阳能光伏并网发电项目已建成发电。截至2016年10月，红寺堡城区面积已达6.4平方公里，城镇人口超两万人，实现了村村通公路、村村通公交。实现林木绿化率39%、绿地覆盖率75%，移民生产生活条件得到显著改善。

2. 拓宽了贫困群众脱贫致富的空间

为了保证生态移民"搬得出、稳得住、能致富"，在移民安置时，宁夏把培育产业作为重中之重，积极有效地拓宽移民增收致富空间。长山头农场落实了移民户均 2.5 亩耕地，安排 0.5 亩地种植苜蓿发展养殖业，0.5 亩地种植枸杞，想方设法为移民开拓增收渠道；红寺堡区采取政府补一点、移民筹一点、银行贷一点的方式扶持移民发展养殖业。搬迁到农垦农场的移民，原居住地海原县人均旱耕地为 2.8 亩，粮食作物亩产量为 120 公斤，年人均纯收入为 570 元，种植养殖业收入占 80%，劳务收入占 8.8%。移民搬迁后，人均分配水浇地 2.5 亩，粮食作物亩产量达到 400 公斤，年增收近500 元，全家劳动力年人均增加劳务收入 1200 多元。拓宽了移民群众脱贫致富的空间，加快了脱贫致富步伐。

3. 保护和改善了迁出地的生态环境

改善和恢复生态环境是生态移民的主要目的之一。移民迁出后，原有的土地收归国家或集体所有，迁出区近 500 万亩土地用于恢复生态，进行退耕还林、退牧还草和围栏封育。既巩固了退耕还林成果，又减轻了生态环境压力，提高了水源涵养能力，达到了恢复生态的目的，实现了脱贫致富与生态建设的"双赢"。

4. 有力地促进了民族团结

移民搬迁中，少数民族人口占 60% 以上，充分体现了党和政府对少数民族的关怀和社会主义大家庭的温暖，促进了搬迁群众与当地群众的相互往来和交流。在共同发展生产、勤劳致富中，增进了民族感情、促进了少数民族经济文化发展、实现了各民族共同繁荣、维护了社会政治的稳定。

第二节　经济新常态下生态移民面临的问题与挑战

随着我国进入"经济增长速度换挡期、结构调整阵痛期、前期刺激政策消化期"的经济新常态，已有的社会结构被打破，利益格局日益多元化和复杂化。各利益群体在争取和维护自身利益的过程中产生了一系列的矛盾和冲突，致使生态移民面临问题与挑战。

一　移民增收致富问题凸显

入住移民村后，与原住地相比，移民的住房、用电、出行等问题大为改观。但仅靠人均两亩限量供水的耕地奔小康远远不够，移民增收的路径还较窄。

1. 新移民安置区水资源供需矛盾十分突出

生态移民安置区多处于新垦区，土地贫瘠，立地条件差，开发、改良成本高，所需时间长，移民点远离灌溉渠道，又没有用水指标，水资源供需矛盾十分突出。群众霸水、偷水现象经常发生，因灌溉问题，移民群众中的水事纠纷接连不断，对水资源的争夺已威胁到移民社会的稳定。

2. 移民自我发展能力较弱

由于长期生活在信息闭塞的大山深处，移民的文化程度和劳动技能大多数都很低，掌握一技之能的更少。又加之缺少相应有效的培训，劳务输出和转移困难重重，靠种养业致富难度大，移民自我发展能力十分脆弱。"搬得出"不成问题，如何"稳得住""能致富"则面临挑战。

二　移民治理服务问题尤为紧迫

宁夏的多种移民形式并存，没有形成统一的移民管理机制，对迁入地的社会治理带来很大的问题。

1. 劳务移民问题亟待解决

课题组调查显示，大多数移民愿意有土地安置，对劳务移民积极性不高，原因是生态移民政策比劳务移民政策优惠，生态移民政策是人均安排一亩地、每户一套54平方米住房，政府给每户补助2.5万元，产权归农户所有。而劳务移民只有40平方米无产权的周转房，且只能租住。现实利益的比较，使绝大多数移民选择生态移民。据固原市原州区扶贫办反映，原州区内愿意劳务移民的人数不到15%。隆德县2011年搬迁的10002人中，有生态移民意愿的有8100人，占81%，有劳务移民意愿的只占19%，自治区下达的劳务移民任务难以完成。

2. 生态移民社会治理问题尤为突出

一是生态移民新村管理问题。"十二五"期间，在已建成的34个生态移民新村中，除 12 个是原建制村整体搬迁外，其他 22 个移民新村大都在三四千人甚至五六千人的规模。在搬迁过程中，政府、个人都投入大量人力、物力、财力和精力，尤其移民是带着希望和对未来的憧憬举家而迁的。搬来后，几千人一个村庄，移民又来自不同村庄甚至不同乡镇，相互之间需要一个融合的过程。有些移民村已经出现了一些不稳定因素，有的村甚至发生了违法违纪现象，还有移民群众选择上访。

二是土地调整分配滞后。从课题组调查掌握的情况看，已建成的移民村中，有的县土地真正分配到户的还不到一半，有的县的移民村入住已有一年多时间了，但土地还未调整分配到户，无地可种，移民群众反响强烈。

三　产业发展难

因搬迁的移民为山区贫困群众，受经济困难和传统观念的影响，普遍存在缺资金、缺技术，也缺乏发展产业的主动性等现象。后续产业发展是实现移民群众能致富的重要支撑，是关系到移民群众长远发展、增加收入的重要保障。但从目前课题组调研的情况看，有的县移民的种植业还没有走出传统种植的路子，节水农业、设施农业只是零星的"小盆景"，没有遍地开花，就是安排到移民户中的小拱棚，种植经营水平也不高，效益较差。养殖业量少质差，一个移民村有上千户几千口人，养牛养羊的没有几户。劳务输出人员体能型、低收入的多，技能型、高收入的少。到目前为止，移民的主导产业仍然是农业，大量人口沉淀在农业内部，不仅造成水资源的紧张，而且限制了移民进一步增收的潜力。

四　土壤盐渍化问题日趋严重

红寺堡移民区是全国最大的生态移民区，自 1999 年开始有部分地段出现盐渍化现象后，至今全灌区盐渍化面积已达 580.5 公顷，占红寺堡灌区耕地面积的 25.5%，其中弃耕地面积达 184.53 公顷，占盐渍化土地面积的 31.8%。盐渍化土地主要分布在红寺堡三个控灌区内，涉及大河乡、沙泉乡和红寺堡镇三个乡镇，日益严重的土壤盐渍化问题困扰着红寺堡的可持续发展。

第三节　生态移民社会治理的基本思路及其实践

一　生态移民社会治理的基本思路

社会治理是一种以人为本的治理方式，它以各行为主体间的多元合作和主体参与为治理基础，在科学规范的规章制度指引下，更好地应对社会问题、促进社会资源合理配置、满足民众合理需求。生态移民社会治理，是推进国家治理体系和治理能力现代化的一项重要内容，是人民安居乐业、社会安定有序、国家长治久安的重要保障。党的十八届五中全会强调，要"建设平安中国，完善党委领导、政府主导、社会协同、公众参与、法治保障的社会治理体制，推进社会治理精细化，构建全民共建共享的社会治理格局"。《中共中央关于制定国民经济和社会发展第十三个五年规划的建议》针对社会治理领域存在的突出问题，就加强和创新社会治理做了全面部署，对推进国家治理体系和治理能力现代化具有重要意义。因此，在创新社会治理过程中，要着重把握和处理好道德重建与健全完善社会基础制度、民主建设与法治建设、公开透明与民主选举、简政放权与激发社会活力若干关系，通过优化社会治理结构，推进国家治理体系和治理能力现代化。具体来说，宁夏生态移民社会治理应遵循以下基本思路。

1. 强化服务

突出服务理念，以改善民生为重点，在服务中提高管理水平，实现社会治理与公共服务的有机统一，着力解决好移民群众最关心、最直接、最现实的利益问题，让移民群众共享改革发展成果。

2. 抓住核心，加强农村基层党组织建设

切实抓住农村基层党组织建设这个中心，坚持围绕中心、服务大局，积极主动作为，解决实际问题。

3. 突出法制思维和法制方式

加强源头治理和综合施策，坚持标本兼治，重在治本，突出法制思维和法制方式，推动生态移民社会治理向前端、向精细化迈进，全面提升生态移民社会治理水平，为全区改革发展稳定提供有力保障。

4. 构建有效联动机制

各级政府要鼓励社区、社会组织、社会工作者参与生态移民治理和服务，构建政府与社区、社会组织、社会工作者之间的联动机制，增强相互信任，各担其责，实现政府治理和社会调节、居民自治的良性互动，有效解决各种问题。

5. 抓好农村精神文明建设

切实抓好农村精神文明建设这个载体，积极培育践行社会主义核心价值观，着力优化人居环境，完善文化服务，努力提高农村社会文明程度，构建合力推进农村基层治理的良好格局，为与全国全区同步建成全面小康社会、打赢脱贫攻坚战提供坚强有力的保障。

二　宁夏生态移民社会治理的探索实践

加强和创新社会治理是我国在经济转型期应对社会问题、实现经济社会健康稳定发展的必然选择，是新的历史条件下党和人民赋予各级党委、政府的重要职责。生态移民过程中，宁夏各级党委、政府以加强农村社区建设、社会组织培育发展、社会治安综合治理等为中心，积极探索生态移民社会治理新思路，逐步构建起基层社会治理新体制机制，维护了社会大局，有效地促进了宁夏社会经济的快速发展。

（一）以民生为重点，完善公共服务

1. 以农村环境综合整治为切入点，加强公共服务

自 2008 年实施农村环境综合整治以来，宁夏累计投入资金 21.895 亿元（其中中央资金 6 亿元），对全区所有行政村进行了环境综合整治，建设生活污染集中处理设施 128 座，集污管网 1450 公里，建设垃圾中转站（点）与填埋场 285 座，购建垃圾箱（池）17 万多个，发放垃圾收转运车 7845 辆，保护农村集中式水源地 406 处，创建国家级和自治区级生态乡镇及生态村 195 个。农村环境面貌大为改善，全区农村人口从中受益。

2. 提高残疾人生活能力

2012 年以来，自治区连续对贫困残疾人实施家庭无障碍设施项目。这一惠民项目是根据盲人、聋人、肢体残疾人家庭的需要，安装升降灶台、语音电饭锅、厕所把手、语音对讲门铃等生活设施。宁夏残疾人联合会统

计数据显示，仅 2016 年就为 400 户残疾人家庭免费安装了无障碍设施，提高了残疾人生活能力。

3. 着力支持生态移民妇女创业

改善农村妇女地位，就要提高妇女的经济地位。自治区政府鼓励移民妇女自主创业，对移民妇女在养殖、农家乐、农副食品以及文化产品等行业自主创业的，自治区给予小额担保财政贴息贷款。从 2012 年 1 月至 2016年 12 月，自治区政府累计发放小额贷款 2.42 亿元，支持 4416 名农村妇女创业。

4. 高度重视生态移民养老问题

随着农村土地流转，年轻人纷纷到城市谋求生计，空巢老人、孤寡老人在农村逐年增多，自治区政府不断探索农村养老服务新途径，出台多项措施，鼓励民营企业大力发展农村养老服务业。2014 年，贺兰县立通镇通利村成立了首家村级养老服务中心，94 间平房，106 张床位有效地解决了本村、邻村老人养老问题，空巢、孤寡老人在家门口就能享受到生活照料、文化娱乐、健康保健等服务。

（二）不断创新生态移民治理模式

近年来，宁夏不断创新生态移民治理模式，全面开展乡镇（街道）民生服务中心和综治服务中心规范化建设。石嘴山市民生服务中心设置了 6 大类 55 项为民服务项目，2015 年为基层群众服务办事 50 多万人次。受理群众初信初访、开展维权服务和法治教育 4 万多人次，成为维护基层和谐稳定的"全科门诊"。2015 年，全市 39 名志愿服务律师参与信访事项调解，免费为困难群众办理法律援助案件 1219 件，挽回经济损失 4057 万元。石嘴山市获得了人民日报社、人民网和国家行政学院联合主办的 2015 年"全国社会治理创新最佳案例"奖。

（三）推动民族宗教事务走上法治化轨道

宁夏的回族人口达 230 多万，超过总人口的 1/3。因此，民族事务的管理在全区有着举足轻重的地位。为推动民族宗教事务走上法治化轨道，宁夏围绕《民族区域自治法》先后颁布 162 条地方性法规，保障了民族区域自治和少数民族群众的权益，实现了宁夏的和谐稳定。

（四）切实加强生态移民区治安防控网络建设

在生态移民区，自治区坚持开展"五（十）户一长"、联户联防、清真寺联防等义务巡逻防范，建立"农村治安协会"等群众自防自治组织，大力推广和谐警铃、红外线报警器、蔬菜大棚防盗螺栓等多种小技防设施，形成互惠多赢的农村现代治安防控工作新局面。截至 2016 年 11 月，全区故意杀人、故意伤害等八类刑事案件立案数同比下降 3.2%。

（五）着力推进生态移民区矛盾纠纷排查化解工作

一是探索完善"大调解"工作格局。在移民村，建立了专业人民调解组织，构建了部门各司其职，社会各界广泛参与，人民调解、行政调解、司法调解"三调联动"的"大调解"工作体系。

二是完善落实排查化解工作制度。在生态移民村，建立了矛盾纠纷"定期排查、定期报告、定期通报、协调会议、挂牌督办"等工作制度。为了化解多元化矛盾纠纷，青铜峡市从抓源头、抓苗头、抓基础、抓基层入手，及时充实完善镇村（社区）调解组织。结合村（社区）换届，各级调解员由 638 名增加到 743 名，实现镇调委会、村调委会、调解小组、调解信息员"四级"调解网络无缝衔接。

三是建立宗教人士参与调解工作机制。在少数民族聚居的移民区，聘请懂政策、有威望的阿訇和寺管会主任等宗教人士担任调解员，对信教群众中因各种原因引发的民事纠纷进行调解。平罗县宝丰镇创建了全区第一家穆斯林"说和室"，聘请具有较好法律素养和政策水平的中青年阿訇及寺管会主任等作为说和志愿者。海原县法院制定了《特邀调解员实施办法》，在全县特聘了 11 名宗教界知名人士和阿訇为"人民法院特邀调解员"，阿訇参与调解的案件成功率达到 90% 以上。红寺堡区创业社区阿訇 KFH10 年间依法参与调解了 20 多起民族宗教纠纷，调解重大疑难纠纷 3000 多起，为群众挽回经济损失 3000 多万元。同心县交警队聘请了 36 名阿訇、寺管会主任为人民调解员。阿訇和寺管会主任在调解过程中，积极宣讲党的民族政策、国家法律和宗教教义，有效化解了大量矛盾纠纷，增进了民族团结、促进了家庭和睦，为促进宁夏的社会和谐稳定发挥了积极作用。

（六）切实加强基层基础建设，夯实社会治理根基

一是基层综合治理组织进一步健全。截至 2016 年底，全区 238 个乡

（镇、街道）全部健全了综治委（办），共配备综治专干391人。2731个村（居）建立了集综治、警务、治保、调解、外来人员服务与管理五项职能于一体的综治室，基层综治工作整体水平得到提升。二是基层综治队伍建设得到进一步加强。全区已建成农村警务室123个，配备专职驻村民警131名，在川区80%的乡镇和山区重点集镇建立了不少于10人的专职治安联防队。

（七）突出抓好特殊人群的帮教管理

做好全区移民村服刑人员摸排登记、档案交接，落实管控措施，完善家庭、单位、社区帮教管理的衔接机制，积极解决刑释人员就业、生活和家庭等方面的实际困难。银川市筹措资金建立了刑释解教、社区矫正人员创业就业基金，将10家企业和工业园区授牌为"银川市矫正帮教人员创业就业基地"。目前，全区有4个市10个县（市、区），71个司法所开展社区矫正工作，累计接收社区服刑人员955人，无一人重新犯罪。

第四节　生态移民社会治理的困境与路径选择

随着宁夏生态移民步伐的加快，移民新村中一些深层次矛盾和问题日益凸显，从而严重影响了社会和谐稳定。因此，当前和今后一段时间，不断创新社会治理体制、强化社会治理意识、提升社会治理水平、提供优质高效的社会治理服务将成为宁夏各级党委、政府面临的一项重大而紧迫的现实课题。

一　生态移民社会治理面临的困境

伴随着经济进入新常态，宁夏正处于重要战略机遇期，也处在社会矛盾凸显期，宁夏的生态移民社会治理呈现利益群体多元化、利益冲突加剧的新形势，过去政府主导的单一"管理型思维"已不能很好解决当前错综复杂的社会治理问题。生态移民社会治理难度加大，主要表现为传统的政府管理型思维的桎梏、治理手段单一、利益表达低效化等问题。

（一）传统的政府管理型思维的桎梏

自治区相关政府部门仍然没有认识到生态移民社会治理对经济社会可

持续发展的重要意义，重经济建设和经济增长、轻社会治理与公共服务的思想仍然十分突出。特别是一些领导干部仍然只重视经济发展，以招商引资、追求 GDP 增长为主要工作目标和任务，对社会治理重视程度不够、研究不足、投入不够，积极主动推动社会治理的力度不够。这势必会影响生态移民新村和谐社区及和谐民族关系的构建，同时也影响扶贫工作及经济社会的快速发展。

（二）社会治理手段单一，社会组织数量少、规模小

生态移民社会治理工作是一项系统工作，需要政府、社会组织、市场乃至个人的共同参与。但目前社会治理的主体仍然是政府，由于政府的能力及精力有限，不可能做到对所有社会事务都大包大揽。这就需要社会组织的积极参与，并发挥其自治功能与社会减压阀的作用。由于目前参与生态移民社会治理的社会组织数量偏少而且规模小，尤其是承担社会治理与公共服务的社会组织更少，远远不能满足实际的需要。因此，社会治理手段的单一无疑会对生态移民社会治理创新工作带来诸多负面影响。

（三）生态移民利益表达低效化

一是农民利益表达制度没有很好地承担农民利益表达的功能。我国制度内农民利益表达的主要渠道包括各级人大代表、政协委员的参政议政，村民自治制度以及信访制度，但这些制度没有很好地承担农民利益表达的功能。二是村民自治没有成为农民利益表达的有效渠道。由于村民委员会与村党支部关系不明确，村民委员会更多地成为乡镇人民政府的派出机构，而没有真正成为代表农民利益、反映农民利益诉求的组织。因此，利益表达的效果是影响生态移民利益表达行为的重要因素。良好的表达效果将发挥示范作用，有助于提高表达的积极性，增加对利益表达的信任，信任感和利益表达行为之间会形成一个良性循环；低效的或无效的表达效果会严重挫伤生态移民利益表达的积极性，引起对利益表达的不信任，不信任感和利益表达行为之间会形成一个恶性循环。从目前来看，宁夏生态移民利益表达不够理想，在多次利益表达无效后，有的生态移民会选择极端手段，这将增加生态移民对利益表达的不信任感，甚至形成"表达无用论"。对于课题组调查的"近五年来，你有没有因为生活上的问题找过以下什么人或机构"这个问题，65.6%的人选择"没找过"，23.3%的人选择"村委会"，

选择"村党组织""乡政府""人大代表""妇联"的分别占 1.4% 、1.4% 、0.8% 、0.2% 。关于表达效果，大部分有利益表达要求的受访者认为表达的效果"没有用"，具体情况见表 11 - 1。

表 11 - 1   宁夏生态移民因各种原因找过各种人或机构的效果

单位：%

纠纷类型	有用			无用		共计
	很有用	有些用	说不清	没什么用	一点也没有	
因生活问题纠纷	12.3	30.2	5.6	26.8	25.1	100
因日常生活中的纠纷	13.7	35.3	11.8	21.6	17.6	100
因权益受侵害纠纷	2.8	25.0	2.8	30.6	38.9	100
因行政执法纠纷	5.3	26.3	5.3	31.6	31.6	100

资料来源：根据课题组调查问卷整理所得。

（四） 生态移民参与社会治理自主意识低下

农民是乡村社会治理的价值主体，农民的态度是衡量乡村社会治理成败的核心标准，取得农民认可的根本在于发挥其自主性，让农民直接参与乡村治理的每一个环节。宁夏的现实情况是，无论是产业定位、发展规划的确定，还是具体方案的实施，几乎都是各地政府"包办"，农民成了"旁观者"。以至于大部分农民认为，乡村治理本来就是"政府的事情"，与己无关。一些基层政府已经喧宾夺主，"农民做主"异化成了"政府做主"。伴随人口大规模向城镇和非农产业转移，农村青壮年大量外出，宁夏部分生态移民村出现"空心化"甚至"空村化"现象，农村社会治理主体出现"没人选""选人难"的状况。生态移民在农村治理中"缺席"，这是现阶段宁夏农村基层社会治理面临的最大挑战。

二   生态移民社会治理路径选择

党的十八届三中全会提出，要把"完善和发展中国特色社会主义制度，推进国家治理体系和治理能力现代化"作为全面深化改革的总目标，这是我国社会主义建设的重大理论创新。其中，创新社会治理是国家治理能力现代化的重要议题。一方面，社会治理创新要求政府逐步转变职能，从

"全能型"向"有限型"转变；另一方面，应培育和激活与有限政府相适应并形成互补的治理主体，实现政府职能的转移。随着社会治理在改善社会管理、促进基层民主等领域的作用日益突显，发挥政府与社会组织在社会治理中的协同和扶持作用，成为现阶段推进生态移民社会治理的着力点。

（一）增强生态移民主体意识

一是引导移民群众认清自己的主体地位。要充分运用各种媒体，让移民群众明白在乡村治理中自己承担的义务和责任，从而激发移民群众的主人翁精神。二是增强移民的主体意识。在乡村建设的具体实践中，无论是村庄整治、产业定位还是发展规划，都要认真征求和听取移民群众的意见，不断增强移民群众的责任感和使命感。三是进一步健全村民自治制度，提高村民委员会的法定自治效能，不断完善《村民委员会组织法》，强化村民委员会作为村民"当家人"的能力，淡化政府"代理人"的角色，杜绝政府干预村民自治的现象。要切实规范村民民主选举、民主议事和村务公开制度，保证村民正确行使自己的选举权、民主决策权和监督权。

（二）加强基层党组织建设，推动社会治理创新

基层党组织作为乡村治理的"领头雁"，要紧紧围绕经济新常态下社会治理对基层党建提出的新要求，把加强基层党的建设作为贯穿社会治理的一条红线，以基层党组织建设推动社会治理创新。一是不断加强村级组织建设，积极培育农村致富带头人，为生态移民发展提供坚强的组织保证。二是改善村干部结构，按照民主、公开、平等、择优的原则和德才兼备的用人标准，把那些作风正、有文化、有本领、有责任心、群众满意的年轻人充实到村干部岗位上来，发挥基层党组织的战斗堡垒作用和党员的先锋模范作用。三是加强对村干部培训，采取"走出去、请进来"的方式，提高村干部素质，使其开阔眼界、拓宽视野，增强村干部带领农民致富奔小康的能力。四是加强农村精神文明建设，使农村基层党组织更加充满活力，促进农村经济社会全面发展。

（三）培育和发展社会组织，建立多中心治理结构

加强和改善乡村社会治理的过程，也是政府与社会互动的过程。因此，要大力培育社会组织，有序转移政府职能，让社会组织承担一部分社会治理职能和社会责任，从而实现管理者与社会的"共同治理"。一是加强社会

组织内部管理。通过建章立制，有效提升内部管理水平，真正理顺社会组织管理体制，实现自我管理、自我约束、自我发展。二是强化对社会组织的监督管理。政府要规范社会组织收费标准并定期或不定期向社会公开，同时要推进社会组织信用体系建设，建立由政府指导、部门协同、社会参与的第三方评估机制，对社会组织的诚信度进行全面、客观、公正的评估。三是积极探索建立政府购买志愿服务制度，设立专门的志愿服务专项基金，建立健全志愿服务权益保障和激励机制。

（四）重视发挥宗教界人士作用，减少矛盾纠纷的激化

针对回族生态移民占全区人口 60% 以上的特点，要充分发挥清真寺、阿訇等民间资源在回族社区内的重要作用。对某些回族生态移民之间和回汉之间的家庭纠纷、宗教纠纷、利益纠纷等各种矛盾，在法律允许的范围内，可通过阿訇调解的方式，或者在讲"瓦尔兹"时，宣讲一些法律条文，鼓励移民群众通过勤劳致富来改善生活环境，大力倡导团结协作、友爱互助的良好社会风气，促进和谐社会构建，化解社会矛盾。

（五）完善利益表达机制

完善移民利益表达机制是促进社会和谐的重要手段，也是维护移民权益的重要举措。完善生态移民利益表达机制，就要合理地解决生态移民利益诉求。一要采用行政、政策、法律等方式，采取引导、协调、教育等手段，将人民、行政、司法等协调方式有效地联系在一起，针对不同时期的矛盾来解决不同问题。二要实施领导接待群众的制度，完善信访工作责任制度。

（六）创新政策，加快立法

美国的几次重大的社会政策创新，都是通过大规模和系统性立法解决社会问题的。如 1929 年的经济危机席卷美国时，罗斯福发动新政和百日立法。1933 年，美国以惊人的速度先后通过《紧急银行法》《联邦紧急救济法》《农业调整法》《国家工业复兴法》《田纳西河流域管理法》等，维持银行信用，实行美元贬值，刺激对外贸易，限制农业生产以维持农产品价格，规定协会价格以减少企业之间的竞争。1964 年，约翰逊提出"伟大的社会"计划。规划、建设和美化城市，解决污染和人口增长的问题；向贫困开战，增加就业机会；进行社会保险和救济，帮助收入低、不能满足基

本需要的家庭；支持教育，开拓通向"伟大的社会"的道路；建设和美化农村，开发萧条地区和修筑高速公路；还推动通过了老年保健医疗制度、医疗补助制度、民权法和选举权法。他连任后增加了对"伟大的社会"计划的拨款，卫生、教育、萧条地区发展经费三项合计从 1965 年的 81 亿美元增加到 1966 年的 114 亿美元，较多的穷人得到了社会救济。目前我国的当务之急是，加强顶层设计，集中国内最优秀的专家团队和一线管理人员，加快民权、民生立法和社会组织管理立法，并设定必要的专业化法庭和审理程序，广泛征求意见，迅速实施推行相关法律法规。

第十二章
自发移民的社会治理

杨永芳

习近平总书记指出："消除贫困，改善民生，实现共同富裕，是社会主义的本质要求"，"扶贫开发推进到今天这样的程度，贵在精准，重在精准，成败之举在于精准"。习近平总书记的讲话，从战略和全局高度，深刻阐述了当前我国推进脱贫攻坚的重大意义。宁夏作为西部欠发达地区，是全国脱贫攻坚的主战场之一，自治区党委、政府根据宁夏发展实际和贫困群众的现状，明确提出了宁夏扶贫攻坚的目标和路线图，力争到 2018 年实现现行标准下 58.13 万农村贫困人口脱贫，800 个贫困村全部销号，9 个贫困县区全部摘帽。9 个贫困县区农民人均可支配收入增长幅度高于全区平均水平，到 2020 年达到 1 万元以上，基本公共服务主要指标达到或接近全国平均水平。宁夏要打赢这场艰巨的脱贫攻坚战，除了要高度重视已经精准识别的 58 万农村贫困人口，还必须关注自主迁移的一部分农村贫困人口，即自发移民群体。

西部地区的自发移民往往是少数民族贫困人口，因为宗教信仰，这一地区的自发移民问题更具特殊性，上访和群体性事件时有发生，给民族地区社会稳定带来极大的风险。而地方政府因利益博弈，在解决自发移民问题上疑虑重重，迟迟未有有效的政策措施出台，使自发移民问题成为困扰基层政府社会治理的难点所在。宁夏的自发移民群体和西部其他地区一样具有共同的特性，近年来，宁夏回族自治区党委、政府高度重视自发移民问题，相继出台了一些事关自发移民问题的举措，但这些举措并没有完全落到实处，导致自发移民搬迁数量越来越多、问题愈演愈烈。当前，如何正确看待自发移民问题、落实自发移民的各项权益、解决自发移民的可持续发展和出路问题，使自发移民聚居区治安稳定、管理规范，让自发移民和其他政策性移民一样都能享受到惠农政策和均等的公共服务、公共产品，对确保宁夏实现精准脱贫，与全国同步实现全面小康社会奋斗目标具有十分重要的现实意义。

第一节　宁夏自发移民的基本现状及权益保障

一　宁夏自发移民的产生及发展现状

从历史上来看，西部民族地区因为环境恶劣和经济贫困自古以来就是一个移民较为频繁的地区。为改变西部地区的贫困面貌，从 20 世纪 80 年代开始，我国加大了对西部民族地区贫困的治理力度，通过易地扶贫、整村推进、连片开发、科技扶贫、产业扶贫、金融扶贫等措施，西部地区的贫困状况得到明显改善。宁夏是西部欠发达民族地区，而"苦瘠甲天下"的西海固地区则是国家 14 个集中连片特困地区之一。多年来，宁夏回族自治区历届党委、政府高度重视扶贫开发工作，经过"三西"扶贫、"双百"扶贫、千村扶贫、百万贫困人口扶贫攻坚四个阶段的不懈努力，全区累计减少贫困人口 290 万左右。特别是"十二五"时期，宁夏为保护生态环境、帮助农村贫困人口脱贫，政府又以生态移民的方式开始实施大规模的人口迁移，完成了对中南部地区 35 万人的生态移民搬迁。通过实施生态移民工程，农村贫困人口大幅减少，300 个重点贫困村实现整村脱贫销号，建档立卡贫困人口从 101.5 万人下降到 58 万人，贫困发生率由 26.6% 下降到 14.5%，中南部地区农民人均可支配收入增速连续多年高于全区平均水平。贫困地区自我发展能力逐步增强、生产生活条件明显改善，扶贫开发工作机制不断创新，逐步走出了一条民族地区脱贫致富的新路子。可以说，"十二五"时期是宁夏扶贫开发力度最大、贫困地区发展最快、贫困群众得到实惠最多的五年，扶贫开发实现了从单点扶贫向整体推进、大水漫灌向精准滴灌、单打独斗向协同作战的历史性转变，为加快"四个宁夏"建设，与全国同步进入全面小康社会奠定了坚实基础。

　　不论是早期的为扶贫实施的"易地搬迁移民"，还是近年来为改善生态环境实施的"生态移民"，他们都属于政府有组织、有计划实施的移民安置方式，我们将其称为"政策性移民"。政策性移民在举家迁移的过程中，其住房、土地、户籍核转及产业发展等都由政府统一规划，有相应的配套政策予以保障，所以，他们搬迁的压力和后顾之忧相对要小。由于政策性搬迁只能覆盖到一部分贫困人口，对于宁南山区庞大规模的贫困人口而言，一部分人在政策性移民的示范带动下，只能依靠自身的力量，源源不断地从宁夏南部山区和中部干旱带搬迁到宁夏北部川区，我们将其称为"自发移民"。"自发移民"就是不依靠政府组织，没有享受政府的任何补贴，由个人自主决定、依靠自身力量，通过多种渠道离开户籍所在地，搬迁到生态环境相对更好的地区定居生活，以解决自身经济贫困及生存发展问题的农村贫困人口。西部地区自发移民人口数量多、规模大、分布广，可以说，哪里有政策性移民，哪里就有自发移民。当然，自发移民也是人口流动的必然结果。自发移民一方面缓解了迁出地的生态环境压力，解决了自身的贫困问题；但另一方面，由于户籍管理问题，自身发展面临诸多困境，也给迁入地政府的社会治理带来巨大压力。自发移民群体的发展出路问题，不仅在宁夏表现得非常突出，而且已成为西部民族地区一个不能被忽视的弱势群体。

　　自发移民的产生可以说是恶劣的自然环境因素和缺位的管理因素共同作用的结果。根据赫伯尔（R. Herberle）的"推拉力机制理论"，自发移民的大量出现是迁出区与迁入区因经济、社会、生态迥然不同的状况产生的"推力"和"拉力"合力作用的结果。自发移民往往是贫困人口，迁出地通常自然环境恶劣、水资源短缺、自然灾害高发，农业基础设施薄弱、靠天吃饭，经济发展滞后，道路交通不便，教育、医疗卫生等资源严重短缺，上学难、看病难。从迁入地的自然条件来看，迁入地往往有丰富的土地资源和水资源，地势平坦，是从事农业生产良好的地区。从宁夏来看，自发移民的迁入地主要集中在北部川区，即引黄灌区。与宁夏南部山区比较，北部川区土地资源丰富、水资源充沛，加之还有大量易于开垦、适宜种植的荒漠区、无人区等，而且由于地势平坦，开垦后的条件质量比南部山区的山地要好很多，土地产出效益较高，良好的自然环境和丰富的土地资源对自发移民形成了巨大的"虹吸效应"，使得自发移民在亲朋好友的帮助下，来到北部川区定居生活。

此外，自发移民问题愈演愈烈，原因还在于政府管理的缺失。一是自治区层面缺乏顶层设计和统筹规划。多年来，对自发移民自主搬迁行为是予以鼓励还是限制，由于认识不一致，没有相应的政策规划进行规范引导，也没有结合宁夏新型城镇化发展进程、自治区战略空间规划布局、百万人口扶贫攻坚计划等相关规划，形成引导农村贫困人口有序合理流动的顶层设计和统筹安排，使得农村贫困人口多年来一直处于随意迁移、无序定居的状态。二是迁入地和迁出地政府缺乏沟通协调，相互推诿，导致对自发移民应有的政府职责严重缺位、服务管理严重缺失。迁出地政府对自发移民放任自流甚至默许鼓励，认为自发移民迁出后有助于改善生态环境、缓解人地供需矛盾，又可减轻政府的资金压力和管理压力；而迁入地政府对自发移民不情愿、不接受但又无法阻止、无可奈何，很大程度上担心大量自发移民的流入会影响当地经济发展，影响城镇化进程、计划生育等效能指标，增加在教育、医疗、社会保障、基础设施等方面的财政支出和经费投入，增加公共服务、社会治安、人口管理、生态环境等方面的管理难度和工作压力，所以，对自发移民在迁入地买卖土地、宅基地的行为一直持放任态度。行政管理服务缺位，自发移民长期处在无政府监管的状态，导致出现了银川市西夏区"西马银移民开发区"、永宁县闽宁镇"夕阳红村"等无组织、无服务、无管理的自发移民聚居区。由于政府管理缺位，在大规模政策移民的示范带动下，在过去的30多年里，自发移民如滚雪球般纷纷迁往北部川区，从而形成了一个规模庞大的自发移民群体。

自发移民与政策性移民是相伴而生的群体，所以，宁夏30多年政策性移民迁移的历史也是自发移民形成的阶段。自发移民迁移最早始于20世纪80年代中期，最集中的时期为20世纪90年代至21世纪初的10年，90%以上的自发移民来自宁夏中南部贫困山区。近年来，随着迁入地土地承载能力的饱和及基层社会治理的加强，自发移民迁移得到有效控制，迁移人数呈现下降趋势。宁夏回族自治区公安厅针对全区自发移民的专题调研数据显示，截至 2015 年 2 月，宁夏自发移民共计 64384 户 231591 人，其中区内户籍 54817 户 192336 人，占移民总数的 83.0%；区外户籍 9567 户 39255 人，占移民总数的 17.0%。从分布区域看，除固原市西吉县、泾源县及中卫市海原县三个县外，其他县（市、区）均有自发移民迁入。区内 90% 以上的自发移民来自宁夏中南部山区，来自外省区的主要是甘肃、陕西、内蒙古、新疆、河南、河北、江苏等省区的移民。从年龄结构看：0~6 岁的有16442 人，占移民总数的 7.1%；6~18 岁的有 50255 人，占移民总数的21.7%；18~60 岁的有 146599 人，占移民总数的 63.3%；60~79 岁的有15748 人，占移民总数的 6.8%；80 岁以上的有 2547 人，占移民总数的1.1%。从居住时间看：在迁入地居住 1 年以下的有 3705 人，占移民总数的1.6%；1~3 年的有 15285 人，占移民总数的 6.6%；3 年以上的有 212601 人，占移民总数的 91.8%。从居住状况看：有房有地的有 28234 户 113942 人，占移民总数的 49.2%；有房无地的有 28590 户 97963 人，占移民总数的42.3%；有地无房的有 3727 户 8106 人，占移民总数的 3.5%；租住的有3833 户 11580 人，占移民总数的 5%。从生活来源看：主要以务农和外出务工为主，务农 148681 人，占移民总数的 64.2%；外出务工 49329 人，占移民总数的 21.3%；个体经营 4631 人，占移民总数的 2%；其他 28950 人，占移民总数的 12.5%。[①] 从迁入区域来看，主要集中在银川市、石嘴山市、吴忠市和中卫市。银川市主要居住在西夏区"西马银移民开发区"（已由西夏区政府接管）、兴泾镇、镇北堡镇，金凤区良田镇，永宁县闽宁镇等地区；石嘴山市自发移民主要居住在大武口区星海镇、平罗县红崖子乡和惠农区红果子镇等地区；吴忠市主要集中在红寺堡区、青铜峡镇孙家滩等地区；中卫市主要集中在中宁县大战场乡、渠口农场、长山头农场、恩河镇及沙坡头区宣和镇。

　　由于自发移民迁入区基层政府疏于管理，自发移民在多年的迁移过程

---

① 数据来源于宁夏回族自治区公安厅于 2015 年 2 月开展的调研，引自《关于我区自发移民情况的调研报告》（内部资料）。

中形成了几种不同的居住格局。与政策性移民插花居住的自发移民，主要从政策性移民手中购买土地和住房，以从事种植业和养殖业为主，农闲时外出务工。在公共基础设施、子女义务教育、就医等方面，基本能享受与当地村民同等的待遇。受户籍影响，养老、低保、医保等只能在原籍办理。典型代表为吴忠市红寺堡区、银川市永宁县闽宁镇、中卫市大战场乡。相对独立的自发移民聚居区主要是指在农垦集团下属农场或开垦国有荒地从事农业生产的自发移民。他们从垦区农场开发的承包大户、农场职工等手中租种或购买小片荒芜承包土地，主要靠种植、务工和退耕还林补贴维持生计，受户籍影响，子女教育困难重重，养老、低保、医保等只能在原籍办理。这些移民点长期处于三不管状态，庄点缺乏整体规划，基础设施建设滞后，农田沟渠路等不配套。典型代表为银川市西夏区贺兰山农牧场西马银移民开发区、河南新村移民点、永宁县闽宁镇"夕阳红村"、山源公司和连湖九队移民点、银西生态防护林项目区内农场移民点。总体来看，自发移民因迁入地域、从事行业、掌握的生产技能不同，在经济收入、生活水平和享有的基本公共服务等方面也有所差异，但自发移民绝大多数对自己的搬迁表示很满意，对自己和家庭今后的发展充满了信心。

二 宁夏自发移民权益保障问题

西部民族地区是我国贫困发生率最集中的地区，改革开放 30 多年来，我国政府为解决西部地区的贫困问题进行了大量投入，但由于西部地区贫困程度深，有相当数量的农村贫困人口不能进入政府政策移民的范畴，这部分农村贫困人口自力更生、艰苦奋斗、不等不靠，改变了自身的贫困面貌。但自发移民的价值和作用并没有得到各级政府及全社会客观的认识、肯定或评估，自身权益不能得到保障，既限制了自发移民的可持续发展，也大大影响着迁入地政府的管理。自发移民权益的缺失主要表现在以下三个方面。

一是经济权益受损。为了能够在迁入地落脚，自发移民在迁入地购买或租用土地房屋，平均每户家庭要支付搬迁安家费 10 万~20 万元，基本倾其所有，再加上后续土地改良，迁入初期大多数家庭都出现经济紧张的局面，有的家庭又产生新的债务，发展资金普遍严重不足。由于不能在迁入地正常落户，土地权属得不到政府的认可，他们不能享受迁入地的各项惠农政策和政府补助，也不能获得金融机构小额信贷支持，给他们的生活生产带来诸多不利。有的地区还要自发移民缴纳管理费等，如中卫市沙坡头区宣和镇永和村自发移民反映，当地曾向他们收取每亩30元的代耕费，因自发移民强烈反对，并引发群体性上访，当地才取消此收费。由于户籍不在迁入地，当地不能按照建档立卡户标准对自发移民中的贫困户进行识别，他们也无法享受各项扶贫政策，为精准扶贫整体脱贫留下了"死角"。

二是政治地位边缘化。因为户籍问题，自发移民在迁入地缺乏合法身份，当地政府不予承认、拒不接受，而原籍政府则持放任推脱的态度，自发移民始终处于不被承认、不受尊重的"黑户"状态，生活在迁出区与迁入区的夹缝中。在宁夏调研中发现，有的自发移民在迁入地已经生活了30多年，第一代自发移民还有一些留恋故土的情结，而第二代自发移民则完全把自己视为本地人，他们的生活方式、观念、人际关系已经完全融入迁入区中。自发移民在迁入地没有选举权和被选举权，不能享有正常村民应有的权利，在涉及自身重大利益的问题上没有话语权，利益表达的制度化渠道明显缺失，自身意愿得不到尊重，应有权益得不到保障，处于集体失语的政治境遇中。

三是公共服务缺失。由于受户籍影响，自发移民在迁入地不能享有与当地居民同等待遇和保障，缴纳、报销养老医疗保险，新生儿入户等必须回到原籍办理，子女上学后要回到原籍参加中考、高考。中卫市宣和镇永河村自发移民群众反映：孩子每天上学要前往10里以外的学校，无论风吹雨淋都需家长护送，还要承担每学期80元至1350元的借读费或择校费。也不能在迁入地申请低保大病等社会救助，自发移民基本游离于现行的公共服务体系之外，增大了移民的生活成本。此外。自发移民庄点缺乏整体规划，基础设施建设滞后，农田沟渠路不配套。自发移民被"边缘化"的状态，使得这一群体的忧虑情绪比较普遍，一部分移民产生了二次搬迁的想法。近年来，随着宁夏城镇化进程的加快，城市近郊土地被大量征用，很多自发移民又沦为失地农民，他们不得不面临二次搬迁的问题。

第二节　宁夏自发移民聚居区社会治理面临的困境

自发移民是我国改革开放后人口流动的必然结果。自发移民一方面缓解了迁出地的生态环境压力，解决了自身的贫困问题；但另一方面，自发移民自身发展又面临诸多困境，给迁入地带来大量社会问题，对基层政府的社会治理也带来巨大压力。针对自发移民问题，如果放任不管或久拖不决，那等于是将这部分人口基本排除在政府的社会治理范围之外，他们也无法享受到应有的国民待遇。近年来，自发移民因维权导致的群体性上访事件在西部地区居高不下，自发移民问题在西部地区已非常突出，成为西部民族地区基层社会治理的难点。

宁夏自发移民聚居区社会治理中存在的突出问题主要表现在以下几个方面。

一　私下买卖耕地、住宅，乱占滥建问题严重，造成农村社区的无序开发和资源的浪费

人地矛盾是自发移民迁入区最突出的问题。自发移民在迁入地获取耕地和宅基地的方式非常复杂，主要有以下几种。一是迁入地原住居民因进城经商、务工，通过买卖、租赁等有偿方式将土地或宅基地私自转让给自发移民。二是一些个人、公司以及企事业单位在国家政策鼓励引导下，以承包开发、租赁种植等方式开垦国有或集体所有的荒山荒地，再通过买卖、租赁等有偿方式将土地转让给自发移民。其中最特殊的是具备一定经济基础和社会关系的个人开发转让土地形成的自发移民聚居区，如银川市西夏区"西马银移民开发区"、闽宁镇"夕阳红"自发移民聚居区等。三是从政策性移民手中购买、承租土地和房屋，或在政策性移民聚居区周围开垦荒山、荒地。自发移民有的还进行二次买卖、转租，造成大量国有荒山、荒地流失，引发争抢开发国有荒山、荒地的现象，使宁夏扬黄灌区土地出现无序开发的局面。典型代表有吴忠市红寺堡区大河村、东源村等。自发移民不仅在迁入区私自倒卖宅基地、耕地，还随意建房，银川市西夏区兴泾镇十里铺村涝池组现有住户达 1000 户，政策性移民只有 167 户，800 多户

属于自发移民，自发移民把房屋建在滞洪区，使当地的防洪形势异常严峻。有的迁入区由于没有长远规划，沿路、依渠乱建房屋，所建房屋质量低劣，既影响了村庄整体居住环境，也引发了大量邻里纠纷和社会矛盾。当然，自发移民中还有一部分属于生态移民人口，他们既享受了生态移民的安置政策，又常年居住在自发移民迁入区，导致生态移民安置区住房空置率高，如吴忠市平罗县有的生态移民新村住房空置率高达 30%。吴忠市红寺堡区属于"十二五"生态移民规划搬迁范围的自发移民有 1603 户 6479 人，占自发移民总数的 27%。这些生态移民或自发移民人户分离的状况，给基层社会治理带来巨大的困扰。

二 自发移民超生现象普遍，给基层计划生育管理带来很大难度

由于自发移民主要来自宁夏南部山区，自发移民往往以无户籍为借口，拒绝接受迁入地计生部门的管理和服务，政策外生育现象较多，导致人口增长过快。而户籍所在地政府苦于人员流动频繁，管理服务没有抓手，造成计划生育政策执行难。超生未入户现象也非常突出，一些自发移民的第二代已到婚嫁年龄甚至已结婚生子，但尚无户口，人户分离、人户不清的状况给基层人口管理带来很多问题。

三 户籍制度壁垒成为自发移民发展的最大障碍，也成为基层政府社会治理的难点所在

自发移民户籍管理难主要体现在迁出地"有户无人"，迁入地"有人无户"，有的两头有户，一家多户，有的既有农业户籍，又有非农户籍。由于自发移民不能在迁入地正常入户，自发移民不能享受户籍带来的各项福利，如民政救济、农业补贴、医疗救助、建房补助以及扶贫开发项目、灌溉、供电、行路、宗教场所、金融信贷等各项公共服务和惠民政策。特别是自发移民缴纳、报销养老医疗保险要回到原籍办理，不仅增加了移民的生活成本，而且增加了移民群众断保的概率。当然，还有一部分自发移民以"候鸟式"的方式两头跑，既在原居住地享受退耕还林、退牧还草、计划生育和高考加分等优惠政策，又在现居住地开发耕种土地，出于自身利益考虑不愿加入迁入地户籍。而对于基层政府来说，由于人户分离，移民信息

难掌握，造成政府管理出现"真空"。自发移民对应尽的义务如各类基础设施配套的筹资筹劳等拒不履行，拒不接受当地政府管理，而涉及自身利益问题时又往往围堵政府、集体上访，严重影响村镇两级的正常工作。

四 自发移民聚居区基础设施非常薄弱，影响群众的生产生活，引发大量社会矛盾

由于政府投入少或基本没有投入，自发移民聚居区往往基础设施不健全，道路年久失修，群众公共活动场所严重匮乏，很多自发移民仍旧饮用渠水或吃窖水。有的聚居区灌溉用水设施不配套、渠系老化，有的还是土渠输水，渗漏严重，增加了生产成本。有的聚居区由于对土地的无序开发，灌溉面积逐年增加，致使原有的水权指标严重不足，供水矛盾日益突出，抢水、霸水、偷水现象经常发生，因灌溉问题引发大量的水事纠纷。

五 基层组织不健全，宗教宗派问题时有发生

多年来，在对待自发移民问题上，各级政府认识、态度不统一，相互之间缺乏沟通协调，导致对自发移民应有的政府职责严重缺位、服务管理严重缺失，出现了很多无组织、无服务、无管理的"三无盲区"，自发移民聚居区成了矛盾交织、问题堆积的"烫手山芋"。由于自发移民主要来自宁夏南部山区，绝大多数是信奉伊斯兰教的回族群众，再加上其内部教派林立，分属不同教派的自发移民与迁入地原住居民教派之间易发生摩擦，加之基层组织不健全，这些矛盾纠纷往往不能消除在萌芽状态中，增加了社会的不稳定因素。

六 自发移民文化程度较低，就业创业能力不强

自发移民普遍受教育程度较低、创业就业能力不强、务工就业面狭窄，主要集中在建筑、餐饮等领域从事体力工作，持续增收难度大。加之移民经济基础薄弱，移民资金、技术欠缺，技能培训不足，就业、创业难。

第三节 加快解决自发移民问题的重大意义

当前，正确认识和评估自发移民的自主迁移行为，对加快解决自发移

民问题、实现精准脱贫目标具有非常重要的意义。

首先，自发移民的迁移为西部民族地区的反贫困做出了积极贡献。自发移民为了解决自身的贫困问题，自力更生、艰苦奋斗，经过一代人甚至两代人的努力，绝大多数走上了稳定脱贫致富的道路。自发移民在搬迁过程中，不仅缓解了迁出地人地矛盾紧张的局面，有利于迁出区的生态恢复；而且减轻了政府多年来反贫困的压力，与国家在政策性扶贫移民开发中的巨额投入相比较，其艰苦创业的做法和精神应该给予肯定。西部民族地区的自发移民都有其规律性，对其社会效益也要做出客观全面的评价。

其次，自发移民问题久拖不决将导致越来越严重的社会问题。让成千上万自发移民游离于政府管辖和社会治理之外，无论对自发移民，还是对社会和国家都不是一件好事，自发移民问题久拖不决将加剧移民的心理失衡，导致在自发移民聚居区出现私下转卖土地、占地、争水、群访、超生、宗教摩擦、违法犯罪等越来越多的社会问题。由于自发移民绝大多数是回族人口，既不利于引导宗教文化与社会主义社会相适应，也不利于自发移民在迁入地的社会融合。

最后，解决自发移民问题的历史时机已经成熟。十八届三中全会后，中央关于全面深化农村改革的战略决策中，明确提出促进土地承包经营权有序流转的政策，这为自发移民流转所得宅基地、耕地确权奠定了政策和法律基础。中央明确提出，到2020年确保农村贫困人口实现脱贫，确保贫困县全部脱贫摘帽，解决区域性整体脱贫。贫困人口全部脱贫已成为全面建成小康社会的一个标志性指标。"十三五"末，宁夏要实现农村贫困人口全部脱贫，要打赢精准扶贫这场硬仗，自发移民问题是宁夏绕不过去的一个迫切需要解决的问题。当前，宁夏回族自治区党委、政府就银川市西夏区"西马银"自发移民聚居区的移交工作出台政策，这一举措将为宁夏解决自发移民问题积累经验，也将为西部民族地区全面解决自发移民问题提供借鉴。

第四节　宁夏自发移民聚居区社会治理的路径及建议

一　解决宁夏自发移民问题的思路

当前，各级地方政府应从全面建成小康社会的目标出发，全力解决自发移民问题。要坚持"尊重历史，以人为本"的原则，本着"消化存量，控制增量；整体解决，分类施策；抓住重点，保障民生"的思路进行，摒弃固守国家行政区划的狭隘的地方保护主义意识，实施积极的社会政策。

"消化存量，控制增量"，首要任务是防止自发移民点的无序扩张，尽快在自发移民聚居区建立基层组织，加强管理服务工作。对居住集中连片、形成规模的自发移民点，要明确属地管理，交由迁入地管辖。

"整体解决，分类施策"，对本省区的自发移民要通盘考虑，整体解决。在解决的先后顺序上，一是迁入地集中连片、形成规模的自发移民群体；二是混居于政策移民区且人口占比较高的自发移民；三是零星插花的自发移民。对来自外省区的自发移民要力求推动从国家层面统筹谋划，予以认可解决。

"抓住重点，保障民生"，土地和户籍是解决自发移民问题的难点和焦点，互相牵扯，政府相关部门必须密切配合、通力合作，把保障民生作为工作的出发点和落脚点，切实维护自发移民的各项合法权益。

二　解决宁夏自发移民问题的对策建议

（一）加快户籍核转落实，使自发移民在迁入地有合法身份

针对自发移民的不同情况，依据是否属"十二五"生态移民范围、是否拥有土地住房，分区内和区外不同来源，解决自发移民户籍问题。一是在迁入地有宅基地和承包地的自发移民，自愿在迁入地落户的，须提供迁入地国土部门和农牧部门出具的土地证明材料，以及自愿放弃原籍宅基地和承包地证明材料，之后可在迁入地申请办理居民户口。二是在迁入地有农村宅基地的自发移民，自愿在迁入地落户的，须提供迁入地国土部门出

具的土地证明材料，以及自愿放弃原籍宅基地证明材料，之后可在迁入地申请办理居民户口。三是在迁入地有承包地的自发移民，自愿在迁入地落户的，须提供迁入地农牧部门出具的土地证明材料，以及自愿放弃原籍承包地证明材料，之后可在迁入地申请办理居民户口。四是在迁入地没有宅基地和承包地的自发移民，迁入地可根据户籍管理相关规定，将其纳入流动人口管理范围，办理居住证。五是针对外省市迁入宁夏的自发移民，建议迁入地按流动人口管理，办理暂住证、居住证。六是凡是在原居住地符合"十二五"生态移民搬迁范围的自发移民，没有享受生态移民搬迁优惠政策的，在给予入户的同时，享受自治区三万元的生态移民创业补助政策。七是已享受生态移民政策的自发移民只能选择在一处落户。八是凡迁入户籍的，继续享受原居住地退耕还林政策，原户籍必须无条件核销，原居住地的房屋应全部拆除，终止原居住地的土地承包合同，注销宅基地使用证，土地交由当地政府进行生态恢复。

核转户籍时，要按照家庭现有实际人口，实行整户举家迁移，不得迁移半户、在原籍留半户。对于因历史原因尚未登记入户的（包括结婚迎娶、违反计划生育、非婚生育等），先在原籍按有关要求审核补录入户，然后核转户籍。同时，要按照国家户籍制度有关规定，严格禁止城镇户口人员到农村迁移落户。对自愿迁入城镇落户的自发移民，要按照国务院《关于进一步推进户籍制度改革的意见》和宁夏回族自治区人民政府《关于进一步推进户籍制度改革的实施意见》，不得将收回宅基地和承包地作为进城落户的条件。

自发移民的户籍核转落实后，要加快解决移民的民生保障问题。一是落实社会保障政策。将自发移民的养老、医疗等保险纳入迁入区社会保障服务体系，将重残、低保、五保、孤儿、优抚、高龄等特困人群保障信息接转纳入迁入区，列入辖区特困人群保障范畴。二是落实各项惠民政策。要落实就业、廉租房等各项惠民政策，消除移民后顾之忧，确保移民与当地居民享受同等政策待遇。对从事农业的自发移民，要积极落实粮食（直补）、良种、农机具、化肥、家电下乡等补贴。对于从事第二、第三产业的自发移民，三年内实行免税或减税政策。加大金融部门小额担保贷款对移民的支持力度，通过农户联保、财政贴息等形式，解决移民创业发展资金不足的问题。三是落实精准扶贫政策。参照建档立卡户识别标准，对自发移民中的贫困户进行精准识别，给予符合条件的自发移民贫困户与建档立卡户同等政策，进行扶持，实现脱贫致富，确保脱贫不落一人。

（二）做好耕地、住宅（宅基地）的确权，切实维护自发移民的经济权益

土地问题是解决自发移民问题的难点和核心。对户籍未转入的土地使用者的土地一律不予明确土地权属。对纳入本地户籍人口管理的自发移民，应对其土地、宅基地、房屋给予确权。一是实际占有耕地或住宅（宅基地）属于迁入地县（市、区）国有或集体土地，流转手续清晰且无纠纷的，迁入地县（市、区）政府予以确权；二是实际占有耕地或住宅（宅基地）属于国有农场、林场用地，流转手续清晰且无纠纷的，由自治区政府统一收回后划拨迁入地政府，再由迁入地政府予以确权。自治区政府收回、划拨土地时，要充分考虑自发移民居住区后续公共设施、农田基本设施建设用地需求，适当增加一定量的土地，为自发移民村镇规划发展预留空间。

（三）解决基础设施建设问题，营造良好的发展环境

将自发移民村镇的基础设施、村庄规划、产业开发和公共服务设施建设，纳入当地经济社会发展规划，倾斜安排，加速推动落实。目前，亟待解决的是饮水、供电、道路、村级组织活动场所等基础设施建设问题。实施农村安全饮水工程，建设安全饮水设施，接通自来水，解决人畜饮水问题。加大乡村道路建设及环境综合治理，配套完善群众公共活动场所，逐步改善人居环境。针对自发移民中房屋简陋、破损程度严重的，以及前期在田头私搭乱建等有建房意向的，引导他们按照规划建设房屋，给予农房改造补助，改善自发移民的居住环境和发展环境。

（四）建立健全自发移民聚居区的基层组织，为基层治理提供抓手

加强和规范自发移民聚居区的社会治理，必须把自发移民纳入现行的行政管理体制内，对自发移民的自治权利给予法律上的保障，提高村民自治的自觉性和主动性。对自发移民居住相对集中的地区，就近划入当地镇（乡）管理，由居住地镇（乡）按照党的基层组织设立条件，在移民区设立临时党组织，明确负责人，负责党的方针、政策的宣传贯彻，维护辖区稳定。不具备设立村级组织条件的，纳入就近村委会进行管理。

（五）依法依规落实计划生育政策，控制人口的不合理增长

自发移民落户后，要严格执行迁入地的计划生育政策。鉴于宁夏山川有别的计生政策，可考虑有一个宽限期。对来自宁夏南部山区的自发移民，自户口签转之日起，三年内继续执行原户籍地计划生育政策，由迁入地政府管理服务；满三年的，执行迁入地计划生育政策。对户籍签转后，落实计划生育政策的独生子女户、少生快富户等自发移民家庭享受计划生育"三项制度"（农村计划生育家庭奖励扶助制度、少生快富工程和计划生育家庭特别扶助制度）优先优惠政策。

（六）加大产业发展及创业扶持力度，千方百计增加移民收入

建议自治区按照生态移民产业扶持政策统筹安排，对从事种养殖业的自发移民给予补助，并将移民区发展纳入扶贫规划整村推进。强化对自发移民的教育培训和就业指导服务，提升移民整体素质和创业就业能力。可参照生态移民培训政策，给予专项资金补助，为移民提供免费就业技能和农业实用技术培训。提供免费的就业和创业政策咨询、用工信息、求职登记、职业指导和介绍等服务，使自发移民尽快融入当地社会，早日脱贫致富。

案例研究 3：
平罗县庙庙湖生态移民村
产业发展情况调查

马　妍

易地移民搬迁是宁夏"十一五"至"十三五"期间扶贫攻坚和生态建设的重大工程，也是宁夏补齐短板、消除贫困，全面发力与全国同步实现全面小康社会建设的重要举措。宁夏移民搬迁工作的总体思路是既要"搬得出"，还要"稳得住"，并且逐步"能致富"。通过产业植入发展现代设施农业、养殖业、劳动密集型产业，提供更多的就近就业机会，提高移民收入，改善他们的生活状况，实现移民安居乐业。同时其也是加快生态移民社会适应步伐、规避社会矛盾和化解社会风险的有效途径。庙庙湖是宁夏平罗县"十二五"期间重点建设的生态移民安置区，初步建成了以发展现代设施农业、畜牧养殖业、生态旅游业来带动劳务产业发展的模式。但该移民村的产业发展仍存在发展瓶颈和相关问题，本研究通过实地调查和分析，提出相关解决策略，以供参考。

第一节　庙庙湖村基本情况

陶乐镇庙庙湖生态移民村是宁夏平罗县"十二五"期间重点建设的生

态移民安置区，2013 年 8 月到 12 月分两批共搬迁来自西吉县 8 个乡镇 15 个村的 1413 户回族群众，共计 7025 人。规划占地 3.58 万亩，分为住宅区和公共服务区及移民耕地区，移民耕地区又分三个区（A、B、C 区），计划开发 18000 亩，目前已经开发完成 5000 多亩，全部流转给宁夏华泰农农业科技发展有限公司种植。

第二节　庙庙湖村产业发展现状

平罗县陶乐镇通过招商引资，引进宁夏华泰农农业科技发展有限公司、天源復藏农业开发有限公司、中青农业公司三家农业产业化龙头企业，在庙庙湖移民村初步建成了以发展现代设施农业、农作物制种、畜牧养殖业、生态旅游业来带动劳务产业发展的创业就业基地三个。

一　宁夏华泰农农业科技发展有限公司流转项目

宁夏华泰农农业科技发展有限公司流转庙庙湖"生态移民"新开垦土地 5000 亩，发展生态农业项目。2013 年以来公司先后投资 1350 多万元用于购置大型农业机械 20 余台套，建设生产管理用房 800 多平方米，并铺设了灌溉管道等基础设施。2015 年陶乐镇进一步扶持和鼓励华泰农公司扩大生产规模，提高种植的科技含量，投资 3500 万元（含固定资产投资），种植无籽西瓜 1500 亩、甜瓜 220 亩、玉米 3500 亩、高标准大棚 13 座 40 亩、辣椒 400 亩、移动棚瓜菜等作物 1620 棚 600 亩，共计 6260 亩。公司在种植过程中通过引进优良品种、专业化种植、标准化管理，推广集约化基质穴盘育苗和嫁接育苗移栽、秸秆生物反应堆、滴灌水肥一体化、测土配方施肥、蔬菜有机栽培等新技术，逐步改变生产规模小、效益低、质量差的落后生产方式，打造沙漠绿色瓜菜、有机瓜菜产业品牌，预计全年可以实现收入 4000 万元，解决 1000 名生态移民的用工需求，实现生态移民劳务收入 280 万元，使庙庙湖村群众户均增收近 2000 元。

二　小群多户养殖场建设项目

为了解决 45 岁以上的中老年人就业务工，陶乐镇通过多方努力，在庙庙湖移民村附近集中规划建设养殖圈舍，占地 42 亩，建设面积 1 万平方米，建设分 30 平方米、60 平方米、90 平方米三种大小的圈舍 180 个。共投资 700 万元的生态移民养殖园区，计划建成后由村委会成立养殖合作社承包给移民发展家庭养殖业，目前养殖园项目的前期规划设计、评审、项目立项审批、招投标等环节已完成，并于 2016 年 5 月 10 日开工，已完成土方垫方回填，圈舍围墙基础铺设及砌护工作正在进行。

三　万亩现代农业示范区及生态旅游开发项目

平罗县陶乐天源復藏农业开发有限公司负责陶乐庙庙湖万亩现代农业示范区及生态旅游开发项目。2016 年新开发农田 4000 亩，种植苜蓿 3000 亩、玉米 1000 亩；养殖场有牛舍 6 栋 3000 平方米、羊舍 1000 平方米、鸡舍 2 栋、休闲垂钓池 300 亩，基础母牛存栏 600 多头、羊 2000 多只、鸡 3000 多只；硬化干草场 600 多平方米、砌围墙 1800 米、硬化停车场 1500 平方米、整修道路 10 公里，吸收 500 多名当地群众和移民到此务工，移民劳务收入有 130 多万元。

这些移民区产业呈现良好发展势头，为农民增收开辟了新渠道，为庙庙湖生态移民实现"搬得出、稳得住、能致富"奠定了基础，带动了河东地区生态移民增收致富及农业产业发展。

第三节　庙庙湖村产业发展存在的问题

庙庙湖生态移民村的设施农业、农作物制种、畜牧养殖业、生态旅游业发展已经形成一定规模，有效利用了当地的自然资源和人力资源、缓解了移民的就业困难、取得了一定的经济效益和社会效益。但是产业发展仍存在一些问题和困境，具体有以下几点。

一　产业发展规划布局缺乏前瞻性、整体性

庙庙湖后续产业规划主要以瓜果蔬菜的种植、牛羊养殖、生态旅游和简单的加工业为主，优势资源和特色资源的产业规划少，规划内容单一，没有形成多元化的综合产业规划。规划缺乏前瞻性和长远性，投入和收益

往往局限于眼前，给后续产业规模发展带来一定困难。如农业水资源的开发利用，当前庙庙湖所在的平罗县河东地区，属于水资源紧缺地区，而庙庙湖的耕地为沙荒地，属于高耗水农业运作模式，前期开发需要大量水资源，加上常住人口的生活用水，该地区自2010年以来地下水位持续严重下降。

另外该村产业规划整体性、系统性不强。产业规划对销售渠道、市场需求、产业链条、技术设备、人员素质等都有很高的要求，现有的产业规划未能充分考虑各方面的因素，往往是单打独斗、各自发展，缺乏整体性、系统性，不能有效抱团形成产业链条发展，导致大部分产业无法实现规模发展。产业化经营水平低，发展没有形成规模，也没有形成自主品牌，知名度不高、市场竞争力不强、生产方式落后，主要以粗放式生产经营为主，集中式的产业链发展还没有完全形成。

二　用地问题

宁夏华泰农农业科技发展有限公司是在庙庙湖生态移民区发展较好的一家农业龙头企业，公司种植业因缺乏场地每年产生大量的农作物秸秆无法处理，亟须配套建设现代农业循环利用产业链。按照企业发展规划，亟须解决建设肉牛综合养殖场用地，发展畜牧养殖。

三　移民发展能力不足

部分移民就业难，移民文化水平普遍偏低、技术素质差、就业渠道窄。特别是妇女和45岁以上等无法外出务工人员就业特别困难，目前移民区适合这些人就业的产业和岗位特别少。

四　移民自主创业难，缺乏贷款支持

搬迁的移民大多数都是山区的贫困户，融资能力相当有限。在缺乏资金的前提下发展产业的积极性和主动性严重不足，极大地制约了移民自主创业。搬迁入住安置区后，新移民在当地金融部门无信用度，使自主创业举步维艰。移民受技术、资金等因素限制，自主创业困难较多。目前虽然有互助资金贷款，但受贷款额度限制，也不能发挥太大作用。

第四节 庙庙湖村产业发展的对策建议

一 完善产业发展规划

修订完善产业发展规划、促进各项事业健康发展是生态移民村发展的起点。针对移民区产业发展缓慢的问题，建议移民村要制定完善的公共建设规划和产业发展规划，以及新农村建设规划和生态发展规划。要认真落实规划，按规划实施具体部署，形成布局合理、特色鲜明、功能配套、生态优美的格局。产业发展要进一步明确产业体系、产业结构、产业链和空间布局，培育优势明显、竞争力强的特色产业，使产业成为移民稳定增收的重要支撑。

二 生态保护与可持续发展

（一）发展生态农业，构建生态移民区生态农业体系

发展特色农业、无公害农业，发展绿色产品基地和移民区绿化工程，构建生态农业体系。

（二）大力发展原生态旅游

发挥原生态旅游资源优势，借助旅游业的发展，实现生态移民区的脱贫。应争取在庙庙湖生态移民村范围内的回族村实行旅游扶贫项目，精心规划、全盘统筹，建设特色鲜明、配套齐全、功能完备、服务规范的回族乡村旅游扶贫产业扶持体系，加快生态移民区的脱贫致富步伐。同时要加大旅游产品的整体包装和宣传，并尽快立项建设华泰农生态休闲农业项目。随着华泰农公司的不断发展，特别是优质瓜菜产业的发展，已经具备发展生态休闲农业相关项目的条件了。

（三）积极探索特色生态工业化道路，走绿色工业之路

坚持绿色发展、低碳发展和可持续发展，发展循环经济，实现产品生态化生产、产业生态化发展。根据当地的资源结构，利用工业园区的建设推动庙庙湖生态移民村产业发展。

三 继续完善公共设施建设项目

(一) 农田水利改造项目

有关庙庙湖生态移民灌溉系统改造项目,随着近年来灌溉面积的增大,供水不足问题日益凸显,成为制约移民瓜菜产业发展壮大的突出问题。陶乐黄土梁泵站是2011年中型灌区项目改造建设的,当时只承担陶乐镇施家台子村1.6万亩的灌溉任务,随着庙庙湖生态移民 A 区、B 区、C 区耕地开发和宁夏天源复藏公司土地开发,灌溉面积增加至2.5万亩,黄土梁泵站的机组和灌溉渠系已经无法满足灌溉需要,出现供水量不足和不及时的现象。建议石嘴山市发改局、水务局、农发办、国土局、移民办等部门就此问题进行协商,立项进行改造。

(二) 土壤盐渍化改良和土地整理项目

庙庙湖生态移民耕地属于白浆土壤,近几年,地下水位高,同时没有配套的排水设施,造成1000多亩土地盐渍化加重,无法耕种。同时 B 区部分土地的盐渍化也比较严重。同时 A 区、B 区的土地不同程度出现土地落差问题,最高落差达3米,严重影响农作物灌溉,且加重了土地盐碱化。建议相关部门就土地盐渍化加重、无法耕种问题进行协商,立项进行改造。

(三) 建议市发改局、水务局进行协商,立项建设应急抗旱机井

面对庙庙湖生态移民耕地的开发和黄河供水日趋紧张的现实,立项建设应急抗旱机井,以保障庙庙湖生态移民种植业发展。

(四) 庙庙湖生态移民 B 区耕地黄土克沙立项开工问题

庙庙湖 B 区的7000亩土地上的沙丘目前已经基本推平,但还没有进行黄土克沙,为了不影响2016年相关项目的落地开工建设,移民办等相关单位应尽快立项开工实施黄土克沙。

四 解决用地问题

针对相关企业用地困难,建议国土部门协商解决用地问题。首先是华泰农公司养殖用地的问题。宁夏华泰农农业科技发展有限公司是在庙庙湖生态移民区发展较好的一家农业龙头企业,公司种植业每年产生大量的农作物秸秆无法处理,亟须配套建设现代农业循环利用产业链。按照企业发

展规划，亟须解决建设肉牛综合养殖场用地，发展畜牧养殖。可结合红陶路东侧部分沙荒地和宜林地，解决企业综合养殖场及相关产业发展用地问题；同时可建设集农作物秸秆综合利用的种植业和养殖业为一体的现代农业循环利用产业链。还应积极协调国土部门做好招商引资企业用地问题，由国土部门解决 1000 亩的建设用地指标。

五　提高移民就业技能

加大教育事业投入，优化人才培养结构。应该加大宁夏区内的高等教育、职业院校、中专技校的硬件投入力度，促进本地人才的培养。根据生态移民区产业发展的需要，加大实用技术的培训力度，根据各个移民区产业的特点开展有针对性的培训，产业较少的移民区可以加大非农技能的培训力度，服务劳务产业，为劳务输出做好准备，促进移民增收。

针对移民群众的特点，积极协调农牧、人劳、教育、科技、计生、林业等部门整合培训资源，通过开展多种实用技能培训，积极争取政策，取消每个移民只能参加一项技能培训的限制。同时加大招商引资力度，特别是要引进如宁夏华泰农农业科技有限公司等一批真心实意在移民区发展落户的企业，发展西瓜、饲料玉米、酿酒葡萄、山药等种植及肉牛养殖等劳动密集型产业，增加移民就业岗位，推动妇女和 45 岁以上人员就业，解决移民当前的实际困难，使移民群众掌握一项或多项实用谋生技术。

六　扶持中小企业的发展，提高龙头企业的带动能力

各级政府应对生态移民区内的各类企业从金融、财政、土地、税收、技术等多方面进行扶持，发挥企业在产业发展中的作用，让中小企业参与整个生产和销售过程，打造产供销一体化的产业发展模式。

七　金融部门出台相关政策，解决移民贷款难问题

彻底解决移民受资金制约，发展缓慢等问题。实施更加积极的就业政策，通过扶贫项目、妇联项目、劳动就业项目给予移民小额贷款和贷款贴息等优惠。加大对互助合作社的扶持力度，进一步增加资金，对信用度好、发展好的群众适当提高贷款额度，鼓励一部分人先富起来，再带动其他贫

困群众逐步脱贫致富。

总之，生态移民工程是一项系统工程，我们要多措并举，着力促进移民区产业发展，从而真正实现"搬得出，稳得住，能致富"的目标，这是生态移民后续工作的重点。宁夏的生态移民工程是一个很长的历程，相关政策还不完善，在以后的实施过程中，需要政策设计者与当地政府结合移民工作的实际情况，在总结之前移民经验教训的基础上理性设计政策，依法依规实施，促进移民新区人与自然、社会的和谐和可持续发展。

案例研究4：

宁夏"西马银"整体移交银川市管理

徐东海

2016年2月21日《宁夏日报》头版报道："'有了银川户口，老伴在银川看病再也不用回西吉报销了。'2月17日，年过六旬的段兴明说起不再做'边缘'人，真正融入这个他生活了20多年的城市，激动之情溢于言表。"之所以如此，是因为2016年1月6日，宁夏回族自治区党委、政府以"两办"的名义联合下发了《自治区党委办公厅、人民政府办公厅印发〈关于"西马银"整体移交银川市管理有关问题的指导意见〉的通知》（宁党厅字〔2016〕1号）。根据该文件精神，在自治区和银川市"西马银"整体移交工作领导小组的领导和支持下，西夏区切实采取有效措施，接管前期工作扎实到位。

第一节 宁夏"西马银"整体移交银川市管理现状

一 "西马银"概况

（一）基本情况

1993年，西吉人MXG兄弟承包了贺兰山农牧场的300多亩荒地，之后，带动西吉县部分人相继到贺兰山农牧场通过转包、转租等各种方式占用土地近 6000 亩，其中耕地面积 5000 多亩。2003 年，又自发成立了"西马银"开发区管委会（2005 年西吉县人民政府 29 号文件《关于设立西吉县西马银开发区的请示》中，曾向自治区政府就设立开发区一事进行请示），下辖 8 村 16 组。

整体移交银川市管理的"西马银"自主迁徙居民核心区地处贺兰山路延伸段与国道 110 线（沿山公路）交汇处，西至干渠以西，南起干沟路，北至新小线，占地面积约 3000 亩。

据西夏区自主迁徙居民接收管理办公室核查统计，目前"西马银"地区有 1443 户 5100 人，其中有房有地的 475 户，有房无地的 868 户，无房有地的 100 户。核心区的居民 95% 来自西吉县，其中汉族 1253 户、回族 187 户、满族 3 户。总人口中农业户籍有 990 户，非农业户籍有 453 户，宁夏户籍有 1311 户，非宁夏户籍有 132 户。

90% 的家庭以打零工维持生计，打工地点多在周围的工厂、工地，平均每户年收入为 2 万 ~ 3 万元。

（二）住宅用地情况

"西马银"实际划分为 17 个组 47 个点。其中，110 国道以东"西马银"核心区约 1267 户 4463 人；110 国道以西、贺兰山矿产品中介服务公司以东、套门沟便道以北、新小线以南约有 130 户 520 人。

实际申报登记和初核有住房的有 1303 户（3631 人），占全体住户的 93.2%，村庄占地 1070 余亩。其中有房有地的有 472 户（1389 人），住宅用地面积在 270 平方米以内的 108 户，超过 270 平方米的 364 户；有房无地的有 831 户（2242 人），住宅用地面积在 270 平方米以内的 216 户，超过 270 平方米的 615 户。

（三）农用地情况

目前，"西马银"居民住宅用地、承包及租种农用地共有 23480 余亩。其中，核心区、插花地以及林带占用 6000 余亩；110 国道以西、贺兰山矿产品中介服务公司以东、套门沟便道以北、新小线以南有 13000 余亩；宁夏红枸杞产业集团有限公司地块南端法院拍卖土地 480 余亩；等等。

（四）基础设施情况

目前，"西马银"村庄巷道硬化率达到 80%，亮化道路 4 公里，有近 800 户居民家中通自来水及下水管道；建有商贸楼三栋三层，占地面积 52 亩，建筑面积 14000 多平方米，部分已投入使用；有 13 个简易垃圾池，无垃圾中转站，无水冲式公厕。

（五）公共服务机构情况

"西马银"小学 2006 年建成，占地 14 亩；现有 6 个教学班，学生 336 人，学前儿童 166 人。卫生院 2008 年建成，占地 9 亩，三层办公楼建筑面积有 1095 平方米。村部 2010 年建成，占地 2 亩，建筑面积 200 平方米。民办爱心协会占地面积 4 亩，建成办公用房及孤儿宿舍面积 690 平方米，附属平房面积 224 平方米，工作人员 12 名。清真寺占地面积 2 亩，建筑面积 145 平方米。

2016 年，自发移民交接管理工作开展以来，于 2 月 1 日在"西马银"成立了银西临时党支部和银西综合服务站，MXG 同志任支部书记兼服务站站长，当地 4 名党员协助开展工作。

二　"西马银"整体移交银川市管理接管前期工作扎实到位

2016 年 1 月初，自治区党委、政府召开专题会后，西夏区党委、政府高度重视，真正把"西马银"整体移交接管作为重点工作，精心组织，全力推进。

（一）区委、区政府高度重视，全力支持

1 月 8 日，区委召开常委会研究成立了自主迁徙居民接收管理工作领导小组，区委书记任组长，区长、副书记任副组长，分管县级领导和有关部门负责同志为成员，并专门安排两名县级干部负责此项工作；成立了专门工作机构，组建了自主迁徙居民接收管理办公室党工委、接管办公室和纪工委；在人员配备上，在原贺兰山西路街道办事处的基础上，又调整、抽调 10 名工作经验丰富的干部充实到班子中，安排接管办工作人员 80 多人。同时，制订了接收管理工作方案，安排了接管办工作地点，组织成立了银西临时党支部、银西综合服务站，为接管工作提供强有力的组织保证和人力保障。

（二）思想疏导和政策宣传解读到位

坚持把做好思想工作和政策宣传作为接管工作的先导。区委书记专门与西吉县主要领导沟通，到"西马银"慰问，与原"西马银"管委会负责人谈话，听取意见、提出要求；两名负责此项工作的县级干部先后多次与相关负责人和班子成员谈心谈话，召开座谈会说明有关情况、解读政策，为大家解开了思想疙瘩、统一了认识、疏通了思想。采取张贴通告、悬挂横幅、发放宣传册及致居民的一封信，以及入户走访等方式，在"西马银"核心区和插花点广泛宣传宁党厅〔2016〕1号文件，使政策家喻户晓，稳定了人心。

（三）申报和入户初核工作基本完成

自2016年2月1日起，接管办在"西马银"核心区及接管办驻地设立了四个申报登记点，方便群众申报登记。与此同时，又组织40多人，分成12个小组，逐村挨户采集人员、户籍、住宅用地和农用地等情况，并对每户住宅及土地位置在影像图上进行标注，切实做到组不漏户、户不漏人，此项工作3月底前已基本结束，为下一步接收管理、户籍签转、住房和土地确权登记奠定了坚实基础。

（四）尽力做好事、办实事，赢得群众认可

自治区专题会议后，当地政府在工作中把"西马银"作为西夏区的一分子，一视同仁，做到工作全覆盖。先后投入大量人力、物力，开展环境卫生整治，清运垃圾80多车1300多立方米、平整土地500多平方米，增加垃圾箱，补装缺失下水井盖，还增设了20多件健身器材，改善了群众居住环境。春节前，专门安排20多万元，为"西马银"400多户困难群众、党员送去慰问金和慰问品。同时组织开展文化下乡、法律服务下基层等活动，组织居民参加正月十五社火巡演、逛庙会，通过点点滴滴的小事，初步赢得了群众的认可。

第二节　宁夏"西马银"整体移交银川市
管理相关经验及存在的问题

一　相关经验

"西马银"整体移交工作在各级领导的关心支持下，各项工作进展平稳

顺利，目前基本完成了第一阶段工作任务。主要经验有以下几方面。

第一，领导高度重视，从政策和人力、物力上给予强有力的支持，为各项工作顺利开展提供了"原动力"。

第二，政策宣传到位，做深做细了群众工作，解开了群众的思想疙瘩，稳定了人心。

第三，准备工作充分，从 1 号文件制定出台，到政策宣传和入户初核，自治区、银川市和西夏区都做了大量细致的前期工作，为接管工作顺利进行奠定了基础。

第四，坚持先易后难、先群众后干部的原则，先解决好群众的实际问题，稳定好绝大部分，再根据实际情况解决政策规定外较难解决的问题。

二 存在的问题

一是自身条件落后。西马银地区海拔 1350 米左右，受气候和技术限制，种养业发展单一，以种植玉米为主，缺乏产业支撑，大部分人以打工为生。

二是群众平均受教育程度不高，经济意识、市场意识不强。"等靠要"的思想意识未转变，劳作习惯和川区存在差异，生产组织化和社会组织化发育程度低，产业不明、没有特色，加上市场信息不灵活，群众致富门路窄、脱贫慢。

三是资金投入不足。就目前状况看，待建项目多、资金缺口大仍是扶贫工作最大的问题和难点。"西马银"村庄巷道硬化率达到 80%，但亮化道路仅 4 公里；近 800 户居民家中通自来水及下水；有 13 个简易垃圾池，无垃圾中转站，无水冲式标准公厕；卫生院建成于 2008 年，医疗器械非常简陋。新建幼儿园、迁建小学、垃圾中转站等项目都需要相关部门给予支持。

第三节　宁夏"西马银"整体移交银川市
管理问题解决的对策

一是对贫困人口建档立卡，精确识别扶持对象。严格按照贫困人口建档立卡管理工作的程序，坚持公正、公开、公平的原则，详细摸底调查，不留死角，把真正的贫困户全部筛选出来，通过群众评议、入户调查、公告公示等环节确定扶贫对象，确保做到公开、公平、公正。真正做到所有的扶贫资源全部用于贫困对象，认真分析致贫原因，逐户制定帮扶措施，有针对性地予以扶持。同时各项扶贫措施要与贫困人口信息管理系统的内容和结果相衔接。

二是转变观念，优化技术，培育主导产业。只有明确科学的发展理念、找到适宜的发展思路，资金、政策才能激活"西马银"的土地。可充分发挥西夏区地处贺兰山东麓葡萄文化旅游产业带中心区的区位优势，以大力发展酒庄酒产业为契机，立足"西马银"实际，在110国道以西发展葡萄种植产业，110国道以东种植苜蓿，同时积极发展劳务、畜牧养殖以及其他产业如林果业等。因"西马银"地处葡萄产业旅游带沿线，将特色产业与文化旅游产业进行融合，大力发展旅游经济，可促进居民增收。

三是创新扶贫模式，拓宽融资渠道。要开展"双包双促"活动，动员企业单位、社会组织结对帮扶共建，进一步扩大贫困户联系覆盖面，形成全社会参与的大扶贫工作格局。改"大水漫灌"为"滴灌"，因户施策，逐户落实帮扶责任人、帮扶项目和帮扶资金。以小额贴息贷款为引导，使扶贫资金多元化，提高扶贫资金使用效益，建立健全扶贫投入增长、激励和约束、考核评价、监督管理等制度机制，推动扶贫开发工作的制度化、常态化、长效化。

四是夯实基础建设，保障环境改善。要脱贫致富，基础设施建设要先行一步。基础设施落后是贫困地区发展的"短板"。只有把"短板"补上了，发展才有基础和后劲。交通、公共基础设施"瓶颈"问题解决不好，不但影响贫困群众生活条件的改善，增收项目更是无法起步。要着力争取项目资金，在"西马银"核心区建设垃圾中转站、公交车站、文化广场，对未硬化的乡村道路进行硬化，进一步完善上下水管网，做到户户通自来水。目前，垃圾中转站已列入2016年民生建设项目，其他项目列入储备项目库，待建设用地指标落实后实施。

五是抓教育培训，提高贫困群众职业技能。要按照"扶贫"重"扶智"的思路，增强贫困群众自我发展的能力，加快"输血"式扶贫向"造血"式扶贫转变，从根本上帮助当地发展。协调就业局积极开展职业学历教育培训和贫困劳动力就业技能培训，提高他们的职业技能及素质，确保贫困群众户均掌握一门实用技能，提高他们的就业创业能力，拓宽致富门路。同时，发展劳务公司，通过劳务派遣，优化配置劳动力资源，帮助劳动者实现多渠道、多形式就业和灵活就业，增加居民收入。

关于宁夏生态移民项目的补充说明

宁夏生态移民项目在 2017 年 1 月召开了专家评审会议，会上，来自中央民族大学、科技部和北京师范大学的评审专家对项目给予高度的评价，并针对项目报告中的一些问题提出了修改意见，我们在认真讨论了专家意见的基础上，对报告进行了完善。

（1）补充完成了全部报告。在结项评审时还有两篇报告尚未完成，现在已经全部完成，全书共有总报告 1 章、分报告 12 章和案例研究 4 个。

（2）修改了已有报告。我们重新审读了全部报告，逐篇提出修改意见，之后作者进行了修改。修改中将一些模糊的判断加以澄清，补充了部分数据和资料，对文字表述也进行了斟酌。

（3）评审专家提出报告需要进行必要的文献梳理，我们考虑到这是一个国情调研报告，因此在写作中首先需要呈现的是事实，因此总报告增加了一些文献梳理，更多的文献梳理呈现在各个分报告中，因为分报告的专题更加明确，文献梳理也更有针对性。现在每个章节都做了相关的文献梳理。

（4）此外，评审专家还对这项研究的延展提出了中肯的建议，指出不能就生态移民研究生态移民，应该关注到移出地和移入地的社会文化结构。我们认为这个建议值得高度关注，计划在 2017 年和 2018 年对移出地和移入地的社会文化结构进行深入的研究。

宁夏生态移民课题组

2017 年 4 月 28 日

后 记

中国社会科学院社会学研究所与宁夏回族自治区社会科学院、北方民族大学合作开展生态移民的研究开始于 2012 年，当年三方合作对生态移民进行了抽样调查和典型案例研究，在实地调查的基础上完成了《生态移民与发展转型——宁夏移民与扶贫研究》一书。在进行这项研究的时候正是"十一五"结束、"十二五"开始的时候。在"十二五"期间，宁夏进行了历史上最大规模的生态移民，为了了解这种大规模的人口迁移对当地居民产生了什么影响，在中国社会科学院科研局的支持下，我们三家单位联合进行了第二次大规模的宁夏生态移民调查，试图在大量经验调查的基础上，回答在五年的过程中，宁夏生态移民的状况发生了哪些改变，随着移民条件的改善，新的移民是否更快地适应了移民后的社会经济环境，以及在精准扶贫的大背景下，宁夏的生态移民提供了怎样的经验和启示。

课题在 2016 年初立项，随后北方民族大学的师生开始了对 10 个移民村 800 余户的问卷调查，中国社会科学院社会学研究所和宁夏社会科学院的专家学者也迅速开展了各个专项调查，同年底完成了报告初稿的撰写工作。2017 年 1 月组织了专家评审会，与会专家对报告给予高度的肯定。随后在评审专家意见基础上，我们对报告的内容和结构进行了充实与完善。

本项研究能够在很短的时间内高质量地完成首先得力于单个研究机构科研人员的强烈责任感和精诚的合作，来自单个科研单位的研究人员充分认识到本项研究的重要性，积极投入研究中，通力合作，贡献了自己多年的学术积累，才会有本项研究成果。其次是来自中国社会科学院的强有力支持。李培林副院长对本项研究一直给予关注，并为本报告撰写了序言，科研局王子豪副局长在项目立项、管理和评审中都给予精心的指导。再次是得到了宁夏回族自治区扶贫办及各调查点乡镇干部的大力支持。最后，来自中央财经大学、北京师范大学和科技部的评审专家的指导对完善报告起了重要作用。

　　宁夏回族自治区的发展是中国西部地区发展的一个缩影，其在经济发展、环境保护和扶贫等诸方面都积累了丰富的经验，我们关于宁夏的研究不会仅停留在生态移民领域，我们还希望能够在宁夏生态保护、扶贫、经济发展等领域开展更多层面的深入研究。

王晓毅

图书在版编目（CIP）数据

生态移民与精准扶贫：宁夏的实践与经验/王晓毅
等著. -- 北京：社会科学文献出版社，2017.7
（中国社会科学院国情调研丛书）
ISBN 978 - 7 - 5201 - 1127 - 0

Ⅰ.①生… Ⅱ.①王… Ⅲ.①移民 - 研究 - 宁夏②扶
贫 - 研究 - 宁夏 Ⅳ.①D632.4②F127.43

中国版本图书馆 CIP 数据核字（2017）第 165834 号

中国社会科学院国情调研丛书
生态移民与精准扶贫
——宁夏的实践与经验

著　　者 / 王晓毅 等

出 版 人 / 谢寿光
项目统筹 / 童根兴　佟英磊
责任编辑 / 佟英磊

出　　版 / 社会科学文献出版社·社会学编辑部（010）59367159
　　　　　地址：北京市北三环中路甲 29 号院华龙大厦　邮编：100029
　　　　　网址：www.ssap.com.cn
发　　行 / 市场营销中心（010）59367081　59367018
印　　装 / 三河市东方印刷有限公司

规　　格 / 开　本：787mm×1092mm　1/16
　　　　　印　张：21.25　字　数：328 千字
版　　次 / 2017 年 7 月第 1 版　2017 年 7 月第 1 次印刷
书　　号 / ISBN 978 - 7 - 5201 - 1127 - 0
定　　价 / 98.00 元